International Research Frontiers of Language Policy

国际语言政策研究前沿

—— 第一辑 ——

方小兵 主编

商务印书馆
创于1897 The Commercial Press

图书在版编目（CIP）数据

国际语言政策研究前沿.第1辑/方小兵主编.—北京：商务印书馆，2022
ISBN 978-7-100-21722-4

Ⅰ.①国…　Ⅱ.①方…　Ⅲ.①语言政策—研究
Ⅳ.① H002

中国版本图书馆 CIP 数据核字（2022）第 170990 号

国际语言政策研究前沿
（第一辑）
方小兵　主编

商 务 印 书 馆 出 版
（北京王府井大街 36 号　邮政编码 100710）
商 务 印 书 馆 发 行
北京捷迅佳彩印刷有限公司印刷
ISBN 978 - 7 - 100 - 21722 - 4

2022 年 11 月第 1 版　　　　开本 787×1092 1/16
2022 年 11 月北京第 1 次印刷　　印张 16

定价：80.00 元

编 委 会

学术引进，有助于国家的知识建构

——序方小兵主编《国际语言政策研究前沿》

我与方小兵教授相识，已逾十载。2012年3月，国际上某知名出版社准备出版拙著《中国语言规划论》英文版，约定由南京大学徐大明教授和方小兵博士主译。该项目因故生变，辜负了大明与小兵师徒的美意，但已让我感受到了小兵为人的热忱、做事的严谨。

2012年中秋、国庆双节并至。看东海，波涛汹涌，海境不宁。望天空，我国人造飞行器"嫦娥"绕月飞行，举国欢腾。聊吟《浪淘沙·双节》一首：

中秋月倍明，家家欢庆。桂香菊黄似旧年，吾时读书心难静。频频望东。

猎猎红旗风，举国欢庆。嫦娥姗姗会嫦娥，窃谈人间大事情。共祈海静。

词发出去，很快就收到方小兵的唱和《浪淘沙·钓鱼岛》，这使我又感受到了小兵的文采与敏思。后来，小兵担任教育部语言文字信息管理司与南京大学共建的中国语言战略研究中心办公室主任，担任中国语言学会语言政策与规划专业委员会理事，参加在北京昌平举办的国家语委语言文字应用研究优秀中青年学者培训班，担任《中国语言生活状况报告》"参考篇"栏目主持人和副主编，我们见面的机会多了，学术互动也频繁起来。

小兵一直关注语言规划学科的术语建设。他在翻译《语言政策》一书时，就特别注意译名的准确与规范。在《语言规划学术语的整理与规范》一文中，小兵指出："若在学科蓬勃发展之时仍不能及时进行术语梳理，就会带来许多无谓的争议，影响学术共同体的建构和学科的发展。"从他近年来发表的《从家庭语言政策到社区语言政策》《从语言活力到语言韧力》《从文明语言到语言文明》《何为"隐性语言政策"？》，到最近主编的《语言政策与规划核心术语》，都可以看到他的"术语自觉"和对语言规划学科术语的贡献。

小兵求学不辍，从外语转入中文，从生成语言学转到社会语言学，进而专攻语言政策与规划。十多年来，小兵一直是中国语言战略研究中心的重要成员，担任了中心的"语言资源与语言规划丛书"主编，将 10 多种国外语言规划著作译介到国内，为学科建设做出了贡献，还担任了《中国语言战略》集刊的执行主编。就在本书出版之际，正逢他加盟南京大学，成为中国语言战略研究中心的全职研究员，这将把"中国语言战略研究中心"这块金字招牌擦得更亮。

20 世纪末，国家语委曾推动了《国外语言政策与语言规划进程》《国家、民族与语言——语言政策国别研究》的翻译编纂（周庆生主编，语文出版社出版）。21 世纪初，国家语委又推动了"语言规划经典译丛"（商务印书馆）、"语言资源和语言规划丛书"（外语教学与研究出版社）的翻译出版。这些引进成果已经构成了中国语言规划学科知识的有机组成部分，为《国家通用语言文字法》的制定和 21 世纪中国语言规划实践及理论研究起到了重要参考作用。而今，国家语委又推动《国际语言政策研究前沿》系列译文集的出版，意在不断更新中国语言规划学界的国际视野，保持中外学术的密切联系。

《国际语言政策研究前沿》的文章来源于语言规划学领域 6 部著名的国际期刊：*International Journal of the Sociology of Language*（《国际语言社会学期刊》）、*Language Problems and Language Planning*（《语言问题与语言规划》）、*Journal of Multilingual and Multicultural Development*（《多元语言与文化发展期刊》）、*Current Issues in Language Planning*（《语言规划中的现实问题》）、*Language Policy*（《语言政策》）和 *European Journal of Language Policy*（《欧洲语言政策期刊》）。从这些刊物近三年发表的论文中进行遴选，编为一辑，以后每两年出一辑，持续翻译出版，很有意义。这一工作由小兵主编，也相当合适。因为写序的原因，我有幸成为本书出版之前的读者，确实开卷受益，已经有些心得。例如：

"语言帝国主义"概念的倡导者、颇有学术见地和学术勇气的菲利普森先生（Phillipson），在本辑中反驳了全球英语是"无主语言"的说法，认为这是英语霸权者的托词。欧洲大学传统的学术自由思想和当前英语独大的语言政策之间存在的矛盾，就是语言帝国主义在机构语言政策中的体现。

本辑中有篇文章说，国际非政府组织为了寻求合法性和扩大影响力，大多声称实行多语制，但研究者通过对乐施会（Oxfam GB）和泪水基金会（Tearfund）的员工进行访谈发现，这些非政府组织的政策文件并没有真正落实到语言实践中。

基于语料库的话语分析已经成为当前语言政策研究的常用手段，本辑有多篇论文涉及语料库的构建。其中一篇是用美国亚利桑那州教育部门网站的语言政策文本建成的语料库，探讨不同层级机构的语言政策；另一篇通过自建媒体语料库，发现德国的媒体话语是支持教育系统英语化的主力，这与德国学界宣扬的"德国外语教育多样性"大相径庭；还有一篇基于联合国一般性辩论语料库，研究了40多年来联合国大会涉及的各种语言问题，发现语言问题不是联合国一般性辩论的关注焦点，成员国提出的语言问题往往难以进入联合国议程。这些研究都具有批判精神，很有借鉴意义。

语言与人口是语言规划研究十分关注的话题。《语言战略研究》2019年第6期就以"语言与人口"为专题，邀请斯波斯基（Spolsky）、李嵬、库尔马斯（Coulmas）等国际知名学者为专题撰稿。本辑中的一篇论文指出，虽然目前众多研究者利用语言普查结果进行分析，但对这些数据的统计主体、统计方式和统计目的探究甚少，建议今后将其作为一个专门领域予以研究。遗憾的是，我国除了港澳和台湾地区，还没有开展语言普查，包括在人口普查中加入语言内容。

2017年11月，斯波斯基访问了《语言战略研究》编辑部和商务印书馆，做了题为《语言政策的一种扩展模型》的学术讲座。也访问了北京语言大学，做了关于希伯来语复活的学术报告。此前，商务印书馆也曾翻译出版了斯波斯基的《语言政策——社会语言学中的重要论题》和《语言管理》。本辑收录了斯波斯基2019年在《语言政策》（*Language Policy*）期刊上发表的《语言政策及管理理论优化版》，这是斯波斯基对其语言政策（管理）理论的进一步思考。斯波斯基在其理论中增加了语言"倡导者"（advocate），这一主体虽然没有语言管理者的权力，但也能在一定程度上影响他人的语言实践。同时，斯波斯基认为语言管理应该包括"自我管理"（self-management），因为讲话人会主动选择或弃用某个语种，也可以采用一些策略提高自己的语言能力，这就将以内克瓦皮尔（Nekvapil）为代表的欧洲语言管理模型纳入其中，使得斯波斯基的理论更具合理性。斯波斯基因病于2022年8月20日在耶路撒冷辞世，享年90岁。本辑翻译他这篇文章，也是对这位语言政策研究的国际名家的纪念。

术语辨析是学科发展的催化剂。本辑有篇文章对"微观语言规划"这一概念的理据提出了质疑，认为"微观政策"与"宏观政策"的关系不够明确，到底是在微观层面启动的政策，还是（宏观政策）在微观层面实施的政策？作者还指出，微观实体的大小有时难以确定，比如，大学常被视作微观实体，但有的大学可能有数万人之多。最后，微观规划所解决的语言问题不一定是地方性的问题，可能与区域、国家甚至全球都有关联。换言之，微观规划所解决语言问题的范围可能无法明确界定。这种观点也聊备一说。

2016年，我在《外语教学与研究》曾发表《语言竞争试说》一文，从语言结构、社会层面等分析语言竞争的特点和差异。本辑有篇文章则建构了语言竞争的数学模型，以此来评估不同语言政策的效果。文章引入了经济学理念，对语言政策进行成本收益分析，为政策评估提供了一个可参考的坐标系。

本辑论文不仅让人从中获取知识，还在话题选择、理论建构和研究方法上给人启迪。比如阅读本辑可以得到这样的印象，即机构语言政策、语言与人口等已经成为语言政策研究的热门话题；语料库研究和话语分析则是重要的研究方法。文章的价值不在其是否完善，而看是否有新探索、新话题、新方法，能否引发读者思考。

"它山之石，可以攻玉。"（《诗经·小雅·鹤鸣》）本辑选译的 10 篇论文都是"它山之石"，可以用来打磨中国语言规划学这块"玉"。学术引进有助于国家的知识建构。当然，在借鉴西方理论时，在整合这些知识时，也要站在自己的热土上进行思考，不能过度依赖甚至迷信某种研究视角和理论框架。此外，国际知识不仅存在于英文文献中，也要注意法文、德文、俄文、日文等其他文种的期刊论文，全视野地看待世界。

正好又是教师节和中秋节，与 10 年前一样，也是双节并至。但疫患尚未消除，东欧硝烟弥漫。此时此刻，更是祈祷海晏河清，天下太平！

李宇明

2022 年 9 月 10 日

序于北京惧闲聊斋

编者的话

　　近些年来，我参与了南京大学中国语言战略研究中心的国外语言政策经典译介工作。中心先后推出了"语言规划经典译丛"与"语言资源和语言规划丛书"。其中，与商务印书馆合作的"语言规划经典译丛"已经出版 3 本，分别是斯波斯基（B. Spolsky）的《语言政策——社会语言学中的重要论题》（张治国译，2011）、赖特（S. Wright）的《语言政策与语言规划——从民族主义到全球化》（陈新仁译，2012）和斯波斯基的《语言管理》（张治国译，2016）。

　　另外一套译丛是与外语教学与研究出版社合作的"语言资源和语言规划丛书"，目前已经出版 11 本，包括埃杰（D. E. Ager）的《语言规划与语言政策的驱动过程》（吴志杰译，2012），卡普兰和巴尔道夫（R. B. Kaplan, R. B. Baldauf）的《太平洋地区的语言规划与语言教育规划》（梁道华译，2014），托尔夫森（J. W. Tollefson）的《语言教育政策：关键问题》（俞玮奇译，2014），孔特劳、菲利普森、斯库特纳布-坎加斯和瓦劳迪（M. Kontra, R. Phillipson, T. Skutnabb-Kangas, T. Varady）的《语言：权利和资源——有关语言人权的研究》（李君、满文静译，2014）。以上 4 本构成了"语言资源和语言规划丛书"的第一期。从 2015 年起，"语言资源和语言规划丛书"启动了第二期翻译出版工作，一共选定了 7 本国外语言政策与规划方面的著作，包括约翰逊（D. Johnson）的《语言政策》（方小兵译，2016），约瑟夫（J. Joseph）的《语言与政治》（林元彪译，2017），库尔马斯（F. Coulmas）的《文字与社会导论》（阎喜译，2018），弗格森（G. Ferguson）的《语言规划与语言教育》（张天伟译，2018），肖哈米（E. Shohamy）的《语言政策：隐意图与新方法》（尹小荣译，2019），格兰（F. Grin）的《语言政策评估和欧洲区域或小族语言宪章》（何山华译，2020）和李圣托（T. Ricento）的《语言政策与政治经济：全球化背景下的英语》（林洁译，2021）。2021 年，"语言资源和语言规划丛书"启动了第三期翻译工作，包括 7 本著作，涉及语言政策研究方法、语言景观、濒危语言保护、语言权利等话题。第三期的翻译出版工作预计在 2025 年完成。

这两套译丛在学界产生了很大影响，成为语言规划研究学者们的案头参考书，部分成为该领域研究生的入门教材。然而，这些著作在国内翻译出版往往存在 5 到 8 年的时滞，因而其最主要的缺陷就是话题不够前沿，不能反映当前国际学界研究的最新热点。

为了能够在一定程度上反映国外语言政策研究动态，自 2014 年起，《中国语言生活状况报告》（语言生活绿皮书）在"参考篇"栏目开设"语言政策与规划类国际期刊扫描"专题，挑选国际上有重要影响且主要发表语言政策与规划研究成果的学术期刊，通过翻译所有研究类文章的标题，梳理上一年度该领域国际学界研究的焦点问题，为读者提供一个直观的总体概貌。这一工作先前由挪威卑尔根大学赵守辉教授负责，目前由北京外国语大学戴曼纯教授负责。所选的 6 本国际期刊是：《国际语言社会学期刊》（*International Journal of the Sociology of Language*）、《语言问题与语言规划》（*Language Problems and Language Planning*）、《多元语言与文化发展期刊》（*Journal of Multilingual and Multicultural Development*）、《语言规划中的现实问题》（*Current Issues in Language Planning*）、《语言政策》（*Language Policy*）和《欧洲语言政策期刊》（*European Journal of Language Policy*）。为了让该成果惠及更多读者，《语言战略研究》不定期在期刊的封三转载上述 6 本刊物的发文情况。

《中国语言生活状况报告》每年统计的 6 种期刊年度发文（原创性学术论文）就达 200 多篇，将所有文章全部浏览一遍不太现实。但是如果仅仅根据标题翻译，虽然能够大致了解主题更新，却很难把握原文的理论突破和方法创新。这正如一些读者所反映的："只够参考，不能解渴。"

专著翻译不够新颖，而期刊标题翻译又不够"解渴"，于是我们酝酿在前面提及的这些有影响力的国外期刊中挑选一些学术价值较高的前沿研究，将其译成中文，然后结集出版。最初设想实际上参考了祝畹瑾的《社会语言学译文集》（北京大学出版社，1985），这类译文集筛选的文章学术价值高，有助于推动学科建设，颇受学界欢迎。正如陈章太先生的评价："祝畹瑾先生翻译的国外社会语言学的论文，包括她编辑的《社会语言学译文集》，我一看到这些文章就非常感兴趣，不自觉地接受社会语言学的吸引力。"

国家语委也大力支持译介语言政策与规划领域的国外研究成果。《教育部语言文字信息管理司 2021 年工作要点》提出："拓展语言文字国际交流合作……组织研制《国际语言政策研究前沿报告》，把握前沿趋势。"李宇明教授在本项目的推进会上致辞："从国家的知识建构看，长期坚持，就可以保持我们与国外的学术接触，通过中文译文被我们的知识体系所吸收，从而丰富中国的语言规划学科。"徐大明教授在项目推进会上指出："我们要创立自己的学术话语体系，那就首先要有宽广的国际视野，把握风气之先，了解国际研究，考虑目标读者，最终目标是服务国家需求。"

翻译工作是一个耗时耗力的工程，而质量是译著价值的根本保证。我们制定了详细的工作流程图，做好顶层设计和团队建设，固定人员跟踪主要期刊，设立预审机制。选题团队和译者团队交叉，译者推荐，集体讨论，交叉核对，争取在更广泛的视野中了解前沿话题。

在翻译过程中，我们特别注意做到以下几点。

第一，仔细甄别挑选原作。目前，期刊的选择基本以上述 6 本刊物为限；对于作者的选择，大咖和新秀兼顾，因为有些新秀的前沿研究很可能在若干年后会成为经典研究，在历史上产生影响；在时间维度，所选论文全部是近 3 年发表的，以确保文献的新颖性；在内容方面，考察观念是否具有引领性，关键的理论有无突破，以及研究方法上是否具有先进性。当然，内容方面存在多大创新，可能有争议，但只要让编委学者参与公开透明的讨论，结果应该是令人信服的。正如诺贝尔奖，虽然每次获奖人物都可能存在争议，但并不影响该奖项的权威性。最后，要能满足国内需求，即以国内学界的标准为准，站在国内读者立场看，判断哪些值得介绍，值得引入。

第二，认真核查筛选译者。本书的译者皆怀有一种强烈的学术责任感，希望借此学术翻译工作对推动我国语言政策领域的研究有所裨益。在组织翻译团队，以及为每一篇文章挑选译者时，我们会充分考虑译者本人在该研究领域的学术积淀，以及其外语水平和母语功底，特别会考察译者一贯的学术严谨度。

第三，聘请审订专家，进一步提高译著质量。我们为每一篇文章配备了该领域权威的审订专家。事实证明，每一位审订专家均能耐心细致地阅读、修改、润饰初译稿，甚至包括译者注里的内容，专家们都提出了大量宝贵的修改意见，从而确保了译作的质量。

最后，保证术语译名的规范统一。在术语规范上做到内部统一和外部统一。内部统一就是译者、主编、审订专家相互协调。外部统一就是尽量做到和译丛、绿皮书、黄皮书、期刊等相统一。一些术语可能是国外新创的，尚未译成中文。在不采用已有术语时，要通过译者注的形式解释说明。"语言资源和语言规划丛书"要求每一本译著在最后要制作"译名表"，将该书中提到的语言政策与规划领域的常见人名、地名、语言法案名、著作名、术语名等，以英汉对照的形式详尽列出。基于这一资源，我们在本项目启动时，为所有译者提供了一份方便查阅检索的术语手册，其中包括语言政策与规划的术语、人名和机构译名、法规译名等。

　　本辑译文集的出版，要感谢教育部语言文字信息管理司对本项目的大力支持。还要特别感谢商务印书馆的余桂林副总编，如果不是余总想方设法从国外如期购得这些文章的版权，本书也就难以问世。

方小兵

2022 年 8 月

审订专家简介

戴曼纯

北京外国语大学教授、博士生导师，中国语言学会语言政策与规划专业委员会副会长兼秘书长，全国语言文字标准化技术委员会外语应用分技术委员会秘书长。

张治国

上海海事大学教授、外国语学院语言政策和语言规划研究所所长，中国语言学会语言政策与规划专业委员会理事、国际城市语言学会理事，翻译出版《语言政策》《语言管理》等学术著作。

赵蓉晖

上海外国语大学教授、博士生导师、研究生院院长、中国外语战略研究中心执行主任，国家级"语言政策与语言教育"学科创新引智基地负责人，教育部新世纪优秀人才、上海领军人才、楚天学者。

赵守辉

挪威卑尔根大学人文学院外语系中文项目创始教授、博士生导师，现任4家国际期刊编委或副主编、4家中文期刊及丛书编委或副主编，曾任北欧汉学研究会会长。

译者简介

蔡　冰
　　博士，江苏师范大学国际学院副教授、硕士生导师，南京大学中国语言战略研究中心兼职研究员，主要从事社会语言学、国际中文教育研究。

方小兵
　　博士，南京晓庄学院教授，南京大学中国语言战略研究中心研究员，《中国语言生活状况报告》副主编、《中国语言战略》主编、"语言资源与语言规划"丛书主编，国际城市语言学会理事、中国语言学会语言政策与规划专业委员会理事，主要从事语言政策研究。

何山华
　　博士，扬州大学外国语学院副教授、博士生导师、副院长（主持工作），江苏省"青蓝工程"优秀青年骨干教师、扬州大学"拔尖人才"，主要从事语言政策和外语教育研究。

李艳红
　　博士，鞍山师范学院外国语学院副教授、硕士生导师、副院长，主要从事社会语言学、国别语言政策、外语教育研究。

林　晓
　　博士，浙江大学外语学院副教授、硕士生导师，主要从事语言政策与规划、外语教育研究。

马　嫣
　　博士，绍兴文理学院外国语学院副教授、硕士生导师，主要从事语言政策与规划、社会语言学研究。

王　辉
　　博士，浙江师范大学双龙学者特聘教授，国际文化与教育学院、国际中文教育研究院院长，国家社科基金重大项目首席专家，全国汉语国际教育专业学位研究生教育指导委员会委员，主要从事语言政策与语言传播、国际中文教育研究。

张璟玮
　　博士，澳门大学人文学院中国语言文学系助理教授，南京大学中国语言战略研究中心兼职研究员，主要从事社会语言学、语言政策与规划研究。

张天伟
　　博士，北京外国语大学教授、博士生导师、国家语言能力发展研究中心副主任，教育部人文社科重点研究基地中国外语与教育研究中心专职研究员，《语言战略研究》副主编、《语言政策与规划研究》副主编，主要从事语言政策研究。

张治国
　　博士，上海海事大学教授、外国语学院语言政策和语言规划研究所所长，中国语言学会语言政策与规划专业委员会理事、国际城市语言学会理事，翻译出版《语言政策》《语言管理》等学术著作，主要从事语言政策研究。

目　　录

一、研究主题创新

二、理论建构与概念反思

三、研究方法探讨

一、研究主题创新

公共政策中的语言和学术掣肘*

罗伯特·菲利普森　著

张天伟　译

赵守辉　审

文献来源：Phillipson, Robert. 2019. Languages in public policy, and constraints in Academia. *Language Problems and Language Planning* 43(3), 286—311.

　　导读：语言政策与规划研究兼顾宏观和微观层面，重视将自上而下和自下而上的研究范式有机结合。机构语言政策是语言规划研究的重要领域之一。这篇文章聚焦大学公共政策中的语言问题，从宏观、中观和微观等不同视角展现了公共政策与政策实施之间的矛盾。文中以欧洲为例，指出大学的语言政策表现在显性和隐性两个方面。在全球化背景下，一方面英语的不断推广和扩张，成为全球主要通用语言，是承继了欧洲殖民主义的"无主"思想而来，表现为将其他地方的文化和语言看成是无主文化、从而利用其包装成中立的、符合每个人利益的"无主语言"形象，通过政府及官方和民间机构的各种推广措施，成为全球语言。这是实质上的"语言帝国主义"；另一方面，从欧洲大陆的角度来考虑，各国的大学语言教育政策，需要在英语和本民族语言间保持平衡。一些中观和微观的建议措施需要得到更好的执行，以缓解英语帝国主义的影响。文章也提到大学的学术自由和目前英语独大的语言政策之间存在矛盾，认为英语不但侵占了其他语言生存的空间，而且妨碍了大学一向倡导的价值和原则，造成了学术掣肘。文章最后还提及中文的快速发展，并关注了中文和英语的未来发展趋势。

---

　　*罗伯特·菲利普森（Robert Phillipson），英国考文垂华威大学应用语言学系教授，也是南澳大利亚大学司法与社会学的兼职教授。他的研究兴趣包括语言教育、语言政策和规划中的跨文化能力的教学及学习。他目前是 AILA 研究网络跨文化媒介在语言和文化教学中作用的共同召集人，担任期刊《语言规划中的现实问题》的执行编辑。——编者注

摘要：本文探讨了能够显示公共政策忽视学术性建议的相关证据，并描述了超国家和国家层面语言政策领域的此类例证。当代的一个重要影响是，大学自主权和学术自由权正受到新自由主义压力的制约。本文描述了英国和丹麦的相关证据。这些趋势与更广泛的背景相关，即从无主之地的实践和意识形态过渡到殖民合法化、全球欧洲化以及随之而来的对他人领土的剥夺，再到全球美国化进程、无主文化（cultura nullius）在商业、媒体、学术界和家庭生活中的普及化。这与英语作为无主语言来推广和确立相吻合，是一种应该让全世界所有人学习的语言，仿佛它是为全球全体居民的利益所服务，并且仿佛与语言扩张背后的动因要素并不相关。温斯顿·丘吉尔在一次演讲中主张维护大学自主权和历史意识。他的另一次演讲则呼吁英美在全球占据主导地位，包括将英语推广为"世界"语言。这些相互矛盾的提议产生了不同的结果：学术自由和历史传统目前处于危险情境之中，而美国的主导地位以及英语的推广和扩张却蓬勃发展。北欧五国政府已采取行动，确保维护本国语言以及"国际语言"的能力。这一点体现在了如下策略中：通过描述大学应该如何确保并行能力，从而确保在英语和民族语言间保持良好平衡。软实力永远与经济、政治和军事实力相挂钩，所有这些都需要使用语言。

关键词：大学；公共政策；英语；无主语言

一、大学公共政策

20 世纪中期有这样一种观点：

> 大学的首要职责是教授智慧，而非培训他人；是确定品格，而非传授技术和技能。在现代世界中我们确实需要大量工程师，但并不需要满世界都是工程师。我们需要一些科学家，但必须确保科学是我们的仆人，而不是主人……任何技术知识都无法取代对人文学科的理解领悟或历史和哲学的研究。
>
> 糟糕的是，20 世纪充满了人类的困惑、疲惫和迷惘，在很大程度上抛弃了 19 世纪文学时代所创造的一些优势条件。在这个时代，欧洲乃至世界大学的核心关注点都应该在牢牢掌握所有人类文明的基本真理和价值观上。

1950 年，温斯顿·丘吉尔在哥本哈根大学被授予荣誉博士学位时，发表了以上这些观点，这是基于英国在第二次世界大战中对丹麦的支持和丘吉尔的历史著作。他对历史的说法或许值得商榷，但他对大学职责的理解在 21 世纪仍然适用，21 世纪同样具有"困惑、疲惫和迷惘"的特点。丘吉尔所指的工程师已经被经济学家和银行家取代，他们狭隘的新自由主义资本主义愿景创造了一个全球和地方都无力抵抗的不平等的世界，而大学作为公益产品的原则正在受到破坏。

在著名历史学家托尼·贾德（Judt 2010: 164）的评价中，现代世界的政治领导人被称为"俾格米矮人"①。资本主义在国内（阶级）和国际（美国、德国等）创造着胜利者和失败者。虽然大公司和1%的富人蓬勃发展，但世界上很多地方仍处于贫困状态。随着极端运动和政党的影响，右倾化现象快速出现在许多国家。尤其是在东欧和中欧的前共产主义国家，如波兰、匈牙利和斯洛伐克，民族主义政府侵蚀民主原则。与此同时，在许多西欧民主国家，包括法国、德国、希腊、意大利、西班牙和北欧国家，主流政党正在逐渐丧失其影响力。本土右翼运动激活了欧洲社会中一直存在的种族主义，使其更加公开化和受尊重（Fekete 2018）。与欧洲其他地区一样，仇外主义政党在丹麦、芬兰、挪威和瑞典的影响力越来越大。

虽然政治、社会和语言正义运动已在世界范围内取得一些成功，但其力量比较脆弱。边缘化语言的复兴正在世界范围内发生（Olthuis, Kivelä and Skutnabb-Kangas 2013; Skutnabb-Kangas and Phillipson 2017; Hinton, Huss and Roche 2018）。欧盟已取得一些重大成就，但在其构成上仍然致力于市场经济。对许多危机的处理方式——欧元、难民、许多成员国的政治动荡、对欧洲议程表现出的不满（如在欧洲议会未进行投票）——暴露了欧洲项目的主要缺点。语言权利承诺单一薄弱。虽然在其机构中，通过笔译和口译来管理多语在许多方面都非常有效，但其中仍有许多活动、"行动"和语言政策提议导致英语语言霸权的建立（Phillipson 2003, 2016a）。

在以研究为基础的公共政策和政策实施之间存在着巨大的差距。2012年至2014年期间，欧盟首席科学顾问安·格洛弗尔（Ann Glover）曾经历过欧盟委员会的政治议程常与提交给它的学术证据相冲突的情况。她指出，在一些备受关注的政策领域中，证据会被操纵，学术建议服从于政治目标。事实会被"扭曲"②。2014年③，欧盟委员会主席让-克劳德·容克（Jean-Claude Juncker）取消了欧盟首席科学顾问的职位，这表明中观层面的学术被宏观层面的经济和政治力量所压倒。

《经济学人》报道了欧盟体系的运作方式，特别是容克对它的态度，令人震惊地揭示了欧盟民主程序的缺乏（官僚化）：我们在某些事上做出决定，并把它暂时搁置在

---

① 这个比喻意为目光短浅，不应被理解为对人类某一部分的种族主义污蔑。

② http://www.euractiv.com/，2014年5月27日。她自己给委员会主席的建议没有公开。

③ https://www.theguardian.com/science/political-science/2014/nov/13/juncker-axes-europes-chief-scientific-adviser.

一边，等待看会发生什么事情。因为大多数人对该决议内容并不知情，因此如果没有人对此大吵大闹，我们会一步一步地继续，直到无路可退①。

在语言政策领域，基于真理的知识与政治决策之间也发生了同样的冲突。例如，关于小学教授两门外语的建议，以及欧盟几十年来一直宣扬的"外语学得越早，效果越好"的教条，除非满足许多教学条件，否则都是无效的建议，而这些条件很少得到满足②。虽然专家顾问已经向欧盟委员会指出了这一点，但他们无视这些麻烦的学术建议。

另外，在一项旨在调查语言政策诸多问题的可行性研究中，欧盟也没有按照政策的建议来采取行动。这项研究应欧洲议会的要求，也受到教育和文化总局的委托。这项任务交给了一家在为欧盟机构提供服务方面具有丰富经验的咨询公司。2005 年 5 月 18 日，这项详细的研究（118 页）广泛征求了语言政策多个方面相关人士的意见，相关内容可在教育和文化总局的网站上进行查阅。它对需求、条件和模式进行了分析，并且明确指出决策制定者应该利用大量的既有专业知识。它有力地证明了，应该由语言学部门，就像其他声望很高的欧盟机构（例如，处理哥本哈根环境问题，处理维也纳基本权利问题），或者是语言多样性中心网络，来加强政策的制定和实施，尤其是针对区域少数民族语言。这项研究展现了一种普遍观点，即国家和欧盟决策制定者迫切需要政策建议和相关信息。新成员国的情况尤其如此，而另一方面，现有成员国则认为此类职能"没有用处"。在拒绝将英语作为唯一通用语的问题上，各方的答复也几乎保持一致。该研究总结道，"不采取行动的话，将严重损害欧盟在这一领域的信誉。"

事实上，委员会单方面拒绝了语言机构和中心网络的提议。我们无法知道拒绝的原因。但我们知道，这样的机构一旦成立，委员会在这方面的权力和能力必然会减弱。委员会表面上在"行动"中拥有自由行动权和语言政策决策能力，实质上在自由放任政策中会强化英语和其他优势语言。

重要的是，2018 年，欧洲监察署宣布就"欧盟内各机构、部门和服务代理"中的多语言管理进行公开咨询，包括是否需要在欧盟网站上有更明确的语言选择政策，以及就关键问题进行公开咨询，凡此等等③。此前，欧洲议会文化和教育委员会委托米歇尔·加佐拉（Michele Gazzola）于 2016 年④进行了一项全面研究，名为《欧洲多语研究：收益与成本》。本研究分析了欧洲多语战略目标、评估或实现这些目标的措施，并

---

① 参见欧盟驻英国专员克里斯·彭定康（Chris Patten）的自传（Patten 2005: 122）。

② 参见 Phillipson（2003）、Enever and Lindgren（2017）和 Phillipson（1992）第 6 章讨论的五种语言教育学谬误。

③ https://www.ombudsman.europa.eu/en/correspondence/en/99005.

④ http://www.europarl.europa.eu/supporting-analyses.

基于大量统计数据，解释了为什么许多期待实现的目标仍未实现。例如，它显示了英语作为"基本技能"的想法就是一个神话般的理所当然，因为只有7%的欧洲大陆人声称他们的英语能力"处于非常好的水平"。

国家层面公共政策的一个例子来自20世纪90年代的瑞典。一个多学科的研究团队主要对教育中的少数民族语言权利进行了调查。该团队的一位政策研究专家在对学术研究数据和实施情况的调查中，遗憾地评论总结道："在决策层面，科学的'真理'往往服从于经济的'真理'"（Municio Larsson 2000）。宏观力量忽视中观和微观层面的证据。最近对瑞典和丹麦少数民族母语教学进行比较的一项研究，仿拟布迪厄的"场域"划分，区分了政治领域、学术领域和官僚领域（Salö et al. 2018）。报告结论称，在丹麦，没有政府官员委托学者进行研究的传统，也没有学者参与决定的传统，但这些做法在瑞典却十分常见，因此，瑞典对少数民族母语采取了更具启发性的政策，即使政策的实施情况远不够理想。[①]

瑞典政府已委托相关机构进行全面的语言政策研究，以评估英语是否对瑞典语构成威胁。该研究核对整理了大量证据、分析结果以及可能的情形，广泛跟踪调查公众的反应（地方和国家政府、少数民族协会、工会、学术界等），并将所获证据交由司法部处理和公布。随后以此为依据在2009年出台了相关法律法规，旨在巩固瑞典语在全国和欧盟体系中的地位，并确定五种少数民族语言。然而如政府委托进行的一项程序性后续研究所示（Lainio, Nordin and Pesonen 2017），基于该原则的实施执行严重滞后。

这部作品共654页，包括英文摘要（第333—343页）。无论是在国家层面还是超国家层面而言，政治家或官员们都不太可能阅读篇幅较长的研究报告。2003年，我撰写了《只讲英语的欧洲？挑战语言政策》这本书，旨在针对普通民众，并希望政府界和欧盟机构能够阅读一下[②]。这本书为保持所有欧洲语言的活力提供了有力的理由。最后一章概述了最坏的和最好的情形，并陈述了41条行动建议。其中包括时任欧盟委员会副主席尼尔·金诺克（Neil Kinnock）的热情提议，尽管我们不能得知他是否利用自己的影响力在欧盟委员会推广多种语言，但这种可能性应该不大。我怀疑这本书只在学术界有读者。学术界和政治体系之间的衔接是难以捉摸的，决定政策中的市场力量坚如磐石。

这一现实意味着，即使英国脱欧生效，英语在欧盟机构内外事务中所占的主导语

---

① 这可能会导致一个结论，即丹麦政客对证据不感兴趣，而瑞典人对证据感兴趣，但可能会忽略它。相比之下，有传闻说，中国学者可以研究任何可能的话题，但不一定被允许发表出来。

② 2019年3月，一份经过更新的法文译本出版，名为《英语的主导地位：欧洲面临的挑战》，巴黎：自由与团结报。

言地位很可能也不会逆转①。其他以英语为官方语言的欧盟国家爱尔兰和马耳他仍继续使用英语，欧盟官员也将继续使用英语。英语的主导地位是一个既定事实，与英国的所作所为几乎无关。虽然使用法语受到了总统马克龙②的倡导和让-克洛德·容克③的支持，但其使用率也不太可能大幅增加。然而，随着欧盟目前陷入危机，我在书的结尾处提出的问题或许有了一个答案："如果欧洲在超国家和国家层面，在语言政策上继续无所作为，我们可能会走向一个只使用美式英语的欧洲。这是欧洲公民和领导人想要的吗？"（Phillipson 2003: 192）。正如葛兰西提醒我们的那样，语言霸权与政治、经济和社会主导地位是共生的。语言政策需要整体处理。美国在整个欧洲的影响力无处不在，但也受到抵制。

一些政府正在明智地应对当前的语言政策挑战，如北欧五国（斯堪的纳维亚国家和芬兰）在高等教育语言政策方面的合作，这是建立在学术界和政府之间实质性合作的基础上的。另一方面，政策实施情况往往不尽人意。传统上，北欧国家拥有较强的学术自由和大学自主权，但它们面临着风险因素。一个因素是研究人员如何看待他们的角色，以及他们可以做出的选择。皮埃尔·布迪厄（Bourdieu 1989: 486）认为学术界有三种选择：在象牙塔中保持封闭状态，对当权者选择的主题进行研究，或者利用大学自主权来解决和影响关键的社会政治问题，这是知识分子的经典角色④。在 21 世纪，由于大学的角色正在被重新定义，使得做出第三种选择变得越来越困难。

二、大学的角色

大学面临着巨大的变革压力。欧洲的整体格局与美加趋势相似，包括大学受制于新自由主义市场力量、"营利性"机构的扩张以及学费的不断上涨（Spooner and McNinth, 2018）。在美国，三分之二的大学教职工没有终身职位，只签订了短期合同

---

① 《世界英语》（*World Englishes*）杂志于 2017 年第 36/3 卷发表了一期关于英国脱欧语言后果的专辑，但正如我回应性文章里所表明的那样，要求撰稿人联系的马尔科·莫迪亚诺（Marko Modiano）的第一篇文章对这些问题进行表述远不理想（Phillipson 2017）。

② https://www.lemonde.fr/politique/article/2018/03/20/emmanuel-macron-la-francophonie-est-une-sphere-dont-la-france-n-est-qu-une-partie_5273810_823448.html. 马克龙还打算让法语成为非洲的主要语言。

③ https://www.euractiv.com/section/french-language/news/macron-says-too-much-english-spoken-in-pre-brexit-brussels/. 容克还为法国固有的优越性辩护，这是一个经典的虚构传说。

④ 另一种选择是明确的，尽管很少有人注意到：或者接受新的社会定义赋予文化生产者的任何社会功能，即帮助主导者处理"社会问题"的专家的社会功能，或者教授的社会功能，局限于学术问题的学术讨论；或者也就是说，有效地运用科学的武器，履行知识分子长期以来所履行的职能，即代表自治和自治中获得的价值观或真理干预政治领域（Bourdieu 1989: 486）。

（Collini 2017）。一些欧洲大学也有了这个影子。

一些研究深入分析了英国高等教育的趋势，剑桥大学学术史权威专家斯蒂芬·科里尼（Stefan Collini）在一次公开谴责中（2017）慷慨激昂地对此进行了引用。

科里尼丰富的讨论展示了大学是如何发生变化的：

大学的概念已经被服从于短期工具性的，和不断削减的经费以及经济性的目标所破坏。

学生被视为消费者，而不是真理和知识的追寻者。

评估研究及其所附带经费时，关注那些与研究旨趣极少相关的"影响因子"。

一方面是少数"精英"大学的资金非常充足，另一方面是大量资金不足的机构研究能力有限。

随着越来越大的跨学科部门的创建，有活力部门的质量受到了影响。

受商业原则的启发，行政管理已成为自上而下的管理。

大学以商业形式运营，不再接受政府的教学活动资助。外国学生要支付高昂的学费，而大多数英国和欧盟学生则可以获得大额贷款来支付学费。

对市场力量的依赖导致基础学科，尤其是人文学科，正在由于短期经济原因而被淘汰。

过多质量堪忧的"营利性"机构自称为大学。与美国一样，风险资本参与和股东期望正在破坏学术自主权和自我定义。

科里尼总结道（同上，212），"英国是在高等教育中推广自由市场教条实验中的试验品"，欧洲大陆国家很可能会效仿这一做法，即使他们大学的行政干涉尚未达到同样的水平。

这些"现代化"教条直接体现在外语系的大规模关闭中。在英国和丹麦，这是一个既成事实，尽管这两个国家都有充分理由使用外语，并试图影响公共政策，但都以失败告终[①]。

在丹麦，大学管理委员会大多数成员通常并非学者，而是商界人士。2007年，丹麦皇家科学与文学学院（Royal Danish Academy of Sciences and Letters）记录了学术自

---

① 英国：http://www.nuffieldfoundation.org/nuffield-languages-inquiry-and-nuffield-languages-programme。丹麦：Phillipson（2001）。自那以后，有几份官方报告没有得到执行。有关主要的听证会和建议，请参见 Verstraete Hansen 和 Phillipson（2008）。Verstraete Hansen and Øhrgaard 两位学者2017年的著作便是一个雄辩的呐喊。

由并非实际存在而是受到控制的表现①。2008 年，丹麦学者工会利用联合国教科文组织的上诉程序，投诉学术自由受到破坏②。任期制已不复存在，高等教育由政府资助。

所有学位都必须经过高等教育和科学部的审查，并根据假定的工作前景证明其存在的合理性③。

哥本哈根商学院（Copenhagen Business School，以下简称CBS）的情况较为极端，由于无法保护学生人数较少的弱势学科，最终所有外语都被取消。CBS 拥有具百年历史的外语学院，主要满足商界和政府对精通欧洲语言的笔译员和口译员的需求。在过去十年，管理层效仿了英美商学院的模式。财政限制、市场"逻辑"，以及丹麦在国家外语规划方面的缺乏，导致 CBS 逐步取消外语。一开始是俄语、意大利语以及翻译专业学位，2017 年，英语、法语、德语、西班牙语和日语也被废除。英语仍然是与丹麦语并驾齐驱的官方语言或工作语言，并日益成为 CBS 所有活动的主导语言④。

尽管对语言政策研究和丹麦需求有远见的学者经常提出抗议，但这种破坏性的结果还是发生了。正如企业界所熟知的，这种需求大量存在，像法律和医疗行业迫切需要合格的笔译和口译员一样。CBS 宗旨要求该机构在商业经济学和商业外语方面进行国际最高水平的研究和教学⑤，取消所有外语的决定甚至与这一宗旨相冲突。董事会本应该监督这些宗旨是否得到遵守，但事实并非如此。法规条例被那些能钻空子的人视而不见⑥。

这一短期的、误导性的大学管理例子应该成为一则警告，警醒我们即使在一个认为自己是开放、民主和进步的国家，对语言政策的处理也可能导致灾难性后果。它展示了大学自主权和高等教育作为公益的原则是如何被自上而下的官僚主义（managerialism）破坏的⑦。丹麦的政策反映出其无论是在发动战争、公共服务私有

---

① 杰出的丹麦知识分子 Jørn Lund，哥本哈根大学参议院的成员，2007 年 4 月 7 日《政治家》日报。

② 由于包括联合国教科文组织在内的所有联合国机构都代表国家，因此对投诉进行了调查，但唯一的结果是鼓励学术界和丹麦政府合作。

③ 财政部越来越多有经验的公务员被调到其他部委，这表明经济在所有社会领域发挥着关键作用。

④ 日德兰半岛有一所规模小得多的商学院，是奥胡斯大学的一部分，该大学仍在教授四门外语。

⑤ 我对 CBS 章程中 "erhvervsøkonomi og erhvervssprog" 的翻译。在取消外语专业之后，学校的规章也做了修订，以排除外语。

⑥ 模仿一下莎士比亚的《哈姆雷特》，我不禁要说丹麦的某些地方再次腐败不堪，这次是在语言政策方面。希望鬼魂能够纠缠着那些相关责任人不放。

⑦ 2011 年，哥本哈根商学院（CBS）校长在任职两年后，由于高级职员发起了一场合法的内部革命而被解职。这种动荡与自上而下的不当管理直接相关。CBS 董事会主席是一名资深实业家，因为他在挑选和联络能力可疑校长人选过程中的作用，也被迫辞职。对这一过程的理论分析描述了反抗是如何以及为什么成功的（Christensen 2016）。

化，还是在突出消费主义生活方式方面，对市场力量和美国的过度依赖性。丹麦针对移民和难民的敌对政策已有 30 多年：包容的先决条件是文化和语言同化（Salö *et al.* 2018）。

历届丹麦政府基本上都认为英语是唯一值得认真学习的外语，即使对一个人口小国来说，掌握多种语言能力也至关重要。德国是一个重要的出口市场，在欧盟有着巨大的影响力，几个世纪以来对丹麦有着决定性的影响。但年轻人深受美国化的影响，很少有人选择在高等教育中专攻德语或其他外语。政府意识到了这一国家危机，因此于 2018 年成立了两个"国家中心"，其任务是重振外语学习[①]。在微观层面上，政府采取了一些建设性的措施来软化政府政策：学校仍在教授几种外语；一些地方当局并没有提供政府的财政支持，但确实为移民提供了母语学习。

三、从无主之地到无主文化

我们需要从历史的角度来看待我们的过去和现在，分析"长久的持续"（Braudel），即随着时间推移在宏观层面缓慢发展的结构和思想。我们可以先看看全球欧洲化是如何合理化的，然后再探讨 20 世纪是如何像亨利·卢斯在 1941 年 2 月 17 日的《时代》杂志上所宣称的那样，变成美国世纪。这证实了美国的例外论和其在全球范围内维护自身权力和强加自身意志的"天命论"迷思。

英国哲学家约翰·洛克（John Locke）为欧洲人提供了一个合理化的理由，即自诩他们拥有一种天赐的、由罗马教皇而认可的、并可以占领其他地方领土的权利。这导致了几乎所有西欧国家对当地居民的剥夺和种族灭绝。洛克本人"拥有奴隶贸易公司的股份，是卡罗莱纳州殖民地领主们的秘书，在那里奴隶制是被宪法允许的"。（Uzgalis 2017, McCarthy 2009, Patel and Moore 2018）

在 1690 年关于政府论的两篇论文中有关财产的章节里，洛克认为上帝命令人们劳动，因此他们可以增加财产："上帝通过命令征服，赋予其进而占有的权力"（1988: 292）。由于美国土著人民没有付出劳动，"他们土地富足，生活贫乏"。大自然给了他们和其他地方的人一样的资源和生产区域，但他们"却未能以劳动加以改善，因而未能享受到我们所享受的百分之一的便利"（同上，296—297）。洛克由此得出结论："起初，全世界都是美国，而且比现在更是如此；因为在任何地方都不知道钱这回事。"（同上，301）劳动成果可以转化为黄金、白银或货币，然后这些又可用来证明"不相

---

① 哥本哈根大学和奥胡斯大学各有三名工作人员。

称和不平等地占有地球"是合理的，洛克认为这种不平等获得的社会认可是"心照不宣但却是自愿的"（同上，302）。

这一论点被认为是之前证明欧洲殖民的正当理由，同时也是基督教传教的神圣化理由。后来称为美洲的这片土地一开始被称为"无主之地"，认为不属于任何人，其愚昧的居民对其没有任何主张或权利。这场争论的思想基础是将我们（"文明人"）和他们（"野蛮人"）一分为二，这也是自古希腊时代以来西方世界根深蒂固的思想。占领被视为无主之地的土地是欧洲人在全世界利用种族主义的一个主要特征，在美洲或欧洲，这一现象仍未得到有效解决或消除。

在国际法中，无主之地意味着一片没有人拥有合法所有权的土地。文化和语言的扩张并非占有真空，势必与当地文化和语言发生竞争和冲突。乔治·萧伯纳（George Bernard Shaw）一个世纪前就已经指出①，无主之地主义和种族主义已经被全球美国化的无主文化所取代，加上作为无主语言的英语，两者都会导致土著语言和文化的被剥夺。

乔治·华盛顿总统设想美国是一个"正在崛起的帝国"。从1925年的卡尔文·柯立芝（Calvin Coolidge）到唐纳德·特朗普（Donald Trump），美国总统的行事原则是"美国人民的主要事务是商业"。哈里·杜鲁门总统在1947年宣布，"全世界都应该采用美国的制度。只有成为一个世界体系，美国的体系才能在美国生存。"2014年，奥巴马总统重申了这一点，他说，"我的底线是：美国必须永远是世界舞台上的领导者。"②

在文化冷战中，所有西欧国家都经历过美国刻意为之的大众文化，这些举措通常由中央情报局资助，旨在打造好莱坞，影响知识分子、阅读习惯以及文化政治生活（Saunders 1999）。在奥地利等被占领的土地上，去纳粹化包括一些促使教育、健康系统以及知识和政治规范系统美国化的举措（Wagnleitner 1994）。麦当劳化（Hamelink 1994, Ritzer 2011）以不胜枚举的花样渗透到学术界、商界、媒体、广告、生活方式、娱乐和服装领域。新自由主义商品化原则也渗透到文化规范中。美国式的消费资本主义被认为是一种普遍意义上的无主文化，是现代世界的必然条件（Kayman 2004）。一位法国知名知识分子详细分析了这些过程是如何发生的，并强调了美国在技术和媒体方面的主导对法国美国化的关键作用（Debray 2017）。

软实力指的是文化联系、媒体、教育政策、学术研究以及语言学习和教学，所有这些都有助于影响力的实现。自罗马占领不列颠群岛以来，以及在伴随全球欧洲化而来的语言帝国主义时期，软实力就已得到充分的证明。软实力一词相区别于更原始生

---

① 萧伯纳（1856年出生）在1912年注意到了这一点（Holroyd 1997）。
② 更多来源和详细信息，请参见 Phillipson（2014, 2016c, 2017）。

硬的军事、政治和经济权力形式，尽管这些形式总是隐现在背景中，并在实际中也与软实力有着内在的联系。谈论软实力有助于净化新殖民主义对资源和劳动力的剥削。它渗透到"发展"活动中，并渗透到"英语国家"（这一术语掩盖了其多语制度的事实）或英国、澳大利亚、新西兰和美国在世界范围内对英语的推广活动中。

　　大学在培养专家和培训教师方面发挥着重要作用。虽然英语国家的外语教学正在衰退，但语言学、应用语言学和对外英语教学专业从 20 世纪 50 年代中期开始急剧扩大。要理解这一发展趋势，不仅需要对美国实力的主导地位进行历史性解释，还需要对"世界"英语是如何以及为什么出现这一现象进行历史性解释[①]。

四、"世界"英语：无主语言[②]

　　20 世纪 30 年代以来，推广英语一直是英美的政策。1943 年 9 月 6 日，温斯顿·丘吉尔在哈佛大学被授予荣誉博士学位时，提出了英语占主导地位这一后法西斯世界愿景[③]。

　　"控制人们的语言比夺走他们的省份或领土或在剥削中欺压他们更有利可图。未来的帝国是思想的帝国。一种共同的语言是无价之宝，有一天很可能会成为共同公民身份的基础。我喜欢幻想英国人和美国人在彼此广阔的领土上自由活动，对彼此来说几乎都无异邦人之感。但是，我不明白为什么我们不应该在全球范围内更广泛地传播我们的共同语言，并且在不谋求任何自私利益的情况下，拥有这种宝贵的生活便利条件和与生俱来的权利。"

　　全球英语是他演讲的五个主题之一，其他四个主题是英美团结、军事合作、维护全球和平计划，以及确保美国 / 英国的全球主导地位。丘吉尔发表讲话的时候，英国的生存问题尚不确定，而且依赖于美国的财政和军事支持。将英语在世界范围内的推广视为英国人和美国人与生俱来的权利纯粹是帝国主义的欺世谎言。丘吉尔确定的五个政策变量后来体现在美英"特殊关系"、联合国、北约、统一的欧洲市场和全球英语这些概念中。这些都是在 21 世纪已经确立并继续存在的宏观层面的主要影响。

　　所有英国首相都接受了美国的主导地位。撒切尔夫人自由中心在华盛顿的右翼民

---

①　在一个世纪前的《大英百科全书》中，国际语言仅指人工设计语言，如世界语和沃拉普克语。

②　有关无主语言的更多详细阐述，请参见 Phillipson（2018）。

③　在 20 世纪 40 年代的几次重要演讲中，以及在他关于"讲英语的民族"的畅销书中，丘吉尔对大英帝国的愿景以及与美国和欧洲的联系得到了阐述，见 Kenny & Pearce 2018, 38—60。

族主义遗产基金会中存在多年。它的目标是确保美国和英国能够"领导和改变世界"①。许多因素影响了英国脱欧公投的结果，但目前尚不清楚后果如何，也没有什么用来取代欧盟成员的计划。影响英国政客支持退出欧盟的一个想法是，他们相信英语圈是一个由"白人"英联邦国家（澳大利亚、加拿大、新西兰）和美国组成的联盟，在世界上处于领导地位。这种观念在英国存在的历史已长达一个世纪之久，反映了帝国的幻想和恋旧情结（Kenny and Pearce 2018）。

第一次世界大战后，因为国会投票反对美国加入国际联盟，因此美国在全球事务中的影响力是有限的（除了在美洲和菲律宾占主导地位外）。富兰克林·罗斯福总统下定决心要在二战之后改变这一现状。他在 1942 年说："我们从过去的错误中获益。这一次我们应知道如何充分利用胜利。"这意味着既征服敌人也征服盟友。1950 年，艾森豪威尔在成为总统之前，曾在伦敦主张建立欧洲共同市场。在第二次世界大战期间，让·莫奈（Jean Monnet）等欧盟主要创始人当时所处的美国智库（Winand 1993, Holm 2001）阐述道，欧盟的建立既是一个美国项目，也是一个欧洲项目。

首届"英语作为世界语言的使用"会议于 1934 年在纽约举行，该会议由卡耐基基金会资助。会议就"在英美合作的基础上将英语'作为世界语言'来传播"这一目标达成了一致（Smith 2003a&b）。这使美国在 20 世纪 30 年代和 50 年代对大西洋两岸进行了资助活动，并设立了应用语言学系和英语教学专业系（Phillipson 1992, 2009）。美国的 TESOL（向其他语言使用者教授英语）和英国的 IATEFL（国际英语教师协会）等主要专业组织最初是国家级机构，现在将自己定位为"全球性"机构。2016 年，奥巴马总统推出了"世界英语"计划，这是一项旨在招募美国年轻人在全球范围内教授英语的多机构合作计划②。

出版业生产的教科书和参考书在全球范围内销售，因此在这些价值数十亿英镑行业中发挥着重要作用。有影响力的语言能力测试（剑桥、托福、雅思等）也同样重要。例如，现在全世界每年有 300 多万人参加雅思考试。该行业中的专业知识被标榜为具有普遍的相关性。欧洲大陆传统且有效的英语学习方式被排除在英美英语学习范式之外。这忽略了源语言和目标语言的对比分析，并将翻译排除在外，属于单一语言和单一文化（Phillipson 1992）。

---

① 基金会已经从其网站删除了有关该中心的信息，但英国正在建立一个新的中心，以进一步推进撒切尔（Thatcher）所主张的新自由主义目标。https://www.thatchercentre.com.

② 世界英语是本届政府在全球推广英语技能努力的顶峰。英语教学计划包括国务院富布赖特英语助教计划、英语语言专家计划和英语语言研究员计划，以及和平队志愿者和和平队反应志愿者计划。美国政府还在 Facebook 上为教师和学习者提供在线美语工具和资源。见 https://exchanges.state.gov/us/english-all.

　　国际教育和英语推广可以被视为一项英美专业性服务活动，旨在制定"特定专业领域的全球标准"，传播"最佳实践"，促进由"知识社会"、"普遍"经济规律和全球治理理念驱动的全球经济体系。欧盟在世界各地的活动遵循类似的逻辑，例如在许多非欧洲国家设立办事处，以及将博洛尼亚进程扩展到欧洲以外的大学。这些活动几乎完全用英语进行。欧盟委员会 2021—2027 年的预算提案设想将"伊拉斯谟 +"活动"扩展到全世界"[①]。英语以外的其他语言是否会在这些活动中占据重要地位，这一点值得怀疑。这种超国家活动与主要讲英语国家的大学相吻合，这些大学在亚洲、中东和其他地方建立了分支机构，它们是营利性出口企业，负责销售与国内内容和语言相同的高等教育学位，靠单一文化和单一语言运转。"国际"学校在全球范围内的迅速扩张，导致赴英美核心圈地区大学的留学盛行（Wechsler 2017）[②]，这是同种无主文化和无主语言扩张的一部分。

　　最具影响力的专业服务公司包括四大会计事务所，分别是安永会计事务所、毕马威会计事务所、德勤会计事务所和普华永道会计事务所。2016 年，这些事务所活跃于 150 个国家，拥有 89 万名员工。这是"世界上五大最有价值的公司之和"（布鲁克斯 2018）[③]。除了审计，他们还担任财务、公司法、税务和社会政策问题顾问。这些公司，连同国际银行和投资公司，以及麦肯锡和埃森哲等咨询公司，将知识和运营方式从核心圈国家转移到外围圈国家。专业服务部门（法律、广告、会计等）被视为占据了"新帝国空间"，这些空间通过英语媒介来发挥作用。"跨国或全球化"的话语本身是专业人士操纵的一种形式，其运作是为了实现核心圈国家的规范和利益的普遍化（Boussebaa 2017）[④]。

　　半官方性质的英国文化协会，是"英国国际文化关系和教育机会组织"[⑤]，被视为一家在全世界推广英国价值观、英国教育和英语的专业服务公司。他们的活动假定其基本文化价值观与全世界相关，即作为一种无主文化，与美国的价值观和语言共存。所

---

　　①　伊拉斯谟 + 向世界开放，提供脱欧后的英国道路（Karen MacGregor，2018 年 6 月 2 日）。http://www.universityworldnews.com/article.php?story=20180601164441628.

　　②　Wechsler 报告称，有 8000 多所国际学校，拥有 450 万名学生和 42 万名教师。80% 的学生来自学校所在国。预计这一数字将迅速上升。阿拉伯联合酋长国和中国共有 550 所此类国际学校。

　　③　与其他企业不同，四大集团作为事实上的企业联盟来运作，并无财务风险，共审计了 97% 的美国上市公司和所有英国前 100 强企业。2008 年的金融危机以及随后对金融资本的管理表明，大型会计师事务所"现在由商界人士领导，而不是商业监督机构"，这正是它们成立的初衷。他们是"无人谈论的金融丑闻"的同谋（Brooks 2018）。

　　④　关于世界体系内活动的关键领域的详细情况，有一位学者曾经作过考察，请参见 Boussebaa 2016。

　　⑤　https://www.britishcouncil.org.

有活动的媒介都是英语，其英国形式具有普遍意义。英国文化协会从商界招聘主任。在约 100 个国家开展活动，活动的巨额预算几乎完全来自英语教学和考试、咨询服务和全球教育"情报"报告。英国文化协会、英国考试委员会和英国出版商正在通过为学校提供英语学习"建议"、促进以英语为媒介的大学和学校，以及组织关于"世界教育"的年度会议，来积极扩大他们对教育系统的影响。英国政府的政策是吸引越来越多的外国学生来英国学习，以此与澳大利亚和美国竞争。目前英国高等教育机构有 30 万外国学生，其中 6.7 万来自中国。英国政府将这项活动描述为一项主要的出口业务。

英语被建构为一种无主语言，一种每个人都需要的语言，一种应该在全世界基础教育中确立的语言。在英国文化协会的政策中：

> 现在，英语被视为一种"基本技能"，如果孩子想充分参与 21 世纪的公民社会，就需要这种技能……现在，英语可以用来与世界上几乎任何国家的人交流……我们正在迅速进入一个不使用英语就将被边缘化和排斥的世界（Graddol 2006）[1]。

英国文化协会首席执行官马丁·戴维森在 2009—2010 年度报告中称："'英语走向印度'[2]告诉我们，从教育到经济领域，从就业能力到社会流动性领域，通过把英语引入每个教室、办公室和家庭，印度及其人民的前景将得到极大改善。"这些虚假的论点是殖民时代帝国主义理论的重演（Phillipson 2016b）。这一看似合理的假设是，英语是全球化的唯一语言，并符合每个人的利益。

当然，英语可以用来抵抗和打击帝国主义，也可以用来建立帝国主义，虽然这是一个不言而喻的事实，但自 1945 年以来，英语的大规模扩张一直是金融资本和商业国际化的组成部分，是北约的组成部分。北约目前在北大西洋以外地区、联合国，全球媒体、出版、学术界，世界各地的学校以及其他许多地方开展业务。丘吉尔的言论得以落实，以美国为首的投资方对他指定的所有五个领域进行了投资，在富裕的北方和占多数的南方世界之间建立起结构性暴力与不平等，并在国家内部培养了一个极其富有的特权精英阶层。

如今迫切需要能够影响和缓解这些趋势的语言政策。这些政策面临着宏观层面的

---

① 我写了一篇比较 Graddol 和 Macaulay 于 180 年前在印度使用的论点的有效性的文章，Macaulay 的论点强烈影响了殖民地的教育政策。它们惊人地相似，见 Phillipson（2016b）。

② "英语走向印度（English next India）"是 David Graddol 早先发起的"环球英语"的发展，他所提出的由英国文化委员会委托一位英国"专家"就可以解决印度的语言教育问题，这本身就是一种新殖民主义的想法。

无主语言压力，这些压力需要在高等教育机构这一中观层面以及与如何制定可行性教育解决方案相关的微观层面加以抵制。

五、微观层面的观点

作为大学教职员工，分析我们的就业条件十分重要。资金、大学管理、政策制定、评估和排名标准以及国际化等方面都发生了极大变化。这些变化影响了长久存在的大学自主和学术自由原则，也影响了教育和科学的原则。在欧洲大陆，越来越多的人使用英语，这给作为教学语言及出版语言的民族语言带来了生存困境，并对当地知识和认同产生影响。

几个世纪以来，欧洲的知识和文化生活都是国际化的，之后才被国有化。传统上，学术研究需要具备阅读几种语言的能力。通过博洛尼亚进程及其后续计划，欧盟的研究资助政策和建立全欧洲高等教育与研究领域的政策，很可能正在加强由科里尼确定的并在前面总结的大学生活新参数，也很可能正在加强将英语作为主要学术语言的情况。

在整个欧洲大陆，英语作为学术语言来使用的情况越来越多，这引发了双语和多语的新模式。2013 年 6 月，一个关于高等教育现代化的高级别小组向欧盟委员会提交了一份报告，其中提出了英语是全球化和国际化唯一语言这一误导性假设。该报告就改进教学和学习提出了许多明智的建议。其他建议不出意外地强调了欧盟希望听到的内容：就业能力、创业和创新思维、与社会和劳动力市场需求相关的计划，以及高等教育、商业和研究之间的伙伴关系的强化。

建议 12 提到"充分掌握英语、第二外语以及跨文化能力"[①]。这暗示着英语是唯一的国际化语言。在此例中，可以很明显地看出，英语霸权在没有认真考虑其他学术语言的情况下而得以加强。同样，博洛尼亚进程政策，例如通过推广双语博士学位，也一直未能明确解决语言政策问题。地平线 2020 的研究基金运作方式类似：提交申请和对其进行评估时只能用英语。这个程序虽然看似简化了该过程，但在国际科学合作中，坚持使用单语对其他语言的使用者不利。因为评估"专家"的英语熟练程度各不相同[②]，所以也降低了评估过程的效率和公平性。

所有这些欧盟活动和倡议都将英语作为一种无主语言进行了净化，仿佛这种语言

---

① 　http://ec.europa.eu/education/library/reports/modernisation_en.pdf.

② 　我有十年的时间都在参与欧盟和欧盟资助研究项目的申请评审活动，这项活动非常复杂，因为其他专家在专业领域和英语熟练程度上存在重大差异。

不受主观价值影响，不牵涉政治，只是一种同样适用于所有人的工具而已，这在宏观和个人层面都是与现实相违背的。过度关注英语会导致历史性遗忘，并导致其他国际学术语言边缘化。

一项关于生物多样性保护领域出版物的研究（Amano *et al.* 2016）强有力地说明了英语在科学生产力方面并非全球性或普遍性的。剑桥大学的研究项目聚焦75513个谷歌学术搜索上关于保护生物多样性的科学文献，其中使用最多的语言及其文章数量为：

英语	48600（64.4%）
西班牙语	9520
葡萄牙语	7800
中文	4540
法语	2290

这项研究有效地表明了，在科学界，所有重要观点都是用英语来发表的是完全错误的观念，它限制了科学工作的质量。除了列出的语言外，德语、日语和俄语也是科学创造和报告使用的其他主要语言。第二个结论是，只使用英语的学者并非是有最佳胜任资格的学者。在语言政策领域和教育研究领域，情况也当然如此[①]。这表明，欧洲大陆任何国家的教育若只专注于英语学习的话，将是十分不明智且目光短浅的。这种错误观念在包括丹麦在内的许多国家以及欧盟支持的许多活动中普遍存在。同样，英国应该加强对各种外语的学习，包括该国现有的其他族裔语言。

北欧国家（丹麦、芬兰、冰岛、挪威和瑞典）有着深厚的教育传统，能够熟练掌握多种外语，尤其是英语、法语和德语，但这种丰富性正受到无主语言的破坏。近年来，有研究广泛评估了这五个国家的语言政策（Hultgren, Gregersen & Thøgersen 2014）。北欧一项重要的语言政策宣言（北欧部长理事会 2006）论述了实现多种目标

---

① 另一个与"全球科学"相关的问题是，如何在世界上非西方化地区、本土知识文化与宇宙学中理解和保护生物多样性，并将其嵌入语言中。我们世界的可持续性取决于珍视几百年来与文化和生物多样性协同发展的多种语言。广泛的少数民族语言复兴运动清楚地表明了这一遗产的重要性（Hinton, Huss & Roche 2018）。正如印度学者多年来一直指出的那样，欧洲中心主义是一种局限，"复兴理论和实践超出了大多数濒危语言使用者的能力范围，在英语文学中流传，并遵循英国帝国主义和美国新殖民主义的地理轮廓"（Roche 2018: 276），因此迫切需要使复兴方法去殖民化。电子邮件可以促进世界范围内几乎无数种语言的学术合作。

的途径。它鼓励高等教育机构制订明确的语言政策计划，并让本国全体居民意识到自己的语言权利。总体目标是确保国家语言有持续性的活力，同时提高英语能力。不幸的是，《宣言》在维持每个国家所有语言活力或更广泛的外语学习方面几乎没有起什么作用。

在关于平行语言能力的《请再平行一点！北欧大学平行语言使用的最佳实践》报告中，11 项建议（北欧部长理事会 2018）旨在确保维护国家语言在学术界发挥的所有功能，并确保"国际"（即外国）教职员工和学生在使用英语的同时，发展该语言的学术能力。该报告有助于提高语言意识，抵制语言主义（linguicism）[①]，确保国家语言和英语之间的平衡。以下是对北欧五国大学的建议摘要。

1. 所有大学都应制定与其国际化政策相结合的语言政策，并与国家语言政策法规和大学在当地的角色关联。

2. 所有大学都应该有一个语言政策委员会，不断跟踪其发展。

3. 语言中心应根据研究标准，用当地相关语言为"国际"员工和学生精心设计课程，并应确保此类课程的质量；还应提供翻译和语言辅导服务；应开发数字资源。

4. 国际教学和研究人员应接受平行学术语言使用形式以及当地学生对话式话语特点的指导；他们还应该熟悉大学管理的当地语言；并逐步获得完全使用当地语言进行日常交际的能力；这应该在他们的雇佣合同中做出相关规定。

5. 针对交换生和攻读完整学位的外国学生的学科专业和未来就业进行需求分析；本地学生应该用他们自己的语言、英语和其他语言来接受其学术领域指导。

6. 制订专门的需求分析，以实现完全并行的能力。

7. 教学语言的选择标准、讲师的语言水平、阅读材料以及每种语言所要具体达到的成就的说明都是必要的。

8. 大学管理语言原则。

9. 学术发表的语言战略。

10. 国家和国际研究传播和普及政策。

11. 为教职员工和学生制定相关数字工具。

[①] 这一术语由 Skutnabb-Kangas（1988）通过与种族主义和性别歧视主义进行类比而创造的，具有类似的等级机制和效果。

重要的是，这些中观层面的建议旨在确保英语不会被视为优于国家语言，确保英语作为无主语言的意识形态应该受到抵制。使包括"国际"员工在内的所有员工使用相关北欧语言，是一项大胆的创新。对于 20 世纪 70 年代和 80 年代受雇于斯堪的纳维亚和芬兰大学的外国学者来说，学习使用当地语言是必不可少的，而近年来，大家越来越多地接受外国学者做不到这一点。

现在对这些建议将在多大程度上得到有效实施进行评估还为时过早。北欧国家的几所大学都有明确的语言政策文件。一些国家规定了具体实施措施的义务，这意味着有更多的机会去采取行动。例如，这对冰岛可能非常重要，因为冰岛人非常担心冰岛语被英语取代（Kristinsson 2016）。

文件中明显没有考虑到，每个国家都有能使用包括欧洲及其他国家外语进行高水平研究和教学的需求。

在部分英语水平较高的欧洲地区，对个体和群体而言，英语使用情况的增加可以被视为语言资本积累。使用的语言种类得以增多，附加性双语（additive bilingualism）或多语种制度也得以建立。相比之下，如果英语在关键功能上，在学术、政治、商业或文化生活上取代了一种国家语言，以至于其他语言被降级和排斥，那么就会发生语言资本剥夺的情况。我们有可能去确定这些过程中涉及的政策、话语和能动者、内外部的行动力量、胁迫和同意的霸权压力、促进新的语言治理模式的结构和话语。

要保持所有语言的活力，就必须避免在各个层面被洗脑，如与英语起源概念和话语模式相关的微观层面、与显性或隐蔽的制度性语言政策相关的中观层面，以及与加强英语、市场力量及其破坏性结果的结构和意识形态等不容置疑的信念相关的宏观层面。

许多由美国和英国的利益集团策划的语言学、应用语言学和社会语言学研究的单语化，以及英语占主导地位的国家中整体研究的单语化，可能会以隐蔽霸权方式巩固英语，我们需要时刻保持警惕。否则，我们可能会以语言歧视的方式推动英语成为无主语言。

正如丘吉尔在两次截然不同的演讲中所阐述的那样，使用英语的学者面临着与丘吉尔一样矛盾的处境，他们一方面巩固了英语的权力，另一方面又希望确保大学只为人文、道德、文化和政治启蒙等目的而服务。学者们需要分析他们是否参与了一个服务于 1% 而非全人类的体系。

英语的主导地位是否会再持续几十年，目前仍是一个悬而未决的问题。近几十年来，中国经济迅速发展，世界影响力日益增强。同时，中国开始重视软实力，这无疑会对英语产生一定的影响，也将是全世界语言政策研究需要关注的问题。

参考文献

Amano, Tatsuya, Juan P. González-Varo, and William J. Sutherland (2016). Languages are still a major barrier to global science. *PLoS Biol* 14(12): e2000933. doi:10.1371/journal.pbio.2000933.

Bourdieu, P. (1989). *La noblesse d'état. Grandes Écoles et esprit de corps.* Paris: Les Éditions de Minuit.

Boussebaa, Mehdi (2017). Global professional service firms, transnational organizing, and core/periphery networks. In *Professional networks in global governance,* ed. L. Seabrooke and L. Henriksen, 233–244. Cambridge: Cambridge University Press.

Brooks, Richard (2018). The financial scandal no-one is talking about, *The Guardian,* 1 June 2018. https://www.theguardian.com/news/2018/may/29/the-financial-scandal-no-one-is-talking-about-big-four-accountancy-firms?utm_source=esp&utm_medium=Email&utm_campaign=The+Long+Read++Collections+2017&utm_term=276858&subid=9950112&CMP=longread_collection.

Bunce, Pauline, Robert Phillipson, Vaughan Rapatahana, and Ruanni. F. Tupas (eds.) 2016. *Why English? Confronting the Hydra.* Bristol: Multilingual Matters.

Collini, Stefan 2017. *Speaking of universities.* London: Verso.

Debray, Régis 2017. *Civilisation. Comment nous sommes devenus américains.* Paris Gallimard.

Enever, Janet and Eva Lindgren (eds.) 2017. *Early language learning. Complexity and mixed methods.* Bristol: Multilingual Matters.

Gil, Jeffrey 2017. *Soft power and the worldwide promotion of Chinese language learning.* Bristol: Multilingual Matters.

Gazzola, Michele 2016. *European Study for Multilingualism: Benefits and Costs.* European Parliament's Culture and Education Committee. http://www.europarl.europa.eu/supporting-analyses.

Graddol, David 2006. *English next: Why global English may mean the end of 'English as a Foreign Language'.* London: The British Council.

Graddol, David 2010. *English next India.* London: British Council.

Holroyd, Michael. 1997. *Bernard Shaw. The one-volume definitive edition.* London: Chatto and Windus.

Kayman, Martin A. 2004. The state of English as a global language: Communicating culture. *Textual practice* 18/1, 1–22.

Kenny, Michael and Nick Pearce 2018. Shadows of Empire. *The Anglosphere in British Politics.* Cambridge: Polity Press.

Hamelink, Cees 1994. *Trends in world communication: On disempowerment and self-empowerment.* Penang: Southbound and Third World Network.

Hinton, Leanne, Leena Huss, and Gerald Roche (eds.) 2018. *The Routledge Handbook of Revitalization*. New York and London: Routledge.

Holm, Erik 2001. *The European anarchy. Europe's hard road into high politics*. Copenhagen: Copenhagen Business School Press.

Hultgren, Anna Kristina, Frans Gregersen and Jacob Thøgersen (eds.) 2014. *English in Nordic universities. Ideologies and practices*. Amsterdam: John Benjamins.

Judt, Tony 2010. *Ill fares the land: A treatise on our present discontents*. London: Penguin.

Kenny, Michael and Nick Pearce 2018. *Shadows of Empire. The Anglosphere in British politics*. Cambridge: Polity Press.

Kristinsson, Ari Páll 2018. English language as 'fatal gadget'. In Bunce *et al*, 118–128.

Lainio, Jarmo, Moa Nordin and Sari Pesonen 2017. *Nationella Minoritetsspråk i skolan- förbättrade förudsättningar til undervisning och revitalisering*. Betänkande av Utredningen förbättrade möjligheter för elever att utveckla sitt nationella minoritetsspråk. Statens Offentliga Utredningar. SOU 2017: 91 (654 pages, Summary in English, pp. 333–343).

Locke, John 1988 (originally 1690). *Two treatises of government*. Cambridge: Cambridge University Press.

McCarthy, Thomas 2009. *Race, empire, and the idea of human development*. Cambridge: Cambridge University Press.

Municio-Larsson, Ingegerd 2000. Science and policy. When does science matter?. In Phillipson, Robert (ed.), *Rights to language: equity, power and education*. New York: Lawrence Erlbaum Associates, 127–134.

Nordic Council of Ministers 2018, on behalf of Frans Gregersen et al. *More parallel, please!: Best practice of parallel language use at Nordic Universities: 11 recommendations*. København: Nordisk Ministerråd. http://norden.diva-portal.org/smash/record.jsf?pid=diva2%3A1203291&dswid=-7203.

Olthuis, Marja-Liisa, Suvi Kivelä and Tove Skutnabb-Kangas 2013. *Revitalizing indigenous languages. How to recreate a lost generation*. Bristol: Multilingual Matters.

Patel, Raj and Jason W. Moore 2018. *A history of the world in seven cheap things. A guide to capitalism, nature, and the future of the planet*. London: Verso.

Patten, Chris 2005. *Not quite the diplomat, Home truths about world affairs*. London: Allen Lane/Penguin.

Phillipson, Robert 1992. *Linguistic imperialism*. Oxford: Oxford University Press.

Phillipson, Robert 2001. Global English and local language policies: what Denmark needs. *Language Problems and Language Planning*, 25/1, 1–24.

Phillipson, Robert 2003. *English-only Europe? Challenging language policy*. London: Routledge.

Phillipson, Robert 2009. *Linguistic imperialism continued*. New York & London: Routledge.

Phillipson, Robert 2016a. Linguistic imperialism of and in the European Union. In *Revisiting the European Union as an empire*, ed. Hartmut Behr and Jannis Stivachtis, London:

Routledge, 134–163.

Phillipson, Robert 2016b. Promoting English: Hydras old and new. In Bunce et al, eds, 35–46.

Phillipson, Robert 2017. Myths and realities of European Union language policy. *World Englishes,* 36/3: 347–349, online 30 October 2017. doi: 10.1111/weng.12270.

Phillipson, Robert 2018. English, the *lingua nullius* of global hegemony. In *The politics of multilingualism. Europeanisation, globalisation and linguistic governance,* ed. Peter A. Kraus and François Grin. Amsterdam: John Benjamins, 275–304.

Ritzer, George 2011. *The McDonaldization of society 6.* Thousand Oaks, CA: Sage.

Roche, Gerald 2018. Regional perspectives: Decolonizing and globalizing language revitalization. In Hinton, Huss and Roche (eds.), 275–277.

Salö, Linus, Natalia Ganuza, Christina Hedman, and Martha Sif Karrebæk 2018. Mother tongue instruction in Denmark and Sweden. Language policy, cross-field effects, and linguistic exchange rates. *Language Policy* 17/4, 591–610.

Saunders, Frances Stonor 1999. *Who paid the piper? The CIA and the cultural cold war.* London: Granta.

Skutnabb-Kangas, Tove and Robert Phillipson (eds.) 2017. *Language Rights.* Four volumes. London : Routledge.

Skutnabb-Kangas 1988. Multilingualism and the education of minority children. In Skutnabb-Kangas, Tove and Jim Cummins (eds.). *Minority education: from shame to struggle,* Clevedon: Multilingual Matters, 9–44.

Skutnabb-Kangas, Tove, Robert Phillipson, Ajit Mohanty and Minati Panda (eds.) 2009. *Social justice through multilingual education.* Bristol: Multilingual Matters.

Smith, Richard C. 2003a. 'General Introduction' to Smith, R.C. (ed.), *Teaching English as a Foreign Language, 1912–36: Pioneers of ELT,* Volume 1. London: Routledge, pp. xi–xxxix.

Smith, Richard C. 2003b. 'Introduction to Volume V' (Introduction to *Teaching English as a Foreign Language, 1912–36: Pioneers of ELT,* Volume 5). London: Routledge, pp. xi-xxix.

Spooner, Marc and James McNinth (eds.) 2018. *Dissident knowledge in higher education.* Regina, Canada: University of Regina Press.

Uzgalis, William 2017. *John Locke, slavery and Indian lands.* http://www.oxfordhandbooks.com/view/10.1093/oxfordhb/9780190236953.001.0001/oxfordhb–9780190236953-e-41.

Verstraete-Hansen, Lisbeth og Robert Phillipson (red.) 2008. *Fremmedsprog til fremtiden. Sprogpolitiske udfordringer for Danmark.* København: Institut for Internationale Sprogstudier og Vidensteknologi, CBS.

Verstraete-Hansen, Lisbeth og Per Øhrgaard 2017. *Sprogløse verdensborgere. Om en uddannelsespolitik, der forsvandt.* København: Djøf (Jurist- og Økonomernes Forlag).

Wagnleitner, Reinhold 1994. *Coca-Colonization and the cold war. The cultural mission of the United States in Austria after the Second World War.* Chapel Hill: University of North

Carolina Press.

Wechsler, Alan, 2017. The International-School Surge. *The Atlantic*, June 5, 2017. https://www. theatlantic.com/education/archive/2017/06/the-international-school-surge/528792/.

Winand, Pascaline 1993. *Eisenhower, Kennedy, and the United States of Europe.* New York: St. Martin's Press.

Ye, Wei 2017. *Taking Chinese to the world. Language, culture and identity in Confucius Institute teachers.* Bristol: Multilingual Matters.

翻译是否体现了包容性?*
——国际非政府组织翻译政策文件解析

瓦恩·泰绪尔　著

李艳红　译

赵守辉　审

文献来源：Tesseur, Wine. 2021. Translation as inclusion? An analysis of international NGOs' translation policy documents. *Language Problems and Language Planning* 45(3), 261—283.

导读：国际组织语言政策的研究近年增势明显。其中，国际政府间组织的语言政策研究所占比例最大，如联合国、欧盟、东盟、世卫、世贸等组织的语言政策，而国际非政府组织（INGOs）作为执行联合国可持续发展议程的重要机构，其语言实践较少得到关注。国际非政府组织大多实行多语制和通用语制度，也倾向于实践语言的包容性，在努力寻求合法性、扩大影响力、实现沟通效率、参与可持续发展目标等方面同样遇到语言的挑战。国际非政府组织工作中的语言和翻译问题已受多个人文学科关注，但迄今为止，语言政策与规划领域对国际非政府组织的语言和翻译政策鲜有提及。国际非政府组织在实现联合国可持续发展目标上扮演着重要角色，包容性是联合国可持续发展目标的核心价值观，因此这些组织的语言政策直接影响到创建包容性社会的目标。平等性和包容性也是国际组织语言政策与规划领域关注的核心问题，研究者们除了理论探讨之外还需要更多关注多元文化社会中语言包容性的实际问题。目前，虽然学者们对国际组织的官方语言政策进行了各种案例研究，但持续分析和批评分析很少，特别是在当前可持续发展议程的背景

---

* 瓦恩·泰绪尔（Wine Tesseur），博士，玛丽·斯沃多夫斯卡-居里和爱尔兰研究理事会的博士后研究员。工作地点在都柏林城市大学，她与爱尔兰非政府组织 GOAL 合作开展"翻译即赋权"项目研究。在《社会语言学期刊》（*Journal of Sociolinguistics*）、《翻译研究》（*Translation Studies*）等刊物发表过文章。主要研究方向为非政府组织的口译与笔译。——编者注

之下。本文作者旨在探讨国际非政府组织包容性价值观与翻译政策之间的联系。文章以乐施会（Oxfam GB）和泪水基金会（Tearfund）的翻译政策为例，采取访谈等方法，分析翻译政策文件中包容性价值观的体现和实践。作者发现，这些政策文件在几个方面与包容性价值观存在矛盾：一是文件翻译仅限少数几种通用语；二是它们很大程度上忽视了当地语言的口译需求。此外，这些政策文件没有在包容性原则和翻译需求之间建立显性联系。文章总结了国际非政府组织制定翻译政策的优点和缺陷，并为在政策中更显性地体现包容性价值观提出建议。

摘要： 国际非政府组织（INGOs）是执行联合国可持续发展议程的重要机构，但其语言实践在语言政策与规划领域很少受到关注。本文旨在通过探讨国际非政府组织包容性价值观与翻译的制度性方法之间的联系，为该领域提供洞见。本文以乐施会（Oxfam GB）和泪水基金会（Tearfund）的翻译政策文件为例，研究表明，这些政策文件主要是少数几种通用语的书面翻译，也就是说，它们很大程度上忽视了口译的需求和译成当地语言的笔译需求。此外，这些政策文件没有在（语言）包容性原则和翻译需求之间建立任何显性联系。本文总结了制定翻译政策的优点和缺点，并为更显性地将翻译政策与包容性价值观关联起来提出建议。

关键词： 官方和工作语言；非政府组织；翻译政策

马克·费蒂斯（Fettes 2015）在其讨论语言政策与联合国发展议程之间缺少关联的文章中指出，如果语言政策与规划领域"真正重视平等性这一挑战"，研究需要从理论探讨转向解决"现代多元文化社会中语言包容性的实际问题"。费蒂斯（Fettes 2015）认为，虽然学者们对联合国机构的官方语言政策进行了各种案例研究（Borjian 2014; Corrêa d'Almeida and Otcu-Grillman 2013; Duchêne 2008; Fettes 2015; McEntee-Atalianis 2006, 2016, 2017; Tonkin 2015），但对联合国如何处理（或忽视）语言问题进行的持续分析和批评分析很少，特别是在当前可持续发展议程的背景之下。这一研究空白逐渐受到学者们的关注，他们对于在实现联合国全球可持续发展目标中语言的作用未能显性发挥而表示担忧（Bamgbose 2014; Fettes 2015; Marinotti 2017; McEntee-Atalianis 2017; Romaine 2013; Tonkin 2015）。然而，还有许多工作要做。例如，迄今为止，语言政策与规划对国际非政府组织的语言和翻译政策鲜有提及，这些组织在实现联合国可持续发展目标上扮演着重要角色。由于国际非政府组织深入参与了实现可持续发展目标，它们的多语言工作方式直接影响到创建包容性社会的目标。

近年来，国际非政府组织工作中的语言和翻译问题已开始在多个人文学科中提出，如灾害管理、发展研究、社会语言学和翻译研究等（Codó and Garrido 2010; Footitt,

Crack, and Tesseur 2020; Garrido 2017; Kahn and Heller 2006; O'Brien *et al.* 2018; O'Brien and Federici 2019; Roth 2019; Tesseur 2018）。这些研究发现，在其国际发展和人道主义行动中，国际非政府组织往往没有针对语言和翻译需求的规划，他们倾向于选择临时翻译的办法，常常选择由多语言工作人员或志愿者充当笔译或口译员，以保证国际非政府组织工作人员与当地社区之间的有效沟通（Federici *et al.* 2019; Footitt *et al.* 2020）。研究还表明，尽管个别非政府组织工作人员，尤其是在当地工作人员，他们已认识到翻译在工作中的关键作用，但一些国际性干预行动常常缺少确保语言包容性的官方操作流程和策略（Federici *et al.* 2019; Footitt *et al.* 2020）。为解决这一问题，一些该行业工作人员询问，非政府组织是否需要制定语言和翻译政策，如果需要，这些政策可以或应该是什么样的（Crack 2014）。

为回应这类问题，本文从语言条款的必要性和可行性出发，分析国际非政府组织的翻译政策。国际非政府组织作为非营利组织，通常可使用的语言资源有限。有限的资源以及必须向捐赠者提供具体项目执行目标等原因，可能使国际非政府组织在组织翻译和支付多语言工作费用上面临挑战，其中许多组织在国际事务中使用英语作为通用语言。不过，国际非政府组织一向以包容性目标和价值观为引领，如核心人道主义标准（CHS Alliance, Group URD, and Sphere Project 2014）和联合国可持续发展目标（United Nations 2015）中描述的"不让任何人掉队"的愿景等人道主义标准。这些标准和包容性原则旨在确保国际非政府组织的服务是可及的，并在文化上是适当的，例如：在制订国际非政府组织方案时，要确保与基层社区进行对话。本文探讨了国际非政府组织的书面翻译政策能否将包容性理想与语言服务联系起来。此前的研究表明，国际非政府组织的书面语言和翻译政策非常有限。然而，一些大型组织确实有这样的政策，如绿色和平组织（Greenpeace）、国际红十字会（the International Red Cross）、乐施会（Oxfam GB）、拯救儿童组织（Save the Children）和泪水基金会（Tearfund）（Crack 2014; Footitt *et al.* 2020; Garrido 2017; Tesseur 2014）。然而，到目前为止，几乎没有关于国际非政府组织书面语言和翻译政策文件与国际非政府组织包容性价值观之间联系的研究。

本文从两个方面为语言政策与规划领域提供参考。首先，文章深入探讨了国际非政府组织作为强大的全球组织，在尚未得到语言政策与规划领域充分关注下，如何利用机构政策来规范其多语言工作。其次，本文为国际非政府组织书面政策的潜在实用性和有效性提供建议。因此，正如格兰（Grin 2019: 5）所言，本文为国际非政府组织工作人员与管理层在语言和翻译政策的有用性及可能的影响方面，以及围绕此问题可能发生的"民主性辩论"提供信息。

一、分析框架和数据

本文分析了乐施会和泪水基金会这两个国际非政府组织的书面翻译政策文件。依据访谈数据和政策文件分析，发现两个组织目前都没有书面的语言政策，但都有书面的翻译政策。然而，翻译政策并不是独立的政策，正如梅莱尔茨和冈萨雷斯·努涅斯（Meylaerts and González Núñez 2018: 196）所言，关于语言的选择自动包含了关于翻译的选择。本文的分析显示，这两项政策都包括关于组织工作语言的声明，因此对这些文件的分析将有助于阐明：（a）国际非政府组织对机构多语使用做出的选择；（b）国际非政府组织对翻译的规范及其对国际非政府组织在一些重要活动中排除或包含社区和工作人员的影响（Meylaerts and González Núñez 2018）。

根据梅莱尔茨和冈萨雷斯·努涅斯（Meylaerts and González Núñez 2018）的观点和斯波斯基（Spolsky 2004）对语言政策的定义，翻译政策这一概念是语言管理（书面文件）、语言实践（人们的实际行动）和语言信仰或意识形态的结合。如斯波斯基（Spolsky 2004）所指，语言管理的努力不一定能达到预期效果。正如本文要分析的政策文件，只看政策文件并不能清楚地了解这一政策是如何实施的，以及当初制定该政策的动机是什么。为了在某种程度上解决这些问题，本文提供了翻译政策制定的组织层面的背景信息。然而，由于篇幅有限，分析实际的语言实践已超出了本文的范围，这里的讨论主要集中在书面的政策文件上，分析主要围绕以下三个关键问题。

1. 政策文件试图规范什么？

2. 这些政策是在什么组织环境下产生的？

3. 这些政策如何能够实现组织的价值观，特别是在促进包容性的理想方面？

本文分析的两份政策文件是英国乐施会（最后一次更新于 2021 年 1 月）和泪水基金会（最后一次更新于 2011 年）的书面翻译政策。这些政策文件是通过这些组织设在英国的内部翻译服务部门获得的。此外，与这些国际非政府组织的现任和前任工作人员进行的 14 次半结构化访谈的数据提供了关于这两项政策的历史及其（预期）效果的信息。访谈数据的分类见表 1。

表 1　访谈数据分类

英国乐施会	泪水基金会
现任工作人员：3	现任工作人员：6
前任工作人员：2	前任工作人员：3
总数：5	总数：9

访谈是在 2016 年 1 月至 2020 年 12 月期间进行的，这是两个关于语言和翻译在国际非政府组织中作用的研究项目（"非政府组织的倾听区"[①] 和"翻译即赋权"[②]）的一部分。本文所采用的访谈数据包括：（1）对驻英国办事处工作人员进行的访谈。他们从事各种工作，如交际和翻译。（2）对在具体国家项目中为国内同事提供支持的主管干事和区域经理进行的访谈。与国际非政府组织的组织语言和翻译政策及其历史相关的访谈数据的编码和分析，使用的是定性数据分析软件 NVivo。最后，分析还参考了与泪水基金和乐施会的语言及翻译政策相关的二手文献（Footitt 2017; Hollow 2008; Lehtovaara 2009; Sanz Martins 2018）。

二、组织背景

英国乐施会和泪水基金会都致力于消除贫困，但它们在组织结构、规模、收入和历史方面有很大不同。表 2 列出了英国乐施会和泪水基金会的工作地区、年收入和工作人员数量的详细信息，这些信息在组织的年度报告中都有记载（Oxfam GB 2019; Tearfund 2020a）。

表 2　2019 年度报告中两个组织的基本情况

	英国乐施会	泪水基金会
成立时间	1942 年	1968 年
总部所在地	英国牛津	英国特丁顿
国家分部（除总部以外）	67 个	51 个
2019 年收入	4.34 亿英镑	7630 万英镑
员工数量	英国总部：2,455 人	总部：424 人
	海外员工：2,646 人	海外员工：113 人
	合计：5,101 人	合计：537 人

乐施会成立于 1942 年，其前身是牛津大学饥荒救济委员会，由一些牛津大学的活动家创办，旨在帮助被占领的希腊饥饿公民，为他们送食品供给。此后，乐施会逐渐发展成为一个提供紧急救援和参与长期发展项目的全球性组织。泪水基金会成立于 1968 年，比乐施会晚 25 年之久。泪水基金会从英国的福音派联盟发展而来，成立的初衷是为了应对英国慈善部门的一个不足，即没有一个基督教福音派组织将基督教的

---

①　http://www.reading.ac.uk/listening-zones-ngos.

②　https://sites.google.com/view/translation-as-empowerment.

同情心和传扬福音与社会行动相结合（Hollow 2008:16）。作为一个基督教组织，泪水基金会传统上是通过当地教会和社区团体开展工作（Hollow 2008）。基金会的工作特点对理解泪水基金会的翻译方法非常重要。本文即将分析，泪水基金会的翻译工作牢牢植根于它的理念，即为当地社区并由当地社区进行翻译对于社区的赋权非常重要：支持从当地语言出发，将信息译成当地语言，使信息为社区所有并更容易表达社区的观点。

表 2 列出了英国乐施会的详细情况。需要注意的是，英国乐施会只是乐施会现有的 20 个分支机构之一，这些分支机构共同组成了乐施会国际"全球联合会"，由乐施会国际秘书处领导。尽管英国乐施会和泪水基金会的规模不同，但二者都在广大的地理区域开展工作，包括拉丁美洲、非洲、亚洲和中东地区。这两个组织都有一个英国办事处，有时被称为总部，他们在那里支持国家项目和参与筹款。本文旨在阐明这些大型国际非政府组织是如何在不同的语言地区并根据组织的包容性价值观来开展工作的。正如引言中所指出的，包容性被认为是非政府组织运行工作的一个重要价值观。乐施会和泪水基金会以及其他的大约 50 个非政府组织，都承诺按照上述核心人道主义标准工作（CHS Alliance *et al.* 2014）。该标准包括要确保组织在工作中对自己的员工及其合作组织和当地社区具有包容性（CHS Alliance 2020; CHS Alliance *et al.* 2014）。此外，英国乐施会和泪水基金会自己的组织价值观还强调了对贫困人群的尊重、公平和赋权。乐施会描述自己的工作是根据赋权、问责和包容的价值观进行的（Oxfam GB 2020）。它对"赋权"的定义是"参与乐施会的每一个人，从我们的员工、支持者到生活在贫困中的人，都应该感到他们可以改变现状"，而"包容性"是指"我们向每个人开放，包容多样性。我们相信每个人都可以做出贡献，无关个人的有形或无形差异"（Oxfam GB 2020）。这些价值观与泪水基金会的"真实"（"我们在每一次互动中都是诚实和透明的"）、"勇敢"（"为无声者发声，维护正义和公平"）等原则有共同之处，其组织目标是"为社区赋权，助力摆脱贫困"（Tearfund 2020d, 2020b）。下面的讨论描述了这些组织的翻译政策内容，并探讨了包容性价值观在多大程度上得以体现。

三、非政府组织的翻译政策文件旨在规范什么？

英国乐施会和泪水基金会的翻译政策侧重国际非政府组织的内部翻译团队的工作范围，这些团队驻在他们的英国办事处。英国乐施会和泪水基金会的翻译团队主要为英国境内外的同事提供支持。这些团队只有两到三名工作人员，大部分的实际翻译工作由自由职业者完成。对于英国乐施会来说，需要注意的是，乐施会国际秘书处另外还有一个由两名工作人员组成的小型翻译部门。自 2020 年 3 月起，这两个团队正式作为一个常规的翻译服务部门开展工作。泪水基金会和乐施会的翻译团队所提供的服务与翻译机构提供的服务相当,即组织中的任何工作人员都可以委托翻译,费用则通过有翻译需求的部门或团队进行支付。

表3列出了这两项政策的总体结构,其中的要点与政策文件中的标题相对应。两份文件都比较短(2—3页),它们包含了政策文件中常见的组成部分,如目的说明、翻译的责任和预算等。

表 3   英国乐施会和泪水基金会翻译政策的总体结构

英国乐施会:翻译政策	泪水基金会:翻译政策
绪言 —政策描述 　　—翻译服务使用的规定 —范围和资格 　　—英国乐施会和乐施会国际 —翻译目的 —相关文件 —版本控制	绪言 —政策目的 —翻译工作的目的 —工作人员的语言技能 —组织的语言
政策内容 —定义 —标准 　　—乐施会的主要工作语言 　　—内部翻译服务的语言 　　—需要翻译的内容(外部、内部、法律) —责任 　　—翻译服务 　　—作者 / 委托机构 　　—预算 　　—校对的必要性	—被翻译的语言 —翻译经费 　　—翻译出版的四种主要语言的重要性 　　—特定出版物语言编辑人员的预算 —通过语言编辑的翻译请求 　　—谁能够请求翻译(所有工作人员) 　　—谁从事翻译(自由职业者) —国内文件的翻译 　　—与地区译员合作指南 　　—校对的必要性 —国际出版物的翻译 　　—应地方要求为各国办事处提供泪水基金会的材料翻译 —关键性公司文件的翻译 　　—界定关键性文件 　　—界定需要翻译的其他当地公司文件 —附录 　　—语言编辑的工作范围 　　—服务水平协议
其他参考文件 —在乐施会网站上请求翻译的网页链接	参考的其他文件 —国际工作人员请求翻译的指南 —当地语言翻译的准则

两项政策的绪言中都包括一个目的性声明。乐施会的政策声称，其目的是"界定乐施会翻译服务的职权范围，并对英国乐施会和乐施会国际的工作人员如何进行内部和外部材料的翻译提供指导"。同样，泪水基金会的政策指出，其目的是"为泪水基金会的翻译工作提供指导，所有团队在需要不同语言的文件时都可以参考"。这两项政策都提供了关于翻译与组织的相关信息。泪水基金会政策中的这条信息很简短，它指出"我们所有翻译工作的基本目标是在讲不同语言的人之间实现最佳的沟通效果"。与泪水基金会的政策不同，英国乐施会的政策包含一个显性的政策声明，规定员工何时以及为什么需要使用内部翻译服务。

> 当需要将材料翻译成乐施会国际和英国乐施会的一种或多种核心语言时，必须使用或与乐施会翻译服务部门合作，以确保：
> —乐施会的信息得到有效和清晰的传达
> —所有目标受众都能获得信息，并具包容性
> —对品牌、员工或项目安全没有风险

该声明至少以三种不同的方式对翻译的作用进行了定位：第一，作为传播乐施会信息的资源；第二，作为确保信息可及和包容的工具；第三，作为需要由专业语言学家把握的风险。这些对翻译的理解在相当程度上呼应了瑞兹那篇关于语言规划取向的力作（Ruiz 1984），他在文章中界定了经常作为语言政策基础的三种取向：语言是资源（在这里，翻译是用各种语言有效传递信息的资源）、语言是权利（在这里，翻译是为了确保可及性和包容性），以及语言是问题（在这里，翻译是风险）。

如果我们考虑这些政策和内部翻译服务所涵盖的语言仅限于少数几种通用语言，并且主要是前殖民地语言，那么翻译作为包容性工具的定位似乎相当有限。两项政策都包含了可被视为两个组织的官方或核心语言的政策声明。既然这些政策被明确定位为"翻译政策"，规范官方语言的使用就不是主要目的。翻译政策中的包容性声明证实了梅莱尔茨和冈萨雷斯·努涅斯（Meylaerts and González Núñez 2018）的论点，即翻译政策是语言政策的结果。一旦决定哪些语言是该组织的主要交际语言，就需要对这些语言的翻译进行规范。

英国乐施会

乐施会国际和英国乐施会的主要工作语言是英语、法语、西班牙语和阿拉伯语。乐施会翻译服务涵盖英语、法语、西班牙语和阿拉伯语。

泪水基金会

对所有工作人员的最低要求是，他们能够流利地说和写英语。我们的其他组织的核心语言是法语、西班牙语和葡萄牙语。

翻译语言：我们的核心翻译语言和互译语言是英语、法语、西班牙语和葡萄牙语。

值得注意的是，泪水基金会的政策要求所有的工作人员都能说流利的英语，而乐施会的政策则没有这样的规定。这一规定对组织内员工的融入有潜在的影响，我将在后面再谈这个问题。至于主要工作语言的选择，乐施会的政策包含了选择这些语言的原因："这是由于 2018 年 4 月对组织持续存在的和可预见的翻译需求进行了评估"。政策还指出，翻译服务将持续监测需求并作出相应调整。泪水基金会的政策没有说明语言选择的原因，但它的选择可以解释为英语、法语、西班牙语和葡萄牙语具有官方地位，或者在泪水基金会活跃的主要地区被广泛使用，如拉丁美洲和各非洲国家。

政策还描述了哪些材料可以通过内部服务部门的翻译来获得。乐施会的政策指出，政策中提到的"材料""涵盖所有类型的通信和交际"，包括纸质文件、电子邮件、视频、网站和内联网（intranet）的内容。然而，这些类别中的翻译内容是有限制的：该政策包含一些标准，工作人员应根据这些标准来决定某个材料是否需要由内部翻译部门翻译。例如，对于面向内部受众的材料，该政策规定，如果一份文件所包含的信息对组织内"不使用该语言的员工来说是非常重要的，为方便他们在组织内有效开展工作"，这些信息需要翻译。对于外部受众，该政策规定，当受众需要"获取信息以达到材料的预期目标"时，翻译是必要的。最后，该政策还指出，"为了满足法律要求"，翻译可能是必要的。

泪水基金会的政策主要针对两种文本类型：关键性公司文件（如政策和战略文件）和国际出版物。泪水基金会的国际出版物非常有名，其中包括杂志和手册，可提供农业和公共卫生等多方面的实用信息。泪水基金会的内部服务部门翻译的材料似乎没有乐施会那么多，这是因为这两个国际非政府组织产出的材料类型不同。例如，英国乐施会的产品主要是需要大范围推广的倡议和宣传，这些材料包括在线视频到新闻稿等很多内容。而泪水基金会的材料传统上更多地针对社区。关于公司文件，泪水基金会的政策指出，翻译这些文件对"保证信息可及性"是非常重要的。这句话在某种程度上与之前的说法相互矛盾，因为，该服务确实提供了一些内部文件的翻译，但政策里却要求工作人员能讲流利的英语。

虽然英国乐施会和泪水基金会的翻译服务只涵盖了有限的几种语言，但这些政策确实承认了这些组织也进行了其他语言的翻译。英国乐施会的政策指出，对于其职权范围以外的语言组合，乐施会的翻译服务可以提供支持或指南。泪水基金会的政策更详细地提供了关于不属于其职权范围的翻译需求指南。更确切地说，政策内容里"国内文件翻译"建议，国内工作人员在当地招聘翻译的情况下，应坚持两点：首先，翻译材料"要译成译者的母语"，其次，文件要尽可能地进行校对。虽然这些准则有助于保证文件的可及性，但也可以理解为是对翻译风险的解释，即不准确的翻译可能导致泪水基金会作为一个受人尊敬的、高水准的非政府组织的声誉受损。其政策内容中的后一点也可以这样理解，即在"国际出版物的翻译"标题下，政策指南表明了当收到将国际出版物译成当地语言的请求时，应该怎么做。多年来，世界各地的地方教会团体和社区都在使用和翻译泪水基金会的材料，例如：其《支柱指南》（PILLARS Guides）已被译成 80 多种语言（Tearfund 2020c）。政策中还规定，在将材料翻译成当地语言时，需要承认泪水基金会是其来源，而且不能对原材料进行任何修改或添加。此外，该政策还要求任何翻译材料的人都必须遵循泪水基金会的"泪水基金会出版物的当地语言翻译指南"，"不得使用泪水基金会的标志"，该指南可以从翻译服务机构获得。简而言之，该政策确保有一个明确的程序来帮助当地团体进行翻译，并使其有更广泛的可及性，从而将翻译作为一种工具来扩大可及性和增强包容性。同时，泪水基金会还通过用拉开距离的办法来控制低质量的翻译可能对基金会声誉带来风险，比如不允许使用泪水基金会的标志。

总的来说，英国乐施会和泪水基金会的翻译政策规范了翻译的三个关键领域：第一，定义了内部翻译服务的范围，包括语言选择；第二，包括了如何与翻译服务机构合作的实用指南（使用的标准，委托翻译的程序，负责人及负责内容）；第三，政策提供了一些有限的建议，如果翻译需求不在英国的服务范围内该怎么办。然而，也许比政策所规范的内容更值得注意的是没有规范的内容：所规范的翻译行为仅限于语言、文件类型、可及形式、翻译方式（如没有口译）等方面，而且主要限于专业性翻译。换言之，这些政策只规范了国际非政府组织工作中实际发生的语言交际的一小部分。这就提出了一个问题：这些政策究竟是为谁服务的，又是如何体现其所为的？

四、这些政策产生的组织环境是什么样的？

半结构式访谈以及二手文献提供了更多的关于促进政策选择的组织环境信息。我将重点放在政策制定的"时间"和"原因"上，讨论这些组织历史上的某个特定时刻导致了政策的出台。多语政策的选择和随后的翻译政策一般产生于这个组织历史上的相应时刻,也就是在国际非政府组织结构发生重大变化的时刻。多年来,组织结构的稳步增长使语言需求更加复杂和紧迫。然而,正是这些组织的去中心化和区域化计划促发了语言政策和翻译政策的制定。国际非政府组织的权力下放和区域化进程通常将工作从英国的总部下放,并在区域或国家层面设立新职位。通过这种做法,国际非政府组织能更接近项目实施的最基层,并在组织内建立扁平化的权力结构。

乐施会在1999年采用多语政策的时候经历了一个"区域化"的过程(Footitt 2017)。这一阶段讨论乐施会战略规划路径的内部文件指出,"很明显……在乐施会的区域化和全球化过程中,翻译(包括口译服务)是乐施会沟通的一个关键性策略"("全球性思考研讨会"1998年10月,引自Footitt 2017: 11)。然而,英国乐施会仍然到2009年才任命一名翻译经理。自2011年起担任乐施会翻译经理的桑斯·马丁斯(Sanz Martins)在他2018年的文章中描述道,他作为翻译经理的工作最初是对乐施会的多语言需求和挑战进行全面检讨。检讨结果显示,现有的临时性翻译办法导致了财政和人力资源的浪费,一些翻译工作存在重复性劳动,多语言工作人员要经常翻译材料,这意味着做主要工作的时间减少了。因为不需要校对,翻译质量相对较差,翻译术语也不一致。这些发现是英国乐施会尝试利用集中翻译服务的主要原因(Sanz Martins 2018: 109)。

泪水基金会在2008年经历过一次重组。当时它进行了一项改革:"从在英国的主管干事转变为国家代表,其中许多人驻在他们所负责的国家"(Tearfund 2010: 15)。这一变化引起该组织内部对翻译需求的增加。一位工作人员解释说,以前,

> 对合作伙伴来说,能说英语更重要,因为他们一般不与当地的泪水办公室沟通,而是直接与特丁顿总部对接,所以对他们而言能说英语更重要,而且所有的沟通都用英语。随着时间的推移、去中心化和海外办事处的设立,我们有可能在语言上更加本土化和更具包容性,所以我们可以不那么以英语为中心。(访谈10,泪水基金会工作人员,2017年6月29日)

换句话说,去中心化导致其他语言,而不仅是英语的组织文件的需求增加。泪水基金会实际上在英国办事处已经有一个部门负责翻译国际出版物,该部门成立于20世纪90年代。翻译需求的增加和出版部门组织结构的变化促使"语言编辑"这一职位的制度化,后来经过审核,"语言编辑"改名为"翻译编辑"。这一变化也伴随着本文所分析的翻译政策而发展,本文的分析基于早期的、与泪水基金会国际出版物有关的最初语言政策(访谈6,泪水基金会工作人员,2017年2月8日和2021年1月的私人通

信）。这一信息也让我们更深刻地认识到，为什么泪水基金会的翻译政策会提到翻译成当地语言，并且有单独的准则供当地语言翻译使用。从出版服务的最开始，团队中就有这样的认识：事实上，将信息翻译成当地语言并使当地社区参与翻译，这在强化对当地社区的赋权和信息拥有权方面发挥着重要作用（访谈12，前泪水基金会工作人员，2017年7月14日）。然而，对泪水基金会书面政策文件的分析表明，这种对翻译的理解目前在政策中还没有得到明确表述。

五、这些政策如何能够实现组织的价值观，特别是在实现其包容性理想方面？

目前为止的讨论明确了翻译政策制定的不同原因及对价值观概念化的不同表述。在组织成长和重组的背景下，翻译需求变得更加迫切。政策文件将翻译定位为有效传递信息和接触各种目标受众的资源，而翻译也被认为是一种风险而需要进行管理。然而，在目前的政策文件中，翻译和包容性之间的联系并不明显。在此，我对一些政策选择以及它们如何影响包容性的理想进行了反思。我将聚焦在两个关键点上：英语的作用和包容性理想，以及目前的翻译政策在描述翻译团队职权范围方面的有限作用。

首先，在努力创建一个重视员工多样性、公平性和包容性的组织与使用英语作为通用语言之间，似乎存在着矛盾。泪水基金会在其翻译政策中表明要求工作人员英语流利，最近对泪水基金会工作人员的访谈显示（访谈14，2020年12月14日），这些问题和政策的潜在缺陷已经在前几个月的时候在组织内部有过热烈讨论。他们认为，政策的内容及对英语的强调已经不能反映泪水基金会的现实，也不能反映泪水基金会未来的组织期望。

与其他国际组织机构一样，英语在国际非政府组织部门普遍具有很高的地位，其对培训和职业机会排斥性的（潜在）影响几十年来一直是国际非政府组织领域内争议不断的话题（Footitt 2017; Garrido 2020; Hopgood 2006; Roth 2019）。英国乐施会在1994年的战略规划制定过程中经历过排斥语言多样性的影响，在这一过程中，规划的目标是包容所有外地办事处的全部乐施会工作人员。对这一过程的检讨显示：

> 虽然它［乐施会］是一个多文化组织，但英语仍然是主要的媒介语言，许多外地工作人员因为缺乏英语能力而被排除在重要讨论之外。乐施会一直无法决定是使用英语并以英语招聘和培训员工，还是使用多语并对翻译资源进行投入——这将是相当昂贵的。语言的问题和冲突在该组织开展的每项重大活动中都会出现，

但这个问题一直没能得到解决。(Wallace and Burdon 1994: 28)

因此,乐施会在 1999 年决定实施四种语言的多语政策,这一政策可被视为旨在解决英语主导地位问题的决策性行为。然而,2009 年英国乐施会委托进行的一项关于员工对其新的多语言政策看法的研究表明,员工仍然认为英语占据主导地位,并认为四种语言没有得到平等对待(Lehtovaara 2009)。简而言之,英国乐施会的案例表明,采用(有限的)多语政策并不能自动地将翻译行为转化为(可感知的)实际变化。

第二个关键点是关于当前翻译政策的有限性。翻译政策的主要目的是描述小型内部翻译团队的职权范围,正因为如此,它们对职权范围以外的语言工作能提供的信息或政策选择有限。首先,团队提供翻译的语言是根据国家团队和项目的需要进行选择的,但同时基于成本效益(以最小的投资达到广泛的受众)。虽然这是可以理解的,但缺点是这些政策有可能重复和加强国际非政府组织和他们的工作对象之间的主导权力结构,因为它们主要使用通用语,一般是前殖民地语言。

还有一个问题是,目前的翻译政策在提供方式和可及性方面存在局限性:政策中几乎没有提到口译或口头翻译的需要。这是一个很明显的不足,因为国际非政府组织工作的一些社区识字率很低,只用口头语言,还存在盲人和聋人社区。这些政策对书面交流的强调也许可以解释为西方人对书面文字的固守,也可以解释为书面翻译保存期更久。同样需要重视和注意的是,翻译团队表示他们正在提供一些口译协助,但由于能力和资源的不足,这项承诺并没有在目前的政策中体现(引自私人通信,乐施会,2021 年 2 月)。有趣的是,访谈数据显示,两个组织的翻译小组都注意到自新冠疫情爆发以来,口译协助的需求增加了,特别是在在线电话上,因此,如果资源具备,这可能是未来的一个有发展前景的领域。

最后,政策文件中没有提到的一个相对较新的现象是工作人员对翻译技术的使用,特别是谷歌翻译等免费机器翻译软件。这是政策规定中一个潜在的缺陷。近年来,随着语言质量的提升和语言翻译的增多,这类软件的使用随之增加(Tesseur 2020)。机器翻译的广泛使用提出了制定指南和开展培训的必要性(通常被称为"机器翻译扫盲",Bowker & Buitrago Ciro 2019)。例如:(为什么)许多当地语言的翻译质量很低,机器翻译处理文化差异的能力有限,对临时输入的数据也不能正确处理。工作人员并不总能意识到输入免费翻译工具的数据通常被用来训练软件,这可能导致数据安全漏洞(Slator 2017)。此外,技术的最新发展可能导致表面看似良好的语言包含错误的翻译,这可能会导致严重的后果。虽然这一问题没有在政策中涉及,但英国乐施会确实有一些关于为什么避免在其内部网上使用机器翻译的信息(引自私人信件,英国乐施会，2021 年 2 月），但进一步明确如何有效和负责任地使用这种技术的政策声明可以确保包容性和避免风险。

上述对翻译政策文件内容的批评提出了一个重要的问题：翻译政策是否可以包括规范翻译团队职权范围以外的语言选择？泪水基金会目前正在尝试解决这个问题，它正在考虑制定一个更广泛的和总体性的语言政策。一位泪水基金会的工作人员分享说，泪水基金会认识到"翻译政策主要包括我们译成什么语言以及如何翻译的基本内容（……），而我认为，现在的语言政策也可涉及和语言及包容性相关的其他问题"（访谈 14，泪水基金会工作人员，2020 年 12 月 14 日）。工作人员的这种思想变化部分是由于员工的变化引起的，进而促使他们更加重视沟通和包容。

> 我们的内部通信团队与所有员工在分享通信方面正在继续改进，以提升信息的可及性、多样性和包容性。我们在组织层面还安排了一个负责多样性和包容性的变革负责人。我们一直在保持对话（访谈 1，4，泪水基金会工作人员，2020 年 12 月 14 日）

这些对话涉及提供更多的翻译资源和创建一个更具包容性组织的必要性，并提到资源和能力有限带来的持续挑战。在内部沟通方面，除了翻译，也考虑了语言使用的其他变化，例如："以非母语英语使用者可以接受的方式写和说英语"（访谈 14，泪水基金会工作人员，2020 年 12 月 14 日）。泪水基金会目前的变化表明，该组织有可能发生重大转变，会更加公开地考虑语言和包容性之间的联系，这将使泪水基金会成为非政府组织的一个典范。

六、结论

本文探讨了国际非政府组织的翻译政策文件的目的，以及文件形成的组织背景，并讨论了国际非政府组织正在实施的包容性价值观与其翻译政策之间的一些紧张关系及二者之间的矛盾。本文的目的之一是为那些可能正在考虑创建和实施这种政策的国际非政府组织提供实践参考，因为它们可能正在考虑制定和实施这样的政策对其开展工作是否有用。根据受访者的说法，我在表 4 中概述了乐施会和泪水基金会现有的翻译政策的潜在优势和缺陷。

受访者提到了一些关键性问题，例如：政策有助于划清（财务）责任，规定谁应该在什么场合提供什么语言的翻译，以及谁对这项工作负主要责任。此外，选择不同工作语言组合的组织会被认为已经认识到了语言多样性的重要性,但这类政策的潜在缺陷是,该政策表面上反复提及语言多样性,但实践中只鼓励使用那些可能强化现行权力运作结构的有限的几种语言。

表 4　翻译政策的潜在优势和不足

潜在优势	潜在不足
—明确非政府组织在语言方面的立场 —明确谁负责委托和支付翻译费用 —明确谁是翻译工作的主导者 —提高成本效益 —提高术语的一致性 —提高翻译质量 —提高国际非政府组织工作中翻译作用的可见性 —提高翻译团队的可见性和地位(如果有的话) —为将翻译与组织战略联系起来提供机会 —为将翻译与包容性和平等价值观联系起来提供机会	—有了政策并不代表自动实施,也必不代表自动提升可见性 —如果过于关注包括英语在内的通用语言,则有可能强化权力不平衡 —对工作人员的非正式笔译和口译工作缺少可见性和指南 —政策需要定期更新,因此需要定期提供资源 —对翻译的投入往往被认为是昂贵的

　　基于我对数据的理解和对社会正义目标的思考,本文最后向国际非政府组织提出三个关键性建议。首先,任何旨在制定语言或翻译政策的国际非政府组织都应该参照组织的价值观和其他现有的组织政策,如关于残障、多样性和包容性的政策,使包容性与语言和翻译作用之间的联系更加显性。如前所述,组织应该制定适用面更广的语言政策而不仅是翻译政策。这种方式有其优势,例如:这样的政策可以由更高的管理层签发和支持,使其具有更高的可见性和权威性。正如所讨论的,现有的翻译政策只包含内部翻译团队的职权范围,在英国乐施会和泪水基金会,这些政策是由组织结构的较低层(例如部门层面)签发的。此外,更广泛的政策可以涵盖更多的语言实践,如我们需要更多的口头翻译来支持在发展中国家实践包容和民主参与,特别是在识字率低的社区。我们需要认识翻译是一个双向的过程,要将材料翻译成当地语言,而不仅仅将英语作为传播信息的唯一方式,这也是体现非政府组织工作中强调包容性、公平性、赋权和价值观的重要部分。最后,这样的政策还可以确保为现有的翻译团队提供适当的资源,例如,允许他们将服务扩展到口译。

　　第二个建议是,国际非政府组织可以在制定语言或翻译政策过程中,有意识地考虑语言多样性在实际工作中的排他性影响,以及思考如何将口头和书面翻译作为一种工具来克服这种障碍。与其认为翻译是一种行政负担,会拖慢工作进度,且费用昂贵,不如在制定语言或翻译政策的同时,考虑如何更好地评估或衡量翻译对非政府组织工作的积极贡献。国际非政府组织通常不收集关于这些问题的数据,所以第一个重要步骤是收集关于工作人员和社区的语言需求、语言技能和语言偏好的数据。除了为政策选择提供信息外，这些数据还可以向捐赠者证明他们在语言支持方面的投入是有价值的。这些数据还有助于将某个国际非政府组织定位为一个创新性的学习型组织，在语言层面证明该组织对包容性的重视。

最后，书面的政策文件最好仅作为加强语言包容性的一个潜在工具。这对语言政策研究者而言并不奇怪，但确实很重要。来自英国乐施会和泪水基金会内部翻译部门的工作人员评论说，提供专业的指导和培训是有必要的，可使"工作人员了解翻译的重要性以及翻译所需的时间、精力和资源"（Sanz Martins 2018: 115），可以通过举办研讨会和风险评估活动，使员工了解使用专业翻译的优势。

本文旨在响应马克·费蒂斯（Mark Fettes 2015）的呼吁，他号召通过关注国际非政府组织工作中的语言问题（这是联合国可持续发展议程的主要实践），对语言包容性面临的实际挑战进行研究。这篇文章通过分析非政府组织的案例来说明全球范围内的语言问题，对语言政策领域做出些许贡献。本文表明，与殖民历史和不平等的权力关系相关的全球结构性问题在非政府组织中的语言政策中也有体现，尽管这些组织努力按照包容性和公平性原则开展工作，但仍然倾向于使用前殖民地语言。这篇文章揭示了国际非政府组织在平衡有限资源和确保语言包容性和公平性的实践中经历的一些主要挑战。

对于翻译研究和语言规划与政策研究而言，该案例研究证明了语言政策和翻译政策之间存在的或可能存在的区别。正如梅莱尔茨和冈萨雷斯·努涅斯（Meylaerts and González Núñez 2018）所认为的，这两类政策是相互关联的。本文通过实例分析了国际非政府组织政策文件中对两个概念的解释。

最后，该案例研究还引起了人们对新技术的关注，使人们认识到新技术如何改变了语言问题的类型和解决办法。虽然这些新技术为确保翻译的可及性和包容性开辟了新的路径，但也提出了关于翻译质量、数据保护、建立信任和表示对他人的尊重等各种伦理问题。因此，从事语言政策与规划和翻译研究的学者们在努力为当前的全球发展挑战做出贡献的进程中，还需要在更多的领域进行探索。

资金来源

本文是"翻译即赋权"研究项目的一部分，该项目得到了爱尔兰研究理事会和欧盟"地平线 2020"研究与创新计划的资助，该项目为资助协议号为 713279 的玛丽·斯克沃多夫斯卡-居里（Marie Skłodowska-Curie）基金下的子项目。

致谢

感谢希拉里·福蒂特（Hilary Footitt）教授和安吉拉·克拉克（Angela Crack）博士的意见和建议，他们允许我在本文中使用"非政府组织的倾听区"项目的数据，该项目由英国艺术与人文研究委员会资助。感谢莎伦·奥伯莱恩（Sharon O'Brien）教授、乐施会和泪水基金会的同事，以及匿名同行审稿人对本文早期版本的反馈。

参考文献

Bamgbose, Ayo. (2014). 'The Language Factor in Development Goals'. *Journal of Multilingual and Multicultural Development* 35(7):646–657. https://doi.org/10.1080/01434632.2014.908888.

Borjian, Maryam. (2014). 'Language-Education Policies and International Institutions: The World Bank's vs. UNESCO's Global Framework'. *Language Problems & Language Planning* 38(1):1–18. https://doi.org/10.1075/lplp.38.1.01bor.

Bowker, Lynne, and Jairo Buitrago Ciro. (2019). *Machine Translation and Global Research: Towards Improved Machine*. Bingley: Emerald Publishing.

CHS Alliance. (2020). 'Our Members'. Retrieved 15 December 2020 (https://www.chsalliance.org/about/our-members/).

CHS Alliance, Group URD, and Sphere Project. (2014). *Core Humanitarian Standard*. Geneva: CHS.

Codó, Eva, and Maria Rosa Garrido. (2010). 'Ideologies and Practices of Multilingualism in Bureaucratic and Legal Advice Encounters'. *Sociolinguistic Studies* 4(2):297–332.

Corrêa d'Almeida, André, and Bahar Otcu-Grillman. (2013). 'The Portuguese Language in the United Nations–Framing Policy Design'. *International Journal of the Sociology of Language* 2013(224):1–23. https://doi.org/10.1515/ijsl-2013-0053.

Crack, Angela. (2014). 'Do NGOs Need a Languages Policy?' Retrieved 15 December 2020 (https://www.intrac.org/resources/ngos-need-languages-policy/).

Duchêne, Alexandre. (2008). *Ideologies across Nations: The Construction of Linguistic Minorities at the United Nations*. Berlin & New York: Mouton de Gruyter. https://doi.org/10.1515/9783110208313.

Federici, Federico M., Brian J. Gerber, Sharon O'Brien, and Patrick Cadwell. (2019). *The International Humanitarian Sector and Language Translation in Crisis Situations*. London; Dublin; Phoenix, AZ: INTERACT The International Network on Crisis Translation.

Fettes, Mark. (2015). 'Language in the United Nations Post-2015 Development Agenda: Challenges to Language Policy and Planning'. *Language Problems and Language Planning* 39(3):298–311. https://doi.org/10.1075/lplp.39.3.06fet.

Footitt, Hilary. (2017). 'International Aid and Development: Hearing Multilingualism, Learning from Intercultural Encounters in the History of OxfamGB'. *Language and Intercultural Communication* 17(4):518–533. https://doi.org/10.1080/14708477.2017.1368207.

Footitt, Hilary, Angela M. Crack, and Wine Tesseur. (2020). *Development NGOs and Languages: Listening, Power and Inclusion*. Cham: Palgrave Macmillan. https://doi.org/10.1007/978-3-030-51776-2.

Garrido, Maria Rosa. (2017). 'Multilingualism and Cosmopolitanism in the Construction of a Humanitarian Elite'. *Social Semiotics* 27(3):359–369. https://doi.org/10.1080/10350330.2017.1301800.

Garrido, Maria Rosa. (2020). 'Language Investment in the Trajectories of Mobile, Multilingual Humanitarian Workers'. *International Journal of Multilingualism* 17(1):62–79. https://doi.org/10.1080/14790718.2020.1682272.

Grin, Françis. (2019). 'The Role of LPLP in a Changing Landscape'. *Language Problems and Language Planning* 43(1):1–7. https://doi.org/10.1075/lplp.00029.edi.

Hollow, Mike. (2008). *A Future and a Hope: The Story of Tearfund and Why God Wants the Church to Change the World*. Oxford: Monarch.

Hopgood, Stephen. (2006). *Keepers of the Flame: Understanding Amnesty International*. Ithaca and London: Cornell University Press.

Kahn, Emmanuel, and Monica Heller. (2006). 'Idéologies et Pratiques Du Multilinguisme Au Québec. Luttes et Mutations Dans Un Site de La Nouvelle économie'. *Langage et Société* 118(4):43–63. https://doi.org/10.3917/ls.118.0043.

Lehtovaara, Heini. (2009). 'Working in Four Official Languages: The Perceptions of OGB Employees on the Role of Language in Internal Communication'. *MA Thesis. Helsinki School of Economics*. Retrieved 15 December 2020 (https://aaltodoc.aalto.fi/handle/123456789/318).

Marinotti, João Pedro. (2017). *Final Report on the Symposium on Language and Sustainable Development Goals*. New York: Mondial.

McEntee-Atalianis, Lisa J. (2006). 'Geostrategies of Interlingualism: Language Policy and Practice in the International Maritime Organisation, London, UK'. *Current Issues in Language Planning* 7(2–3):341–358. https://doi.org/10.2167/cilp102.0.

McEntee-Atalianis, Lisa J. (2016). 'A Network Model of Language Policy and Planning: The United Nations as a Case Study'. *Language Problems & Language Planning* 40(2):187–217. https://doi.org/10.1075/lplp.40.2.05mce.

McEntee-Atalianis, Lisa J. (2017). '"Leave No One behind": Linguistic and Digital Barriers to the Dissemination and Implementation of the United Nation's Sustainable Development Goals.' *Language Problems & Language Planning* 41(2):1–36. https://doi.org/10.1075/

lplp.41.2.02mce.

Meylaerts, Reine, and Gabriel González Núñez. (2018). 'No Language Policy without Translation Policy'. *Language Problems & Language Planning* 42(2):196–219. https://doi.org/10.1075/lplp.00028.mey.

O'Brien, Sharon, Federico Federici, Patrick Cadwell, Jay Marlowe, and Brian Gerber. (2018). 'Language Translation during Disaster: A Comparative Analysis of Five National Approaches'. *International Journal of Disaster Risk Reduction* 31:627–636. https://doi.org/10.1016/j.ijdrr.2018.07.006.

O'Brien, Sharon, and Federico Marco Federici. (2019). 'Crisis Translation: Considering Language Needs in Multilingual Disaster Settings'. *Disaster Prevention and Management: An International Journal* 29(2):129–143. https://doi.org/10.1108/DPM-11-2018-0373.

Oxfam GB. (2019). *Oxfam Annual Report & Accounts 2018–2019*. Oxford: Oxfam GB.

Oxfam GB. (2020). 'Our Goals and Values'. Retrieved 15 December 2020 (https://www.oxfam.org.uk/about-us/how-we-work/our-goals-and-values/).

Romaine, Suzanne. (2013). 'Keeping the Promise of the Millennium Development Goals: Why Language Matters'. *Applied Linguistics Review* 4(2):219. https://doi.org/10.1515/applirev-2013-5001.

Roth, Silke. (2019). 'Linguistic Capital and Inequality in Aid Relations'. *Sociological Research Online* 24(1):38–54. https://doi.org/10.1177/1360780418803958.

Ruíz, Richard. (1984). 'Orientations in Language Planning'. *NABE Journal* 8(2):15–34. https://doi.org/10.1080/08855072.1984.10668464.

Sanz Martins, Alberto. (2018). 'Development in so Many Words: The Oxfam GB Experience'. *Translation Spaces* 7(1):106–118. https://doi.org/10.1075/ts.00006.san.

Slator. (2017). 'Translate.Com Exposes Highly Sensitive Information in Massive Privacy Breach'. *Slator.Com Blog*. Retrieved (https://slator.com/technology/translate-com-exposes-highly-sensitive-information-massive-privacy-breach/).

Spolsky, Bernard. (2004). *Language Policy*. Cambridge: Cambridge University Press.

Tearfund. (2010). *Tearfund Annual Review and Accounts 2009–2010*. Teddington: Tearfund.

Tearfund. (2020a). *Annual Report 2019/2020*. Teddington: Tearfund.

Tearfund. (2020b). 'Our Vision and Values'. Retrieved 15 December 2020 (https://www.tearfund.org/about-us/our-mission/our-vision-and-values).

Tearfund. (2020c). 'Translating Pillars Guides'. Retrieved 15 December 2020 (https://learn.tearfund.org/en/resources/series/pillars).

Tearfund. (2020d). 'What We Do'. Retrieved 15 December 2020 (https://learn.tearfund.org/en/how-we-work/what-we-do).

Tesseur, Wine. (2014). 'Institutional Multilingualism in NGOs: Amnesty International's Strategic Understanding of Multilingualism'. *Meta: Journal Des Traducteurs* 59(3):557–577. https://doi.org/10.7202/1028657ar.

Tesseur, Wine. (2018). 'Researching Translation and Interpreting in Non-Governmental

Organisations'. *Translation Spaces* 7(1):1–18. https://doi.org/10.1075/ts.00001.tes.

Tesseur, Wine. (2020). 'Celebrating language skills, acknowledging challenges and sharing resources: Lessons from a language survey at GOAL'. Retrieved 10 June 2020 (https://www. goalglobal.org/stories/celebrating-language-skills-acknowledging-challenges-andsharing- resources-lessons-from-a-language-survey-at-goal/).

Tonkin, Humphrey. (2015). 'The Search for Linguistic Equality'. *Language Problems & Language Planning* 39(3):221–226. https://doi.org/10.1075/lplp.39.3.01ton.

United Nations. (2015). 'Transforming Our World: The 2030 Agenda for Sustainable Development'. *General Assembley 70 Session 16301*(October):1–35.

Wallace, Tina, and Tony Burdon. (1994). *Strategic Planning Review*. Oxford: Oxfam.

机构语言政策中的语言信念[*]

——通过语言政策语域看差异性

香农·菲茨西蒙斯-杜兰　著

林　晓　译

戴曼纯　审

文献来源: Fitzsimmons-Doolan, Shannon. 2019. Language ideologies of institutional language policy: Exploring variability by language policy register. *Language Policy* 18(2),169—189.

导读:2008 年，楼必安可（Lo Bianco）提出，语言政策由三种活动（activity）构成：文本、话语和公共行为。对此，本文作者菲茨西蒙斯-杜兰认为，当以语言形式呈现时，每一种活动都是一种语域（register）。在此基础上，她提出一个研究问题：机构语言政策文本语料库中表达的语言信念是否会因为语言政策语域的不同而存在差异？基于 2014 年的一项研究，作者对此进行了进一步探究。在前期研究中，作者已在美国亚利桑那州教育部网站的语言政策文本语料库（140 万字）中识别出五种语言信念。本文通过推论统计分析，对按语言政策语域（即语言政策文件、关于语言政策的话语、机构语言政策和列表）编码的各组文本进行了对比，对比之前确定的五种语言信念的表现情况。研究结果表明，语言政策语域之间存在着明显的差异，大部分语言信念是由语言政策机构规定的文本体现。

本研究验证了楼必安可的语言政策"活动"概念——在本研究中为可识别的"语域"，也确定了一个新的语言政策文本的语域类别——列表（list）。这样的验证

---

* 香农·菲茨西蒙斯-杜兰（Shannon Fitzsimmons-Doolan），美国得克萨斯州农工大学柯柏斯克里斯提学院英语系助理教授。她在北亚利桑那大学获得了应用语言学博士学位，研究重点是语言信念、语言政策、内容教学法和语料库语言学，在 *Corpora*、*The International Journal of Bilingual Education and Bilingualism*、*Language Policy*、*The Journal of Language, Identity, and Education*，以及 *TESOL Quarterly* 等期刊发表过论文。——编者注

可引发学界对楼必安可"活动"概念的进一步研究。此外，本研究将"活动"视为语域，将语料库语言学方法应用于语言政策与规划的语言信念研究，这为学者们进一步阐明语言政策与规划的分层模型提供了一种方法，也将推动语言政策与规划理论的进一步发展。

摘要： 楼必安可（Lo Bianco 2008: 157）提出了构成语言政策的"[三个]活动集合体"，即"文本""话语"和"公共行为"。本研究提出，当以语言形式呈现时，楼必安可提出的每一种活动（文本、话语、表现）都是一种语域——与特定社会情境相关的语言变体（Biber and Conrad 2009）。此前有一项研究基于语料库的方法，在140万字的语言政策文本语料库中识别出五种语言信念（Fitzsimmons-Doolan 2014: 57—82）。在此基础上，本研究提出，机构语言政策文本语料库中表达的语言信念是否会因为语言政策语域的不同而存在差异？本研究通过推断性统计分析，对按语言政策语域（即语言政策文件、关于语言政策的话语、机构语言政策和列表）编码的各组文本进行了对比，对比之前确定的五种语言信念的表现情况。就五种语言信念中的四种而言，语言政策语域之间存在着明显的差异，大部分语言信念是由机构语言政策的文本体现。这些研究结果表明楼必安可的分类是可行的，并确定了一个新的语言政策文本的语域类别——列表。此外，研究结果表明，通过分析机构语言政策来研究语言信念有着重要意义，研究结果还支持多维、多层的语言政策。

关键词： 语言信念；语言政策；语域；语料库语言学；机构

一、引言

尽管语言政策至今没有一种占主导地位的"主流"理论（Ricento 2006: 10），但语言政策越来越被视为一个带有层次的概念（Johnson 2013）。例如，斯波斯基（Spolsky 2004）提出，语言政策是由正式的语言管理、复杂的语言信念/观念系统以及一个言语社区的语言生活实践组成——这一理论框架已经在许多研究中有过探讨（例如，Bonacina-Pugh 2012; Fitzsimmons-Doolan 2014, 2018; Hu and Lei 2014）。此外，根据里森托和霍恩伯格（Ricento and Hornberger 1996）提出的语言政策概念，研究者可以追踪宏观（如立法者）、中观（如行政人员）和微观（如教师）层面的参与者如何影响政策的发展、研制和落实（例如，Menken and Garcia 2010; Heineke 2017; Johnson 2013）。楼必安可（Lo Bianco 2008: 157）提出了一个构成语言政策的"[三个]活动集合体"（ensemble of［three］activities），即"文本"（textual）、"话语"（discursive）和"公共行为"（public performance），但这一理论架构一直未得到深入的探究。而且，迄今为止，提出理论的人将其视为离散层面，还是重叠相交的层面，我们尚不清楚。

本项研究认为，楼必安可（Lo Bianco）提出的每一种活动都是一种语域 —— 与某一特定社会情境相关的语言变体（Biber and Conrad 2009）。本研究提出的三种语言政策语域与楼必安可（Lo Bianco 2008）所提出的相一致，它们是：（1）语言政策文件（如法律文本），（2）语言政策话语（如法律文本的备忘录）以及（3）机构语言政策（如州标准）。由于语域受情境（situation）和目的（purpose）的制约，语域的不同表明不同的目的或受众，从而表明不同的语言信念。本研究采用以下语言信念的定义：对社会中的人和语言之间关系的某种显性或隐性的表征（Woolard 1998: 3）。

对基于语域的机构语言政策文本中语言信念分布模式的理解，有助于我们明确一些语言政策的理论概念，如语言信念和语言管理等。例如，揭示语言管理中语言信念的变化是否是系统的。同时，这也可以考察各机构的语言信念的差异性。简而言之，它有助于我们在语言政策各层面内部及各层面之间建立联系。此外，这类研究可以揭示：在教育领域，语言信念从宏观层面的参与者向其他层面的参与者（如行政人员和教师）的传播机制（如文本类型）。也就是说，此类研究可以揭示，在向教育工作者传播语言信念方面时，特定的文本类型是否比其他类型起更大的作用。这一点十分重要，因为教育工作者更常接触到某些文本类型，并且会根据不同的目的使用不同的文本类型。因此，语言信念在不同机构语言政策语域的分布有可能会改变机构对教育工作者语言信念体系的总体影响。

本研究将审视并验证楼必安可（Lo Bianco 2008）提出的机构层面语言政策活动（语域）理论，探索一种多维语言政策分析新模型。对于教育语言政策与规划研究者而言，本研究也将揭示语言信念如何在某一机构环境中传递至教育者。本研究运用语料库语言学方法，探索归为语言政策域的机构语言政策是否存在语言信念的系统性变化。

二、从语言学角度分析政治语言

当代分析政治语言的语言学方法涵盖各种政策，而本研究侧重于语言政策。因此，与本研究相关的是此类研究的方法路径，而非其研究结论。具体而言，就是政治语言研究中的数据类型对本研究关于语言学语域的探究最具价值。齐尔顿（Chilton 2004: 201）将政治话语定义为在行为者从事"政治行为"的情况下用于说服的语言。他分析政治语言是为了了解语言如何用于政治（Chilton 2004: 15）。他将这种方法应用于政治访谈、政治家之间的话语以及政治演讲。这种方法并未明确识别语言信念的构念，尽管他确实注意到预设（presumptions）与语言信念或观念体系相联系。沃达克（Wodak 2009）以批评话语分析为基础，使用话语历史分析法（DHA）关注政治家的语言，包括他们与公共场合的听众在一起时，在"后台"（p.10）没有听众时的语言，以及虚拟的政治话语（例如《白宫风云》的剧本）。她这样做是为了了解"政治是如何运作的"（p.12）。其他体裁（例如，立法程序、政治广告）不是分析的重点，但它们可以纳入语篇历史分析，作为各层级背景的一部分。沃达克（Wodak）明确指出在这一范式中不会具体分析语言信念（p.214）。费尔克劳（Fairclough 2012）也基于批评话语分析，以实际论辩来分析政治语言。他们收集来自政府报告、政治演讲和辩论、报纸文章和报纸读者评论等文本数据。除了用来分析和评估政治论点之外，这种方法还涉及语言信念是如何发挥作用的。

　　最近有两项研究关注政治语言中隐喻的作用。穆索尔夫（Musolff 2016）结合了沃达克（Wodak）的话语历史分析法（DHA）和概念隐喻理论（CMT）的方法。研究的文本数据包括博客、媒体文本和政治条约。穆索尔夫（Musolff）指出，隐喻在不同的文本类型中的使用是不同的，这也支持了本文的假设，即我们认为，在不同的语域下存在语言信念的差异。有趣的是，穆索尔夫（Musolff）的结论是，使用者意识到了他们的隐喻使用所指向的语言信念。最后，洛特（L'Hote 2014）结合了语料库研究、语篇历史分析和各种认知理论，对英国政治演讲和宣言进行研究，以描述隐喻如何在文本中发挥作用，创造出身份叙事。但是，语言信念并非其探究的对象。

　　前面的研究综述表明，对政治语言的语言学分析往往集中在单一语域的资料上。在上述主要研究中，所研究的文本被描述为政治话语，而且几乎完全由政治家、记者或政治媒体的消费者产生的关于政策的口述或书面语言组成（Chilton 2004; Fairclough and Fairclough 2012; L'Hote 2014; Musolff 2016; Wodak 2009），即关于政策的话语。相比之下，法律语言学家则研究诸如法院判决和立法文件等政策文本（例如，Bhatia 2010; Finegan 2010, 2012）。但这样的研究有限，而且这些研究倾向于采用话语分析，没有关注语言信念，尽管它们可以阐明法律体系内的权力动力。与上述工作相比，布克哈德（Burkhardt，引自 Wodak 2009）将政治语言广泛定义为："所有类型的关于政治问题的公共、机构及私人的谈话，所有类型的政治文本，以及分析政治话语的词汇学和文体学等语言工具的运用。"（p.78）这项研究符合布克哈德（Burkhardt）对不同语域政治语言的定义。

　　政治语言中的语域概念很重要。近年来，尤其是语言政策学者在巴尔（Ball 1993）

的工作基础上，详述了与语域有关的语言政策的多维层面。巴尔（Ball）引入了"作为文本的政策"和"作为话语的政策"（p.44）等概念，将政策（此处指教育政策）扩展为一个有层次而非线性的概念。巴尔（Ball 1993）指出，"文本干预"（p.47）（即政策文件）往往是许多作者经过多次协商的产物，而跨越不同文本的话语则为解释政策提供了可能性。

受到巴尔（Ball）的启发，楼必安可（Lo Bianco 2008）提出了语言政策的三种"活动"：

> ……我们可以把政策视为一系列的活动，其中一些是文本的（法律、报告、授权），另一些是话语的（演讲、广播辩论），还有一些是公共行为表现，由有权力的个人或机构确立为范本（p.157）。

这三种活动是指不同的文本类型，分类是基于其在语言政策过程中的功能角色。楼必安可（Lo Bianco 2008）接着将这些"活动"逐一应用于对特定语言规划"问题"的分析。他认为，语言政策过程反映了这三种活动类型的汇合。波那契纳·皮尤（Bonacina-Pugh 2012）对巴尔（Ball 1993）的解释与楼必安可（Lo Bianco）不同，他认为巴尔（Ball 1993）的文本和话语概念应与斯波斯基（Spolsky 2004）的语言管理和语言观念/信念概念一致。这一解读与描述"政策文本、话语和实践"的约翰逊相似，只是他认为文本涵盖政策语言的所有语域，话语指根植在所有政策文本的政治思想。本研究以楼必安可（Lo Bianco）的诠释为基础，将文本、话语和示范活动定义为语言政策的语域。

语域是一个成熟的社会语言学构念。比伯和康拉德（Biber and Conrad 2009）将语域描述为根据交叠的情境和语言特征识别的文本，全文带有语言标记。他们认为，一特定语域文本的情境形成和语言特征之间具有一种函数关系。分析者通过同时对一个语域的情境和语言特征进行循环检查来确定两者之间的函数关系。语域包括面对面的交谈、电话交谈、教材和演讲等。他们也指出，语域可以根据特定性的层级定义（如教材或语言学教材）。康拉德（Conrad 2015）肯定了对语域的这种理解，并提出了基于语料库的语域分析方法，包括关注单一语言特征（如条件句）的方法，关注话语系统（如立场）的方法，以及关注语言特征共现（如 1988 年 Biber 的多维分析）的方法。鉴于语域的这些稳定特征，我认为楼必安可（Lo Bianco 2008）提出的每一项活动都可以通过情境和语言特征来识别。例如，关于语言的"法律、报告、授权"等语言政策文本很可能是由类似的作者（如立法者）出于类似的目的（如制定政策）而制定的。这些都是情境性的特征，并且这样的文本很可能有独特的和共享的词汇和语法特征（语言学特征）。因此，在本研究中，我将楼必安可（Lo Bianco）的三种语言政策活动确定为语言政策的语域。因为语域因社会情况而异，而且语言信念被认为是社会经验的产物（Kroskrity 2004），人们可能认为语言信念根据语言政策语域呈现出系统性变化。

三、机构作为语言政策和语言信念产生场所

语言信念是以社会经验为基础的认知，它将社会形式与语言形式联系在一起，表现方式明确或隐含（Kroskrity 2004）。此外，从构造上看，信念已经成为更狭义的一组组表示态度的构念。"共同出现的特征的组合"（Shuck 2006, p.268）；"一种信念的基本观念……形成了具体的态度"（van Dijk 2009, p.79）。虽然机构——特别是政府机构——长期以来与显性的语言政策制定有关（Spolsky 2012），但人们探究由机构产生的语言信念（如学校、部门、法院或媒体）仅在近几十年才开始。菲利普斯（Philips 1998）在她的开创性著作中提出，自 20 世纪 90 年代起，学者开始研究语言信念产生的场所，即机构。研究重点关注机构的语言信念如何为维护国家的认同和生存服务。她认为，机构通过对语言的选择、语言发出的信息（元语言）以及未涉及的话题，显性或隐性地传达语言信念。菲利普斯认为，机构语言信念促进了主导性意识形态的"根植"进程，使其具有"理所当然"的性质（p.216）。菲利普斯进一步表示，在特定的背景下，语言信念会因机构而异。这取决于该机构在公开场合和内部场合与谁互动。简而言之，菲利普斯认为机构语言信念普遍存在，表达形式各异，其作用是增强主流语言观念的力量。

阿杰西克和麦克格罗蒂（Ajsic and McGroarty 2015）非常正确地指出，许多语言信念研究集中以机构为背景，但较少有人探索机构本身通过文本表达出的语言信念。安维（Anvi 2012）通过民族志方法研究了一所希伯来语/英语双语学校的语言信念，发现通过政策文件和课程表达出的语言信念，尤其是将犹太教育与希伯来语的使用联系起来的语言信念，与使用希伯来语进行对话和读写能力培养的显性政策相互影响。这些语言信念使得形式优先于内容。即无论熟练程度如何，使用希伯来语都要优先考虑语言形式的准确性或信息的可理解性。

其他对学校语言信念的研究包括赫尔特格伦（Hultgren 2014）以及霍特和卡尔克维斯特（Hult and Källkvist 2016）。他们都专注于斯堪的纳维亚的大学以及与支持平行语言使用的国家语言政策相关的语言信念。赫尔特格伦（Hultgren 2014）通过对政策文件和有关政策的报纸文章进行文本分析，发现尽管国家和大学层面的机构都支持

平行语言政策，但是相互矛盾的语言信念仍存在。国家机构表达了支持丹麦语并将丹麦语与民族国家联系起来的信念，而大学机构则表达了支持使用更多英语并将英语作为国际语言的信念。霍特和卡尔克维斯特（Hult and Källkvist 2016）也使用了政策文件的文本分析，发现大学将瑞典语与国家认同联系起来，将英语与国际环境联系起来。重要的是，这两项研究都发现了在这种联系一致中，各机构表达的语言信念存在不同，正如菲利普斯（Philips 1998）论述的那样。

其他研究语言信念产生的机构性来源还包括词典和研究组织。兹洛尼斯（Tseronis 2002）研究了两本不同的现代希腊语词典中存在的语言信念，发现与语言纯洁、语言变化、标准语言和语言变异有关的不同语言信念都体现在词条选择、拼写和词源描述等词典编写的选择之中。兹洛尼斯（Tseronis）认为，体现出的机构语言信念将影响现代希腊语的持续标准化。里森托（Ricento 2005）分析了学术研究机构的网站和会议材料等文本，这些学术研究机构旨在促进祖传语计划，以了解语言作为资源的"隐喻"（p.357）是如何体现的。通过对语言政策话语进行整体的话语分析，里森托（Ricento）发现，语言被视为一种资源，这其中包含的语言信念是语言作为资源被加以利用，是和语言作为工具及语言作为民族身份标记的语言信念并行的，其中假定了语言是国家（即国家安全）的资源。

与菲利普斯（Philips 1998）一样，这些调查机构语言信念的研究既揭示了机构语言信念影响语言实践的威力（Anvi 2012; Ricento 2005; Tseronis 2002），也揭示了机构支持和接纳主流语言信念的可能性（Hult and Källkvist 2016; Hultgren 2014; Ricento 2005; Tseronis 2002）。因此，无论在哪个领域（如教育、媒体、研究机构），机构语言信念都是我们探索语言政策各层级复杂关系的关键所在。

四、语料库语言学和语言信念

语料库语言学对研究机构语言信念和更广泛的语言政策和规划问题提供了极有前景的方法，尽管应用这种方法的研究相对较少。[①]语料库语言学是一种混合方法（需要定量和定性分析），利用软件研究基于一定规则而自然产生的语言。恩斯林和约翰逊（Ensslin and Johnson 2006）使用基于语料库的方法研究两份英国报纸中体现的语言信念。通过使用关键词（对语料库中的词汇进行统计学意义上的频率测量）和搭配分析（对与感兴趣的节点词汇共同出现的词汇进行频率分析）等工具，他们发现在整个语料

---

① 有关如何将语料库语言学应用于语言政策与规划研究，请参见 Fitzsimmons-Doolan (2015)。

库中普遍存在一种标准英语和主流英语的语言信念。作者将这种语言信念与"制度对外语教育的热情和鼓励呈下降趋势"联系起来（p.179）。韦斯西（Vessey 2017）使用几种分析工具（频率、关键词、搭配分析和话语分析）来探索多语（法语 / 英语）报纸文本语料库中的语言信念（显性和隐性）。她发现，英语文本与法语文本中的语言信念不同，而且语言信念明晰度也不同。她也强烈主张将语料库语言学方法应用于语言信念研究。胥波蒂和卢（Subtirelu 2013）创建并分析了一个美国众议院和参议院的辩论和委员会听证会的语料库，这些辩论和听证会与《投票权法案》第 203 条有关——要求实行多语言投票表决。他使用了语料库语言学工具，包括关键词、共现分析（分析许多文本中某个感兴趣的词的语境）、搭配分析以及对共现现象进行批评话语分析来识别语言信念。他发现在支持和反对这一要求的人中，都体现出"一国——一语"的信念。

阿杰西克（Ajsic 2015）运用并比较了多种语料库语言学工具来识别塞尔维亚报纸文本中的语言信念。这些工具包括恩斯林和约翰逊（Ensslin and Johnson 2006）、胥波蒂和卢（Subtirelu 2013）和韦斯西（Vessey 2017）提及的工具，以及探索性因子分析（Fitzsimmons-Doolan 2014）、方差分析和聚类分析。阿杰西克（Ajsic）认为，对于从大型异质语料中提取话语和信念，探索性因子分析是最有用的技术，因为它无需研究者的推断。下面将介绍一篇论文的基本情况及研究发现，该论文首次将因子分析应用于文本语料库以识别语言信念，本研究也将在此基础之上采用分析方法（Fitzsimmons-Doolan 2014）。

（一）前人研究

菲茨西蒙斯-杜兰（Fitzsimmons-Doolan 2014）研究了亚利桑那州教育部（ADE）网站上 2010 年的机构语言政策文本语料库（n=1,406,482 单词）。该语料库由许多文本类型组成，包括法院裁决的完整记录、法律文本、教学标准和会议记录。这些文本涉及美国亚利桑那州基础教育阶段公立学校（K-12）的英语作为通用英语（206 篇）、第二语言（174 篇）和外语（9 篇）的管理。通过搭配分析，识别出语料库中修饰节点词"language""literacy"和"English"的搭配 (共现) 词组。这些修饰搭配词被用作前置修饰语（如"学术"语言）或谓语形容词（如语言是"单调的"）。共识别出 73 个修饰语搭配，并将它们作为因子分析的变量。在因子分析中，73 个修饰语搭配中的每个文本的计数被用作因变量，并从中识别出了五个因子。这些因子占数据方差的 47.48%，并被作为隐性语言信念用于运算，因为按照本文前面提出的语言信念的定义，它们是共现的词汇变量，表达了将社会形式与语言形式联系起来的观念。数据如表 1 所示。

表 1　先期在 ADE 语言政策语料库中确定的语言信念（Fitzsimmons-Doolan 2014）

语言信念	修饰搭配	描述
（1）书面语言具有交际性且可测量	单调的、不精确的、混乱的、缺乏的、普通的、多彩的、清楚的、精确的、困难的、最小的	写作是可以被衡量和评价的，其中一个重要评价标准是写作的沟通度
（2）语言习得是系统的元语言和单语的	个别的、有争议的、英语、课堂、结构化	语言习得过程是通过元语言（显性）过程以线性顺序进行的。学习语言的环境最好是单一语言环境
（3）学术语言具有标准性和信息性	标准的、口语的、内容、复杂的、学术的、清晰的、适当的	学术环境中的语言遵循标准。学术语言的一个主要目的是传达信息
（4）语言习得是意义解码的过程	字面的、比喻的、未知的、口语的、日常的	语言习得和语言发展是包括各种意义解码技能的过程
（5）语言技能的母语程度标志着群体差异	阅读、教学的、强化的、基准、限制的、结构化的、英语	语言能力与群体差异有关。以英语为母语或非常精通英语的人有不同的学习需求，而英语水平较低的非英语母语者有同质的学习需求

在对共现的词语聚集的文本进行定性分析后，这些因子被确定为以下语言信念：（1）"书面语言具有交际性且可测量"（15.46%），（2）"语言习得是系统的元语言和单语的"（6.91%），（3）"学术语言具有标准性和信息性"（6.91%），（4）"语言习得是意义解码的过程"（6.90%），（5）"语言技能的母语程度标志着群体差异"（5.89%）。例如，"单调的、不精确的、混乱的、缺乏的、普通的、多彩的、精确的、清晰的、困难的和最小的"，这些变量的共现被确定为"书面语言具有交际性且可测量"，可以从以下用于测量学生写作的文本的简短摘录中看出它们的共同作用："语言非常普通，缺乏兴趣、精确性和多样性，或者可能不适合某些地方的人和目的。"（对该研究的全面介绍请参见 Fitzsimmons-Doolan 2014）

总的来说，该研究识别了隐含在机构文本语料库中的语言信念，但是并没有报告这些语言信念是如何在文本类型中分布的。机构通过语言信念影响语言政策进程。但是，机构并不是铁板一块，内部差异必须弄清楚。除此之外，对一般政治语言，特别是语言政策进行的语言分析主要集中在政策话语上。鉴于此，语域广泛的语言政策数据，而不仅仅是关于政策的话语，很少被用于探究其信念。因为语言政策语域的任务是从事语言政策工作（Lo Bianco 2008），所以它们为探索机构层面的信念差异提供了一种途径。因此，本研究提出以下问题：机构语言政策文本语料库中的语言信念表达是否因语言政策语域不同而存在系统性差异？

（二）研究方法

本研究的设计遵循基于语料库的多维语域分析老传统，首先，对语言变量进行因子分析，以在文本语料库中识别出变化的维度，然后按照第一步识别的维度（例如，Biber 1988; Conrad 2015），对按语域分组的语料库文本进行方差分析。为了确定 ADE 语言政策语料库 (Fitzsimmons-Doolan 2014) 中识别的五种语言信念是否因语言政策语域而不同，以及这些不同如何体现，作者和一位处理数据编码的同事使用统一方案将文本识别为:（a）语言政策文件（n=13 个文本），（b）关于语言政策的话语（n=70 个文本），（c）机构语言政策（n=149）或（d）以上都不是（n=88）。表 2 列出了属于每一类别的文本示例。

"语言政策文件"是由立法者或国家级/州级行政人员撰写的有关语言的法律和法规;"关于语言政策的话语"解释语言政策文件的含义，通常由州级和地区级的行政人员撰写;"机构语言政策"文本是语言政策的范例或政策实施的计划;"以上都不是"是指引用了语言政策但不符合其他三个语域的任何目的的文本，经检查后，这一类别被重新命名为"列表"，因为该标签能解释该类别中大多数文本的情境/功能特征（完整编码方案见附录）。校准后，对 36 个文本的评分者信度进行了评估，结果是 κ=0.905，这被认为是可以接受的，作者继续对其余的文本进行编码。表 3 显示了整个语料库中的文本按语域编码的分布情况。然后针对因子分析得出的五种语言信念，每个文本都得到了一个回归因子分数。根据每个文本中修饰语搭配的出现情况，因子得分显示了每个文本代表特定语言信念的强烈程度（或微弱程度）。对于每一种语言信念，都要进行非参数检验（Kruskal-Wallis），比较每个语域的因子分数。这些测试显示了每种语言信念在语料库中按语域类型表达的强烈程度是否有显著差异。由于这是一项大型研究的一部分，所有测试都使用了 0.25 的 α 值来控制误差率判断族（family-wise error rate）。结果将在下一节介绍。

（三）研究结果

克鲁斯卡尔–沃利斯检验比较了每种语域、每种语言信念的代表信念强度的因子分数。汇总结果见表 4。表中呈现了每种语言信念的每个语域的平均数和标准差，此外还包括语言信念等级，以显示每个语域对每个语言信念的负载强度，并包括脚注，以表示成对的显著差异（pairwise significant differences）。

表 2　语言政策语域的范例

语域	范　例
语言政策文件	LAU V. NICHOLS No. 72-6520 美国最高法院 414 U.S. 56 1973 年 12 月 10 日辩论 1974 年 1 月 21 日裁决 向美国第九巡回上诉法院提出的诉讼请求 483 F.2d 791，被推翻并发回重审 旧金山学校系统没有为大约 1800 名不会说英语的华裔学生提供英语教学，也没有为他们提供其他适当的教学程序，剥夺了他们参与公共教育项目的有意义的机会，因此违反了 1964 年《民权法案》第 601 条，该法案禁止在接受联邦财政援助的任何项目或活动中基于"种族、肤色或民族血统"的歧视，同时违反了美国卫生及公共服务部的实施条例（第 565—569 页）……
关于语言政策的话语	关于 2009—2010 年 SEI 模式实施的指导意见 亲爱的负责人和项目管理人员： 2006 年 9 月，第 2064 号法案（2006 年法律第 4 章）的条款被立法，该法案规定了整个亚利桑那州对英语语言学习者（ELLs）的教育。该法律要求成立一个特别工作组，制定结构化英语沉浸式教学（SEI）的模式供学区和特许学校采用。工作小组于 2007 年 9 月 15 日通过了 SEI 模式。2008—2009 学年是学区和特许学校按要求实施 SEI 模式的第一年
机构语言政策	英语学习能力（ELP）标准：教师指南 听力和口语 英语语言学习者 I 级（对应幼儿园）英语语言学习者 I 级的口语交际 标准：学生口头表达他自己的思维和想法 该学生能够： 1. 回应社交互动。使用关键词、短语和简单的句子 * 回应问候 * 自我介绍 * 主动问候、礼貌用语、告辞 * 提供个人信息 * 询问另一个人的情况 * 回答有关个人信息的问题……

表 3　语言政策语域的文本分布情况

	语言政策文件	关于语言政策的话语	机构语言政策	以上都不是 / 列表	总计
文本数	13	70	149	88	389
字数	36,234	118,832	924,413	221,611	1,301,090

　　就语言信念而言，（1）"书面语言具有交际性且可测量"在四种语域类型中有显著差异（3，N=320）=19 653，p=0.000，后续的比较表明，"机构语言政策"对这种信念的导向作用明显比"语言政策文件"或"列表"对其导向更积极。对（2）"语

言习得是系统的元语言和单语习得"的测试发现文本之间存在显著差异，（3，N=320）=
39 276，p=0.000，后续比较表明，"关于语言政策的话语"和"列表"相比，前者更倾向
于这种语言信念。对（3）"学术语言具有标准性和信息性"的测试也发现语言政策语域
（3，N=320）=27 675，p=0.000 之间存在显著差异，进一步审查表明，"机构语言政策"和
"关于语言政策的话语"对这种信念的导向明显比"列表"更积极。对（4）"语言习得是
解码语义的过程"的测试表明，语域间没有显著差异（3，N=320）=5 936，p=0.115。最
后，对（5）"语言技能的母语程度标志着群体差异"的测试发现，语域之间存在显著差异
（3，N=320）=42 533，p=0.000，同样地，"机构语言政策"比"关于语言政策的话语"或"列
表"对这种信念更有积极的导向作用。

综上所述，在语料库中发现的五种语言信念中，有四种在不同的语域中存在着明
显的差异。这四种语言信念中，"机构语言政策"比其他三种语域的导向作用更积极，
而且在三种语言信念中导向作用显著更积极。不出所料，在五种语言信念中，"列表"
是在三种语言信念中载入最不积极的，并且与在四种语言信念中载入最积极的语域类
型上存在显著差异。这些模式将在讨论中详细阐述。

表 4　按语域划分的各语言信念的回归因子得分 2 的平均值和标准差

语言信念	排名	语言政策语域	n	M	SD
（1）书面语言具有交际性且可测量 a, b	2	语言政策文件	13	−.121	.080
	4	关于语言政策的话语	70	−.127	.086
	1	机构语言政策	149	.149	1.439
	3	列表	88	−.126	.120
（2）语言习得是系统的元语言和单语的 b, c	2	政策文件	13	−.225	.448
	1	关于语言政策的话语	70	.471	.980
	4	机构语言政策	149	−.38	1.053
	3	列表	88	−.278	.422
（3）学术语言具有标准性和信息性 a, c	2	语言政策文件	13	−.065	.385
	3	关于语言政策的话语	70	−.094	.454
	1	机构语言政策	149	.249	1.175
	4	列表	88	−.336	.465
（4）语言习得是意义解码的过程	4	语言政策文件	13	−.208	.060
	3	关于语言政策的话语	70	−.162	.146
	1	机构语言政策	149	.179	1.355
	2	列表	88	−.143	.137

续表

语言信念	排名	语言政策语域	n	M	SD
（5）语言技能的母语程度标志着群体差异 a,b	2	语言政策文件	13	−.090	.999
	3	关于语言政策的话语	70	−.198	.778
	1	机构语言政策	149	.352	.845
	4	列表	88	−.426	.839

注：2 回归因子得分在所有文本中的平均值为 0，标准差为 1（Tabachnick and Fidell 2007）

a 机构规定和列表间有显著差异

b 机构规定和话语间有显著差异

c 话语和列表间有显著差异

五、讨论

在解答本文的主要研究问题时，我们发现语言信念按语言政策语域存在着系统的差异。也就是说，就五种语言信念中的四种而言，按语言政策语域分组的文本之间存在显著差异。表 5 总结了不同语域之间的成对差异。这些发现支持了指导本研究的假设，即由于语域是受情境支配的（Biber and Conrad 2009），且语言信念产生于社会经验（Kroskrity 2004），特定的语言信念会在特定的语言政策语域中表现得更明显——即使是在由单一机构产生的所有文本中。这一发现表明，本研究基于语言政策语域探索语言信念的变化，这一思路值得进一步研究。

表5　语域间成对的显著差异总结

机构规定 & 列表	机构规定 & 话语	话语 & 列表
书面语言具有交际性且可测量	书面语言具有交际性且可测量	语言习得是系统的元语言和单语的
学术语言具有标准性和信息性	语言习得是系统的元语言和单语的	学术语言具有标准性和信息性
语言技能的母语程度标志着群体差异	语言技能的母语程度标志着群体差异	

在所探究的四种语域中，"机构语言政策"体现最多的语言信念。这也是最大的语域组并且包括标准、标准教师指南、个人学习计划、标准的教学策略样本、观察报告、结构化英语浸入式（语言项目类型）模式的描述、发布的测试项目和工作描述等文本。对于语言信念来说，（1）书面语言具有交际性且可测量，（3）学术语言具有标准性和信息性，以及（5）语言技能的母语程度标志着群体差异；"机构语言政策"的导向作用比所有其他的语域更高，并明显高于至少一个其他语域。根据菲利普斯（Philips 1998）的研究，机构将主导的语言信念自然化。本研究表明，更具体地说，相对于其

他语域的机构文本，"机构语言政策"在这项工作中发挥了重要作用。相比之下，对机构语言政策的语言信念研究有限，而且往往绝大多数来自政治话语和/或政策文件（例如，Ensslin and Johnson 2006; Hult and Källkvist 2016; Hultgren 2014; Ricento 2005; Subtirelu 2013; Vessey 2017），但兹洛尼斯（Tseronis 2002）和安维（Anvi 2012）除外，他们涵盖了对示范文本（例如，字典条目和课程大纲）的分析，以确定语言信念。

机构规定虽然没有被称为语言政策，但一些学者已经呼吁关注此类文本的语言信念力量。例如，肖哈米（Shohamy）长期探索测试的语言信念和政治作用（例如，2001, 2006, 2008）。在肖哈米 2006 年和 2008 年的研究中，她认为机构使用测试作为体现语言信念的机制来制定语言政策。与菲利普斯（Philips 1998）一致，肖哈米（Shohamy 2008）指出，这些示范文本编码并促进标准的、单语的、线性的和主导的语言信念。新的研究也探讨了另一种与语言政策相应的机构规定文本类型的信念性质——标准。弗洛里斯和希塞尔（Flores and Schissel 2014）认为，从历史上看，在美国体现教育标准的文本已经编码了单语的语言信念。这些语言信念的存在促进了各州和课堂上的单语政策与实践。因此，该语域中特定文本类型的信念显著性已被研究，但该语域作为一个整体的语言信念力量还未被研究。

尽管可以说在这个语料库中确定的五种语言信念都可以被视为主流类型，但（2）"语言习得是系统的元语言和单语的"，是唯一没有在"机构语言政策"语域中编码最多的一种。相反，"关于语言政策的话语"对"语言习得是系统的元语言和单语的"的编码明显多于"机构语言政策"和"列表"语域。科罗斯科瑞提（Kroskrity 2000）认为，语言信念表述的明确性与语言信念的主导性之间存在负相关关系。这个政策性语料库中的文本是在亚利桑那州为语言学习者提供的唯一的元语言和单语教学模式相对较新且极具争议性的时候收集的。事实上，"争议"是这种语言信念中强度第二高的修饰语搭配，尽管它在语料库中总共只出现过三次。科罗斯科瑞提（Kroskrity）的理论主张提供了一个令人信服的解释，即为什么（2）"语言习得是系统的元语言和单语的"在"关于语言政策的话语"语域而不是像其他语言信念那样在"机构语言政策"语域出现得最多。同样值得注意的是，尽管对政治语言的许多语言学调查都集中在政治话语语域（即 Chilton 2004; Fairclough and Fairclough 2012; L'Hote 2014; Musolff 2016; Wodak 2009），但在本研究中，很少有语言信念工作是在此语域中完成的。在语言政策文件的语域中也没有体现太多的语言信念。总的来说，与其他语域相比，这些文件对语言信念的编码既不是最多，也不是最少，在五种语言信念中，与其他任何一个语域都没有明显区别。

最后，22.6% 的文本没有通过编码划归楼比安可（Lo Bianco 2008）提出的三个类别之一。在本研究中被命名为"列表"的文件包括各办公室的节点网页、目录、议程、日程安排和职业发展机会列表。这个语域中的文本数量以及他们正在从事的语言政策工作的事实表明，Lo Bianco（2008）的语言政策活动（语域）概念范围还可以拓展。

六、结论

从语言政策与规划理论发展角度看，本研究的结果验证了楼必安可（Lo Bianco 2008）的语言政策"活动"概念——本研究中（的）"语域"。编码结果的强度（κ=.905）表明，这些语域可以被可靠识别，并且语域大约占语料库中语言政策文本的78%。本文是第一个调查这个概念涵盖范围的研究。本研究发现，被标记为"列表"的另一种活动/语域，也可能是一种重要的语言政策语域——尽管并不明显体现语言信念。本项验证期待更多人对楼必安可的活动概念做进一步研究，将活动视为语域，运用相对新颖但合适的语料库语言学方法研究语言政策与规划的语言信念（Vessey 2017），为学者们进一步阐明语言政策与规划的多层级模型提供了一种方法。

重要的是，语言信念的分布因语言政策语域而存在系统性变化，这表明语言政策的这一维度与斯波斯基（Spolsky 2004, 2012）的层次（管理、观念/信念、实践）以及从宏观到微观层面区分各种角色的维度不同（Ricento and Hornberger 1996）。也就是说，如果这些语域是展现斯波斯基框架的另一种方式（即语言管理＝政策文件，观念/信念＝政策话语，实践＝与语言政策相应的机构规定），人们会认为语言信念的分布偏向"关于语言政策的话语"，且不认为有什么变化。相反，"关于语言政策的话语"对语言信念的表达程度远远低于"机构语言政策"。然而，这与语言信念的理论概念是一致的（例如，Kroskrity 2004），它表明语言信念可以从关于语言的话语和语言实践中识别出来。此外，由于一个语言政策行为者（即 ADE）的语域产生存在差异性，这表明语域维度与关注不同行为者（即学生、教师、行政人员、国家级机构）的角色/水平的维度并不紧密相关。也就是说，综合来看，本研究的发现表明语言政策的语域或活动维度独立于其他的维度，这有助于建立一个新兴的、多维度的语言政策与规划模型。

最后，本研究结果表明，就美国一个州的教育部门的综合语料库中的机构语言政策文本而言，"机构语言政策"对语言信念的编码明显多于"语言政策文件"或"关于语言政策的话语"。该结果有几点值得注意。首先，对宏观的政治语言和具体的语言政策语言而言，大部分语言学分析都集中在前者，而对后者的分析则少得多。虽然许多研究问题并不关注信念的建构，但对于对信念的表征、分布和传播感兴趣的学者来说，这一结果表明，"机构语言政策"至少应该包括在其分析中。其次，教育工作者在日常工作中，可能较其他文本类型如语言政策文件，更经常接触到"机构语言政策"的文本（即标准和评估标准）。由于语言信念明显更多地存在于教育者可能接触和使用最多的文本之中，因此教育机构，如国家教育部门（州教育部门），在语言信念传播方面的影响可能比学者们之前假设的还要广泛。

未来，应该探究语言政策参与者在多个层面（即学校、教室）产生的文本，以继续探索上述发现。此类研究应该设法确认本研究中识别出的四种语域的有效性，并研究语言信念分布的变化，以了解"机构语言政策"是否仍然是编码语言信念最强的语域。此外，研究可以对不同的行为者进行调查，以更好地了解他们如何感知机构规定中编码的语言信念。最后，未来还可以进行一个历时的研究，以考察语言信念随时间和机构文本中语域不同而产生的变化。

致谢

感谢斯蒂芬·杜兰博士（Dr. Stephen Doolan）审阅草稿并帮助编码文本。感谢得州农工大学柯柏斯克里斯提学院研究、商业化和外联办公室对本项目的支持。

附录

ADE 语料库语域编码协议：

"通过这种方式，我们可以把政策看作是一系列的活动，其中一些是文本活动（法律、报告、授权），另一些是话语活动（演讲、广播辩论），还有一些则是作为可效仿的模式的有权势的个人或机构的公开行为表现"（Lo Bianco 2008）。

• 校准训练完成后，对编码表中的每个文本条目（36 个文本：ADE 语料库中总文本条目的 10%），转到指定的 URL。

• 如果找不到与该 URL 相关的页面，转到语料库文本文件中的那个条目。（你可能会发现将该文本剪切并粘贴到 word 文档中有助于提高可读性）

• 从头到尾浏览一遍文本。

• 指示该文本为：

• A：语言政策文件，

• B：关于语言政策文件的论述，

• C：机构语言政策，

• D：以上都不是。

- 每个文本都有整体得分，其决定的依据是整个文本的情景特征，而不是文本中的语言功能。
- 注意事项：
- 有四个可能的编码类别：A、B、C、D。
- 以下是对这四个类别的描述和示例：

语域A：语言政策文件

描述：

这些文本的目的是权威地宣布语言教学、语言学习、语言使用或支持语言教学、学习或使用的过程应该如何进行。它们是由立法者和更高层次（国家或州）的行政人员编写的"规章制度"。

属于此类的文本类型可能是：

法律

法院判决

规章制度原本

使命陈述

示例：

州教育委员会实施 A.R.S. §15-704 的政策

根据 A.R.S. §15-704(A)，州教育委员会对阅读评估的选择和管理定义如下：

一、术语定义

A. 筛选评估：简短的评估，侧重于关键的阅读技能，对未来的阅读成长和发展有很强的预测作用，在学年开始时对幼儿园至 3 年级的所有儿童进行评估，以确定可能需要额外或替代形式的教学的儿童。

B. "持续诊断性"或"诊断性"评估：这是一种在学年中的任何时候都能进行的评估，旨在对学生的阅读技能、长处和弱点进行更深入的分析以指导教学。

语域B：关于语言政策文件的论述

描述：将这些文本放置在 ADE 网站上的目的是解释语言政策文件（A）的含义。这些文本是由州级行政人员为区级行政人员或其他州级行政人员所编写或用于演示的，偶尔也服务于教师，经常明确地提到语言政策文件。

属于这一类的文本类型可能是：

澄清性备忘录、行政通信、PPT 演示、常见问题、会议记录

示例：

关于 2009—2010 年 SEI 模式实施的指导意见

亲爱的负责人和项目管理员：

2006 年 9 月，第 2064 号法案（2006 年法律第 4 章）的条款被立法，该法案规定了整个亚利桑那州对英语语言学习者（ELLs）的教育。该法律要求成立一个特别工作组，制定结构化英语沉浸式教学（SEI）的模式供学区和特许学校采用。工作小组于 2007 年 9 月 15 日通过了 SEI 模式。2008—2009 学年是学区和特许学校被要求实施 SEI 模式的第一年。

语域 C：机构语言政策

描述：将这些文本放置在 ADE 网站上的目的是介绍语言政策（A）的例子或模式，或介绍政策实施的计划 / 程序。这些文本可能是由州级或地区级的行政人员为教师、家长、州或地区级的行政人员准备的，通常不明确提及语言政策，而是作为语言学习、教学或使用的范例。

属于这一类的文本类型可能是：

测试、测试蓝图和评分标准

标准

检查表

示范性项目的描述

样本、示例表格和文档

实施某项政策的计划或建议

评价 / 结果报告

示例：

外语和本国语言标准

标准 1：沟通

学生能够理解和解释目标语言中各种主题的书面和口头交流

准备工作（幼儿园）

学生知道并能够做到以下几点：

• 1FL-R1. 对简单的命令做出反应

• 1FL-R2. 阅读和理解简单的单词和表达方式

• 1FL-R3. 理解关于熟悉话题的简短对话 / 故事

• 1FL-R4. 根据口头和书面描述辨认人和物

• 1FL-R5. 解释手势、语调和其他视觉或听觉提示

语域 D：以上都不是

描述：这些文本不属于 A、B 或 C 类。它们不是关于语言政策（语言学习、教学或使用应该如何进行）的，既不是明确的语言政策或者关于语言政策的论述，也不涉及机构语言政策。这些文本可能会提及语言政策，但只是以列出名字或标题的形式，没有任何额外的内容。

属于这一类的文本类型可能是：

目录表

作为资源使用的专业组织的网页

不涉及明确语言政策的研究报告

会议议程

示例：

学校效率

基础教育阶段（K-12）读写能力

蓝思阅读框架

蓝思阅读框架：实施资源手册

目录

重要联系人

MetaMetrics 公司重要联系人

蓝思阅读框架概述

"蓝思框架是阅读测量和成功的方法。"作者：科林·列侬和哈尔·伯迪克（Colleen Lennon and Hal Burdick），2004年4月。白皮书详细介绍了蓝思框架的运作方式。

"教育中的词典"——简报讨论了蓝思框架及其历史

"蓝思测量意味着什么？"——常见问题

"是否有可能将年级与蓝思衡量标准联系起来？"——常见问题

参考文献

Ajsic, A. (2015). *Language ideologies, public discourses, and ethnonationalism in the Balkans: A corpus-based study*. (Doctoral dissertation.) Available from ProQuest Dissertations and Theses database. (UMI No. 3705442).

Ajsic, A., & McGroarty, M. (2015). Mapping language ideologies. In F. M. Hult & D. C. Johnson (Eds.), *Research methods in language policy and planning: A practical guide* (pp. 181–192). Malden, MA: Wiley Blackwell.

Anvi, S. (2012). Hebrew-only language policy in religious education. *Language Policy*, 11, 169–188. Ball, S. J. (1993). What is policy? Texts, trajectories and toolboxes. *Discourse*, 13(2), 10–17.

Bhatia, V. (2010). Legal writing: Specificity. In M. Coulthard & A. Johnson (eds.), *The Routledge handbook of forensic linguistics* (pp. 37–50). New York: Routledge.

Biber, D. (1988). *Variation across speech and writing*. Cambridge: Cambridge University Press.

Biber, D., & Conrad, S. (2009). *Register, genre, and style*. Cambridge: Cambridge University Press.

Bonacina-Pugh, F. (2012). Researching 'practiced language policies': Insights from conversation analysis. *Language Policy*, 11, 213–234.

Chilton, P. (2004). *Analysing political discourse: Theory and practice*. New York: Routledge.

Conrad, S. (2015). Register variation. In D. Biber & R. Reppen (eds.), *The Cambridge handbook of English corpus linguistics*. Cambridge: Cambridge University Press.

Ensslin, A., & Johnson, S. (2006). Language in the news: Investigating representations of "Englishness" using WordSmith Tools. *Corpora*, 1(2), 153–185.

Fairclough, I., & Fairclough, N. (2012). *Political discourse analysis: A method for advanced students*. New York: Routledge.

Finegan, E. (2010). Legal writing: Attitude and emphasis. In M. Coulthard & A. Johnson (eds.), *The Routledge handbook of forensic linguistics* (pp. 65–77). New York: Routledge.

Finegan, E. (2012). Discourses in the language of the law. In J. P. Gee & M. Handford (eds.),

The Routledge handbook of discourse analysis (pp. 482–493). New York: Routledge.

Fitzsimmons-Doolan, S. (2014). Using lexical variables to identify language ideologies in a policy corpus. *Corpora*, 9, 57–82.

Fitzsimmons-Doolan, S. (2015). Applying corpus linguistics to language policy. In F. M. Hult and D. C. Johnson (Eds.), *Research methods in language policy and planning: A practical guide* (pp. 107–117). Malden, MA: Wiley Blackwell.

Flores, N., & Schissel, J. L. (2014). Dynamic bilingualism as the norm: Envisioning a heteroglossic approach to standards-based reform. *TESOL Quarterly*, 48, 454–479.

Heineke, A. J. (2017). *Restrictive language policy in practice: English learners in Arizona.* Bristol: Multilingual Matters.

Hu, G., & Lei, H. (2014). English medium instruction in Chinese higher education: A case study. *Higher Education*, 67, 551–567.

Hult, F. M., & Källkvist, M. (2016). Global flows in local language planning: Articulating parallel language use in Swedish university policies. *Current Issues in Language Planning*, 17(1), 56–71.

Hultgren, A. K. (2014). Whose parallelingualism? Overt and covert ideologies in Danish university language policies. *Multilingua*, 33(1–2), 61–87.

Johnson, D. C. (2013). *Language policy.* New York: Palgrave Macmillan.

Kroskrity, P. V. (2000). Regimenting languages: Language ideological perspectives. In P. V. Kroskrity (ed.), *Regimes of language: Ideologies, polities, and identities* (pp. 1–34). Santa Fe, NM: School of American Research Press.

Kroskrity, P. V. (2004). Language ideologies. In A. Duranti (ed.), *A companion to linguistic anthropology* (pp. 496–517). Malden, MA: Blackwell.

L'Hote, E. (2014). *Identity, narrative, and metaphor: A corpus-based cognitive analysis of New Labour discourse.* New York: Palgrave Macmillan.

Lo Bianco, J. (2008). Tense times and language planning. *Current Issues in Language Planning*, 9(2), 155–178.

Menken, K., & Garcia, O. (2010). *Negotiating language policies in schools: Educators as policymakers.* New York: Routledge.

Musolff, A. (2016). *Political metaphor analysis: Discourse and scenarios.* London: Bloomsbury. Philips, S. (1998). Language ideologies in institutions of power: A commentary. In B. B. Schieffeln, K. A. Woolard, & P. V. Kroskrity (eds.), *Language ideologies: Practice and theory* (pp. 211–228). New York: Oxford University Press.

Ricento, T. (2005). Problems with the 'language-as-resource' discourse in the promotion of heritage languages in the U.S.A. *Journal of Sociolinguistics*, 9(3), 348–368.

Ricento, T. (2006). *An introduction to language policy: Theory and method.* Malden, MA: Blackwell Publishing.

Ricento, T. K., & Hornberger, N. H. (1996). Unpeeling the onion: Language planning and policy and the ELT professional. *TESOL Quarterly*, 30, 401–427.

Shohamy, E. (2001). *The power of tests*. Hoboken, NJ: Pearson Education ESL.

Shohamy, E. (2006). *Language policy: Hidden agendas and new approaches*. New York: Routledge.

Shohamy, E. (2008). Language policy and language assessment: The relationship. *Current Issues in Language Planning*, 9(3), 363–373.

Shuck, G. (2006). Racializing the nonnative English speaker. *Journal of Language, Identity, and Education*, 5(4), 259–276.

Spolsky, B. (2004). *Language policy*. Cambridge: Cambridge University Press.

Spolsky, B. (2012). What is language policy? In B. Spolsky (ed.), *The Cambridge handbook of language policy*. Cambridge: Cambridge University Press.

Subtirelu, N. (2013). 'English… it's part of our blood': Ideologies of language and nation in United States congressional discourse. *Journal of Sociolinguistics*, 17(1), 37–65.

Tabachnick, B. G., & Fidell, L. S. (2007). *Using multivariate statistics* (5th ed.). Boston, MA: Allyn and Bacon.

Tseronis, A. (2002). Diglossic past and present lexicographical practices: The case of two Greek dictionaries. *Language Problems and Language Planning*, 26(3), 219–252.

van Dijk, T. A. (2009). Critical discourse studies: A sociocognitive approach. In R. Wodak & M. Meyer (eds.), *Methods of critical discourse analysis* (pp. 62–86). Los Angeles: Sage.

Vessey, R. (2017). Corpus approaches to language ideology. *Applied Linguistics*, 38(3), 277–296.

Wodak, R. (2009). *The discourse of politics in action: Politics as usual*. New York: Palgrave Macmillan.

Woolard, K. A. (1998). Introduction: Language ideology as a field of inquiry. In B. B. Schieffelin, K. A. Woolard, & P. V. Kroskrity (eds.), *Language ideologies: Practice and theory* (pp. 3–47). Oxford: Oxford University Press.

语言调查——用数字进行管理的艺术[*]

亚历山大·杜申　菲利普·杭柏特　著

何山华　译

戴曼纯　审

文献来源：Duchêne, Alexandre and Philippe Humbert. 2018. Surveying languages: The art of governing speakers with numbers. *International Journal of the Sociology of Language* 252, 1—20.

导读：本文以典型国家和地区为例，探讨了语言调查和语言普查的常见方法和功能，以及统计结果可能造成的社会影响，试图通过分析语言调查背后的利益考量说明语言调查及其结果呈现方式可以作为政府开展国家治理的一种工具。

语言普查起源于十九世纪的欧洲，起初是为了通过"语言"项统计信息确认人口中的民族构成，后来因统计结果与多种社会政治权利挂钩而具备了政治工具的特征。例如，法国进行语言普查是为了在国内推广法语；英国在爱尔兰开展语言普查是为了跟踪英语的传播情况；比利时利用语言普查结果确定市政管理的官方语言；苏联通过语言普查确定公民的民族归属并推广俄语；欧洲殖民者在殖民地通过语言普查对人口进行分类管理；美国暑期语言学院以专家身份参与普查则是为了传教。在加拿大的魁北克和西班牙的巴斯克地区，语言调查结果被用于族群认同的斗争，美国近年来对拉丁裔人群的统计则存在防止污名化的压力。在语言普查中，可以选择调查"母语""常用语言"或特定语言的水平，但如何界定

---

[*] 亚历山大·杜申（Alexandre Duchêne），瑞士佛里堡大学多语主义和外语教育系教授。研究方向为语言社会学和语言人类学，主要关注由语言导致的社会不平等现象。任《国际语言社会学期刊》主编，曾出版专著《国家语言意识形态：联合国对语言少数群体的建构》，与莫妮卡·海勒（Monica Heller）等合著或合编著作多部。

菲利普·杭柏特（Philippe N. Humbert），瑞士佛里堡大学多语主义学院助理研究员。研究方向为语言量化政治学、外语教育和多语主义等。——编者注

"语言"和"常用语言"以及如何测定语言水平，各国因为关注重点不同而做法不一。有的国家在调查中关注双语或多语使用者，有的承认社会上存在着多种语言或语言变体。总体而言，这些选择都反映了调查者的意识形态倾向。

各国的语言统计结果一般而言有三种用途：如在比利时、加拿大和瑞士可以用于划定特殊的语言区，或承认某语言群体的语言权利；在美国、澳大利亚和南美洲，统计结果被用于促进语言少数群体融入主流社会；在乌克兰等国，统计结果则被用于设定俄罗斯族的权利门槛，抗衡俄罗斯的政治影响。该文作者强调，广大的社会语言学研究者大量使用语言普查结果进行分析，但目前对这些数据的统计主体、统计方式和统计目的等甚少探究，今后应将其作为一个专门领域予以研究，以理解其内部运作机制及具体应用意义。

摘要：本文提出一个结合历史和政治等维度的批判性分析框架，从社会语言学视角探究语言调查和语言普查问题。首先，我们简要介绍了语言统计的产生历史，旨在解释为什么官方机构"需要"语言统计，以及统计数字有助于实现哪些政治目标。其次，我们重点关注了语言统计过程中的认识论和方法论挑战。再次，我们聚焦于语言统计产生的社会政治影响，包括个体和机构等行为主体在不同场合下如何使用或挑战统计数字，我们还关注语言统计如何影响资源的（不）平等分配。我们认为，人口普查和调查总是深嵌于政治，其本身体现了复杂的科学和社会政治观点，这些观点决定着人们如何看待语言及其使用者。鉴于此，我们强调语言普查和语言调查作为社会语言学研究对象具有重要意义，应将其置于具体的历史和政治条件之中，对这一工具的内部运作机制进行研究。

关键词：语言普查；批判社会语言学；治理；语言政策；语言意识形态；认识论

一、引言

语言普查是一种重要的政治工具，它将人口的语言和社会文化等类别信息结合在一起，通过数字勾画出一个国家的真实面貌。语言普查的历史可以追溯到十九世纪，当时欧洲各国开始根据多种标准，如民族、种族、宗教或语言，对人口进行识别和建构。在历史上，部分国家在普查中将"语言"变量与民族或种族标签绑定，因而引发了相当大的政治争论，如美国对语言进行种族化和族裔化的做法，马其顿、比利时和西班牙巴斯克地区的领土争端，或加拿大人口普查中围绕法语的身份之争。

用于对语言进行区分和统计的术语也涉及政治问题：在语言普查中可以调查受访者最初学习的语言、日常使用的语言或对特定语言的能力进行自我评估，这些不同的方法往往会产生不同的数据。随后公布的统计结果往往被用于行政、司法和政治目的：利用这些数字来划分和管理"合法的"语言区，引发围绕权力产生的长期争议；相关统计也可用于监测人口的官方语言水平，以判断移民非官方语言母语者融合的情况。这种做法实际上会导致对这些非官方语言群体的歧视，这一点在下面的简述中会提到。

普查中列出的语言清单也有可能导致争论，因为这一问题特别复杂，负载着一定的意识形态，并能揭示不同语言政策之间的竞争。如果将语言普查作为一种政治工具，我们能轻易看出它具有意识形态基础，需要仔细研究其背后的深层问题及其对人们的影响。尽管很多社会语言学的研究者大量使用语言普查数据，而相关数据的应用又往往依赖于社会语言学知识，但社会语言学领域迄今基本上未对语言调查问题进行探索，或者正是因为这种依赖，相关问题才少有人论及。

因此，源于民族国家的政府机构发明，并得到当今政界和学界支持的语言普查，对我们而言就是一个值得探究的领域：（1）出于什么原因，在什么地点进行语言普查和调查？（2）如何计算或不计算特定语言及其使用者的数量？（3）语言统计结果如何在政治上被工具化，又对语言社区的社会组织和资源分配有什么影响？本期专刊围绕这些问题展开，旨在邀请世界不同地区的学者，为语言调查的设计和使用提供经验与见解。

本文将本期的数篇论文置于一个历史性、政治性和批判性分析框架中，将语言调查和人口普查作为社会语言学领域的一个研究对象。首先，我们简要介绍了语言统计的产生历史，旨在解释为什么官方机构"需要"语言统计，以及统计数字有助于实现哪些政治目标。其次，我们关注语言统计过程中的认识论和方法论挑战。再次，我们聚焦于语言统计产生的社会政治影响，包括个体和机构等行为主体如何使用或挑战统计数字，以及语言统计如何影响资源的（不）平等分配。

二、为什么要对语言及其使用者进行统计？

国家机器为什么要进行语言统计？了解相关原因有助于我们理解语言意识形态在不同的历史时期，在不同的国家，如何影响了政务。语言普查的延续和变革反映了社会政治斗争。一个群体在官方统计数据中是否作为语言、民族和 / 或种族群体得以显现，决定着其在社会中的显现度（无论其是否愿意），因为政府可以通过统计数字承认一个群体，或歧视一个群体，或者压制一个少数群体（见 Kertzer and Arel 2002; Simon 2005; Busch 2015）。

法国是最早通过调查了解其语言和方言地理分布情况的国家之一。在十八、十九世纪之交，法国通过对不同类型的信息进行分类，以增强其帝国集权（Bourguet 1989）。第一次关于土语和方言的调查是由阿贝·格雷戈耶（Abbé Grégoire）主持的，其目标是根除土语和方言而支持法语，即为法兰西民族建设一门单一语言（de Certeau et al.1975）。第二次调查是在拿破仑的支持下完成的，名为"科伯特·德蒙布雷特调查"。它坚持使用百科全书式的定量研究方法，绘制了整个法国的语言变体地图。法国在将法语强行推为国家语言的帝国主义做法中，使用了灵活委婉的话语，较少关注方言和土语的消除，而是将方言土语看作逐渐从帝国自然消失的正宗地方性特色。法国政府早就知道法语的普及不会被方言和土语所阻挡，它的胜利主要是时间问题（Bulot 1989; McCain 2015）。

其他国家的政府也对于使用区域性语言的少数群体发生兴趣。英国是最早在人口普查中收集语言数据的国家之一。英国在 1851 年的爱尔兰人口普查中首次使用了语言问题，管理者借此统计该地区人口对爱尔兰语的掌握情况。英国当局监测到爱尔兰语的衰落，其背后两大原因是大饥荒和来自英国的移民浪潮（Christopher 2011: 539）。1881 年，人口普查开始覆盖不列颠群岛其余部分的盖尔人其他语言，以追踪英语作为帝国语言的传播情况（Christopher 2011: 539—540）。

正如克里斯托弗（Christopher 2011）所强调的，英联邦国家中开展的这种不太系统的语言普查不仅仅是出于官僚利益。通过人口普查收集的数据被视为一种科学资源，可以用于丰富被调查语言的相关百科知识。这种知识是学术机构和政府机构的合作成果，双方都极希望展示其在新领域中的探索结果。英国殖民者在印度主导的调查和人口普查就充分表明了这一点。印度自 1881 年开始在人口普查中调查所谓"母语"的数据，这一变量被同时视为种族和语言特征。政府官员将调查作为对印度人口进行分类和管理的工具。人类学家和语言学家把这些地区看作是他们不断做出新发现的实验室（Manoharan 2001; Majeed 2015）。

卡兰（Carlan）在本期专刊中的论文对"印度语言调查"（LSI）（1903—1928）中种族化的话语，还有关于所谓"土著"人口的科学话语进行了研究，揭示出问卷调查设计、绘制语言地图和官方报告等做法有助于民族语言社区的本质特征的表达。正如她所展示的，"印度语言调查"获得的语言知识被用于重新划定邦界，对印度后殖民时期的管理产生了影响。

在非洲、太平洋地区和南美洲等地，有学者在政府调查未知人群的项目中嵌入科学调查，但其结果能否作为科学依据存在争议，因为在这些地方，语言、种族和部落特征在许多情况下错综复杂令人难解。殖民政府在调查中需要专家的帮助，但这些专家实际上是在试验其语言分类的方法（Errington 2008; Makoni and Mashiri 2007）。美国暑期语言学院（SIL）派遣工作人员到全球各地对语言进行分类和编纂编典，是最重要的语言调查机构之一。

米勒（Miller）的文章探讨了苏丹在其人口普查中长期对语言进行划分，但其变体划分方式有失准确。该文描述了苏丹当局如何与几个学术组织，包括美国暑期语言学院开展合作，试图详细记录该国各主要语言并为之编典。苏丹殖民时期的人口普查对其在后殖民时期的管理产生了显著影响，政府指定由美国暑期语言学院最终确定语言的分类方案。需要注意的是，美国暑期语言学院这个"专家"，也有自己的政治和宗教目标，即收集语言数据，以在该人群中推广威克理夫圣经翻译会（Wycliffe Bible Translators）的全部译作。威克理夫圣经翻译会由威廉·卡梅隆·汤逊（William Cameron Townsend）创建，而他恰好也是美国暑期语言学院的创始人（见 Hvalkof and Aaby 1981; Stoll 1982）。

英国殖民者的调查统计方法也对其他地方的人口普查产生了影响。虽然英国殖民者只是断断续续地收集了所谓克里奥尔语和皮钦语的数据，但这些语言类别在后殖民时期的巴布亚新几内亚、所罗门群岛和毛里求斯的人口普查中都保留了下来（Christopher 2011）。拉贾-卡里姆（Rajah-Carrim 2005）提到，毛里求斯官员强调，克里奥尔语和博杰普里语应在他们 2000 年的调查问卷中算作语言。正如作者强调的那样，这恰恰反映了这两种语言处于被动地位，因为受访者可能会认为这两种语言不值得统计。这也反映了压力集团的利益，即他们试图使克里奥尔语标准化获得合法地位。

与此同时，欧洲国家也使用语言统计数据在领土内开展管理。比利时于 1846 年进行了全面的人口普查，是第一个编制国家统计数据的国家。这些统计数据被用于确定法语、佛兰德语或德语是否应成为市政当局的行政语言，并确定市政当局以后是否使用双语运行（Lévy 1964）。普鲁士和奥地利，这两个以德语为主要民族语言的欧洲国家，在十九世纪下半叶就进行了语言统计。然而，普鲁士收集公民母语数据并非仅仅是为了证明德语是其国家语言。在普鲁士，母语被视为最"客观"的民族身份标准（Labbé 2003）。

在俄罗斯和后来的苏联，以类似的方式，在人口普查中使用独特的"母语"（rodnoj jazyk）来替代或补充关于受访者民族身份的信息。在苏联，人口普查被视为绘制苏联各民族地图并管理他们的方式。苏联开展了一场大规模的民族统计运动，相关数据也被用于科学研究。然而，收集这些数据加剧了恐怖气氛，因为受访者担心政府会借此侵犯他们的家园（Hirsch 2005）。事实上，民族志学者和统计学家也感受到这种恐怖。负责 1937 年人口普查的人都被处决了，且没有公布任何统计数据（Cadiot 2000: 141—142）。收集关于"母语"（rodnoj jazyk）和另一种语言能力的数据不仅是为了完成关于"国内民族身份"的统计，而且也被视为推动俄语作为民族间交流语言的一种方式（Silver 1986）。有时候，受访者选择"哥萨克族"作为民族籍，但其对母语问题的回答被用来确定这些人是被归类为"俄罗斯族"还是"乌克兰族"，"哥萨克族"类别是不被接受的（Arel 2002c: 813）。

正如亚瑞（Arel 2002c）所指出的，苏联时期的人口普查做法在后苏联人口普查中产生了影响。收集关于母语的数据成为乌克兰冲突的一个来源：在乌克兰，这个问题被视为对受访者民族出身的讯问，俄罗斯族和乌克兰族民族主义者为影响这个问题的统计结果而发生争斗，导致克里米亚出现严重的政治紧张局势（Arel 2002b）。尤林（Uehling 2004）表明，调查者和受访者都使用了民族主义话语，希望关于语言的答案最符合其民族主义理念，即使这种做法与人口普查的目的背道而驰。在苏联解体后的其他国家，如哈萨克斯坦（Bhavna 2004），有关语言问题的调查实际上试图往苏联做法的相反方向努力，他们倾向于淡化俄语在其领土上的存在，以强化其民族语言的地位（Arel 2002c）。

政治主张也依赖于语言统计数据。在加拿大的魁北克省，20 世纪 60 年代那些被称为"人口语言学家"的专家，基于人口统计数据声称加拿大法语使用人口在减少，并支持使用法语的魁北克民族主义者的政治主张。根据皇家双语和双文化委员会的建议，在 1971 年的人口普查中，除了母语问题之外，还增加了一个关于家庭常用语言的问题（Arel 2002c: 99）。有了这两个问题，从技术上来说就可以观测语言转用，即以母语（儿童习得的第一种且仍能理解的语言）作为出发点，以家庭语言作为终点，来衡量目前家庭中的语言使用情况。例如，如果一个受访者以法语作为其母语，而以英语作为其家庭语言，则假设该受访者已经转向英语（关于该时段加拿大语言转用观测方法的更多细节，见 de Vries 1985, 1990; Veltman 1991）。

然而，随着维护法语使用者提出更多利益诉求相关的政治主张，这些数据被认为仍存在问题，即缺乏加拿大社会语言行为的细节。因为一个人不是简单地从出生后就说一种语言，且在家里使用这种语言。其他语言使用领域和功能，如工作场所使用的语言和讲官方语言的能力，也成为讨论的话题。讲法语的魁北克民族主义者认为，英语不仅侵入了私人领域，而且正在接管魁北克甚至整个加拿大的所有社会领域，包括行政管理、教育和经济。为了应对来自不同群体的压力，加拿大统计局对语言问题进行了测试、补充和删减，并在多次普查中进行修改。讲法语的人口语言学家利用这些数字来警告可能正在发生的英语化，同时也利用统计数据作为科学证据来论证他们积极支持的语言法律的有效性（Prévost and Beaud 2002; Wargon 2000）。

西班牙巴斯克语统计数据的演变似乎与加拿大相似。巴斯克语的支持者一直认为这些统计结果是不完整的，缺乏关于巴斯克语实际能力或使用情况的准确信息。正如乌拉和伯迪克（Urla 和 Burdick）在本期专刊论文中所展示，调查者不断开发新的调查方法以获得更详细的巴斯克语统计数据。在他们的论文中，可以清楚地看到，技术的进步和新自由主义的发展如何影响了巴斯克语使用者统计数据的处理方式。统计部门开发了如此多的方法来计量语言及其使用者，不仅仅是因为这个变量极不稳定，难以详细说明，也因为他们需要不断寻找巴斯克语仍然存在的证据，并从各个角度监测语言政策的效率。

在美国，科学界和政界也遇到了语言普查相关的问题。正如李曼（Leeman）（本期）所展示的，随着语言政策和政治辩论的发展变化，语言统计数据被用于不同的目的。其中最重要的目的，是用来完善关于民族和种族的数据，以及判断英语作为美国国家语言的主导地位（见 Leeman 2004）。因此，语言成为美国人口普查中的一个争论点，少数民族、非政府组织、学者和美国政府借助语言讨论小族群体的融合和承认问题。在美国，要对一个种族类别进行描述和识别非常困难。比如对拉丁裔人群的归类——他们既不是黑人，也不是白人——仍然是一个微妙的事情，统计者要考虑既能在统计结果中看到这个已经被污名化的少数人群体，又不想通过标签对他们进行进一步污名化（Solórzano and Ahlén 2010; Leeman 2013）。

本文简要描述了少数具体政治、地理和历史环境中语言普查和调查的发展，揭示了国家利益与以加强管理为目的的语言统计之间如何持续发生互动。文章揭示了人口普查的发展，语言及其使用者的分类与统计，不能脱离普查所处的政治和经济背景。本期特刊所收入的论文，通过详细的实证分析，说明语言普查和语言调查是一种在特定环境下发生的知识生产形式，要理解这一操作需要全面审视将具体语言及其使用者纳入统计范围的原因以及决策者身份。这些论文也讨论了语言及其使用者如何成为被量化统计的对象，促使我们思考在此过程中应如何认识语言，以及语言及语言使用者的统计方法涉及的意识形态层面。

三、如何统计语言？

正如哈金（Hacking 2007）所言，概率论和统计学是一门以特定方式思考事件、观点和知识的科学。这门科学，在本文中更具体地说是语言调查和语言普查，并不是毫无争议就突然出现的。德罗西雷斯（Desrosières 2010）讨论了不同国家统计方法之间的差异：德国、法国、英国和美国感兴趣的并不是相同的社会特征，各国政府也不会统计出相同的数字，因为他们考虑到的本国相关社会问题不同。因此，很显然，对语言及其使用者进行量化统计，包括采用何种统计方式，不仅是一个方法论问题，更重要的是一个由政治辩论左右的认识问题。政府和机构在客观认识语言方面起着一定的作用。反过来，这一认识对人们认识语言及其使用者、理解何为语言产生重要的影响（Moore *et al.* 2010）。

亚瑞（Arel）讨论了语言调查和语言普查中的三个主要语言概念："1）受访者童年首先学会的语言；2）受访者在接受人口普查时最常用的语言；3）受访者对某一官方语言的了解程度"（Arel 2002a: 97）。这些概念侧重调查语言的不同方面，有时会同时出现在一个调查中。第一个概念指向调查受访者的族裔出身。第二个概念是调查高频使用的语言，也可以用以替代族裔起源的问题，不过有可能会得到与受访者出身不符的答案。然而，在增加了对特定使用领域（如家庭）的询问后，这类问题也可用于替代族裔起源问题（参见 Leeman 2004）。第三个概念是调查语言能力的各个维度（说、写、听或理解）和 / 或请受访者对其自身能力进行自我评价（非常好、很好、不好、一点也不好）。这类问题可以服务于政府的不同目的。在爱尔兰，政府用其监测爱尔兰语的濒危情况，而在澳大利亚和美国，其显性目的是帮助非英语使用者通过其他语言获取重要信息。

此外，人口普查中对"语言"的定义也很有启示，值得仔细研究，因为这些定义和标签可能具有相当大的误导性。我们可以看一下不同的人口普查是如何定义"母语"的。瑞士在 1980 年之前，都是要求受访者上报"他们用于思考的语言和他们最了解的语言"（Lüdi and Werlen［2005: 7］，引用部分为作者译，本期 Duchêne *et al.* 有详细分析）。加拿大的定义是"童年在家里习得的第一种语言，在受访时仍能理解"（Statistics Canada 2015）。印度的定义则是"该受访者母亲在童年时期对其说的语言"（Office of the Registrar General and Census Commissioner 2014）。有鉴于此，比较这三个国家的母语统计结果就像拿苹果和橘子比较一样。

关于如何界定"知道"或者"能够"听、说、读、写一种语言，也会导致思想认识上的争论。在一些人口普查中，受访者被要求对其自身的语言能力按等级进行评估，例如澳大利亚（Australian Bureau of Statistics 2011）和美国的人口普查（Leeman 2013）中对英语能力的划分："非常好 / 很好 / 不好 / 一点也不好"。德·弗里斯（de Vries 2005）列举了不同国家和地区的案例——南非、加拿大、威尔士和西班牙的几个地区——每个国家和地区都以不同的方式收集关于某门语言知识的数据。这些调查和普查的做法几乎都不相同，德·弗里斯（de Vries 2005: 1109）强调这类问题的答案相当模糊，因为受访者没有明确的标准来判断他们某种语言说得"非常好"或"很好"，或者判断其是否"懂"威尔士语。

除了注意到此类方法的不稳定性，我们还想探讨那些可能推动此类语言能力调查的利益考量，如乌拉（Urla 1993）、李曼（Leeman 2004, 2013）和普旭（Busch 2010, 2015）。这类问题不一定要求每一个受访者都作答，这就意味着只需合理合法判定某些群体（即所谓讲其他语言的人、外国人等）的语言水平即可。在美国和澳大利亚的人口普查中，只有那些声称自己在家不说英语的受访者才需要回答英语水平的问题。因此，那些表示自己在家只讲英语的人既不能计入双语者，也不需要自评英语水平。

爱尔兰的做法表明，有关语言能力的统计数据不一定能显示语言的活力。事实上，有人懂一门语言并不意味着该门语言有人使用（Williams 1988: 277）。正如欣德利（Hindley 1990）所注意到的，那些被确定为具备爱尔兰语能力的人主要是小学生和其他仍在上学的学生，因为爱尔兰语是学校的必修课。根据统计结果，我们可以得出结论，即他们一旦离开学校，就突然不懂爱尔兰语了。自2006年以来，爱尔兰一直调查学校系统内外使用爱尔兰语的情况。统计数据证实：只有得到教育系统的支持，爱尔兰语才能在人口普查中获得存在感（Walsh and McLeod 2008: 24—25）。上述关于语言的三种认识揭示了不同国家对语言概念界定的不同理解，此外关于语言多样性的界定问题也值得探讨。

双语或多语使用者一直是官方统计面临的一项挑战。一些国家在进行语言调查时允许受访者给出几个答案，有时候是限定一定数量的答案，有的国家则试图将答案限制为一种语言。有的国家在不同年份的人口普查中对两种做法都进行了尝试。例如，南非人口普查在1996年允许受访者上报两种家庭语言，在2001年只允许上报一种（Deumert 2010: 33）。在人口普查中有一些方法可以使双语者"单语化"。墨西哥在1895年的人口普查中，要求普查员在受访者上报多于一种语言时，只记录为西班牙语（Saldívar and Walsh 2014: 463）。正如该文作者所强调的那样，这么做的目的是证明西班牙语——该国的国家语言——正在取代所谓的"土著语言"，从而消除少数民族。在苏联，普查员可以从几个选项中选择一种作为母语：写下受访者掌握最好的语言或通常在家庭中使用的语言（Silver 1986: 76—77）。加拿大在2006年允许上报两门母语（Lar 2013: 22），不过此类受访者必须符合几个限制性标准：

对于一个在幼儿时期同时习得了两种语言的人，上学之前在家里最常说的语言就是其母语。只有在两门语言曾经同样频繁使用且当前依然掌握的情况下，受访者才可以说拥有两种母语。（Statistics Canada 2015）

允许在普查中上报多种语言并不一定意味着就能摆脱政治论争。某些利益集团明确要求只允许上报一种答案。他们不希望在统计中出现混合类别。对他们来说，是调查母语还是日常使用的语言，是一个重要的问题。例如，比利时曾允许最多上报三个答案，但政府后来停止在普查中收集语言数据，因为这样做导致了冲突。佛兰德民族主义者认为，大多数法语－佛兰芒语双语者在族裔起源上基本上都是佛兰德人。在他们看来，统计双语者会抹去他们的存在，并放大法语使用者的比例。由于这些统计数据导致的紧张关系日益加剧，比利时于 1960 年停止调查所有语言问题，并正式永久性地锁定语言区域划分（Lévy 1964）。

瑞士也是欧洲的一个官方多语国家，该国官方一个多世纪以来一直坚持统计语言数据。正如杜申等人（Duchêne *et al.*）在本期论文中所指出的，收集母语数据在瑞士历史上几乎从未引起公开争议，但这并不意味着人口普查中的语言问题没有思想认识的斗争。作者对官方语言调查问卷研制，以及调查受访人"主要语言"时出现的沟通交流有独到的见解，揭示了统计人员在起草语言调查问卷时激活了什么样的意识形态，以及在通过电话提问时，这些意识形态是如何受到受访者质疑的。在瑞士这样一个多语言国家，什么人被算作双语者，以及如何区分语言和方言，实际上是存在问题的，而该国受访者长期以来在人口普查中只能上报一种语言。

在官方统计中通常不对双言和语言差异进行定量处理。在人口普查中将语言与方言或土语区分开来，通常意味着承认社会上在标准语言之外共存着不同的语言变体。克洛斯（Kloss 1929）和特斯尼耶（Tesnières 1928）在分析欧洲早期官方语言统计数据时，已经发现难以确定某些语言变体之间的边界。是否应给某个语言变体进行命名，或是否将其算作一种语言，都需要经过社会政治辩论决定。在这些辩论中，语言学家被当作专家（尽管公共领域不一定将专家意见考虑在内）。卡尔韦（Calvet 2007）在分析法国官方语言调查的结果时，也发现识别语言非常困难。除了名称拼写上存在差异，有些类别也非常模糊（比如"阿非利加语"），或者人们会混淆国籍和语言（比如"刚果人／刚果语"）。

如果在人口普查中一种语言的名称不十分清晰，那很可能其使用者对此也不清楚。克劳利（Crowley 1994）发现，在瓦努阿图难以开展人口普查，因为不同族群的人用"我们的语言"指称其所使用的语言，而没有一个名称。因此，如果受访者无法确定其语言名称，普查官员就需要找到一个解决方案，以避免数据不全。在印度，也不是所有的语言都如实计算。正如杰哈（Jha 1994）通过迈蒂利语（Maithili）的例子所指出，这将使人口普查结果出现令人难以置信的波动。迈蒂利语最初被认为是印地语的一种方言，后来被作为一门独立的语言。因此，迈蒂利语 1951 年时使用者数量为 8.7 万人，但仅仅十年后就增长到 500 万人（Jha 1994: 390—391）。

这些案例的具体成因可以追溯到殖民时期对语言的记录。这也是为什么在进行语言普查时，要调查哪些信息被纳入考量，哪些信息又没有。这有助于我们更好地理解为什么一些语言没有被算作语言，另一些被纳入像"阿非利加语"这样的超大语言类别中，为什么一些语言在普查中曾被当作语言，后来又不再计为语言。

所有这些"为什么"都要求我们考察不同人群和机构是如何左右方法的选择，考察他们基于什么考虑采用特定方式对语言进行分类和计数。这正是本期特刊所致力研究的，即让我们更好地了解语言普查的幕后工作，同时也让我们思考语言及其使用者的具体计量方式可能产生的后果。

四、语言统计的社会政治影响

在社会政治领域，官方的语言统计结果一般而言有三种用途：承认某区域或民族，通常表明有领土主张；识别其他语言群体或促成其融入社会；设定门槛和配额指标。

正如普雷沃斯特和博德（Prévost and Beaud 2002）对比利时、加拿大和瑞士的案例研究表明，如果统计结果能对语言政策的实施产生直接影响，它们很可能会引发冲突。在比利时，语言统计结果直接用于在全国范围内确定语言管理行政单位的边界，因此统计结果的公布本身就成为争议焦点。在加拿大，语言政策遵循权利属人原则，即全国任何地方都应根据个体需求以英语和法语提供公共服务。然而，这一原则并不适用于所有领域。例如，教育语言是由各省决定的，各省依靠统计结果划定门槛，来允许儿童以某种语言接受教育。这些门槛在各省之间有很大差异：安大略省将少数民族母语教育的最低人口门槛定为 10%，新不伦瑞克省为 20%，魁北克省为 50%（Foucher 2012: 94）。魁北克的门槛较高，反映了魁北克民族主义者为保持其领土法语化而进行的斗争，使得英语使用者只有在人数过半的城市才可能享有这一语言权利。

门槛的变化通常意味着严重的政治紧张局势。在 1999 年签署《欧洲区域或少数民族语言宪章》时，乌克兰议会将其应用门槛定为 20%，这是为了确保某些语言少数群体能得到官方承认。当时关于这一门槛的讨论主要是关于罗马尼亚族的。根据前苏联最后一次人口普查（1989 年），罗马尼亚语使用者占总人口的 22%，所以这一门槛本来标志着对小族群体的认可（Arel 2002b: 232—233）。然而，乌克兰宪法法院阻止了该法案签署成为法律，声称其没有遵守相应程序。与此同时，乌克兰议会将门槛提高到了 50%。这一决定与对罗马尼亚少数民族的承认无关，而是为了确保俄罗斯族无法在全国范围内享受相应权利。将门槛提高到 50% 可以限制俄罗斯对克里米亚的影响力，而如果将其保持在 20% 会使俄罗斯有可能将其影响力扩大到乌克兰东部的大部分地区（Arel 2002b: 233—234）。

在瑞士，一般认为统计结果对语言政策的实施没有直接影响，因为该国遵循权利属地原则（Prévost and Beaud 2002）。然而，使用三种语言的格里松州（德语、意大利语、拉赫托-罗曼语）也在 21 世纪设置了门槛，以防止在这一德语化程度较高的地区拉赫托-罗曼语少数民族会突然消失。现在的问题在于，关于这一问题的最新综合统计数据要追溯到 2000 年，因为目前的瑞士联邦统计局禁止了在 2010 年的抽样普查中收集语言数据（详见 Duchêne *et al.*，本期专刊）。因此，鉴于统计方法上的限制，语言数据无法得到更新，该州设置的门槛也无法在实际中得到应用（Berther 2016; Etter 2016）。

语言也被视为对使用某其他语言群体进行融合的标志。通过种族、族裔或语言等变量来监测社会融合一直是一个敏感的问题，因为对这些类别的统计数据既可以用于谴责对某些人群的歧视，也可以用来延续这种歧视（Simon 2005）。在有的国家的普查中，统计这些人群类别属于常见做法，有的国家则尽可能地去除此类统计。美国的人口普查一直调查种族和语言，但法国却从未有此做法。如上文所述，两国处理这些社会问题的方法大相径庭。美国和法国统计局在国家建设方面采取了不同的方法。美国的逻辑是，如果没有这些问题相关的统计数据，我们就无法打击种族主义和社会歧视；法国则认为，要求个人陈述族裔、种族或语言差异已经是一种歧视行为。正如我们将要展示的，在统计语言信息时，这两种方法实际上都有问题，而真正问题又不一定是语言问题。

南美洲的几次人口普查（本期专刊中 Alvis 的书评对此有简介）都纳入了语言问题。事实上，这些调查问题经常被解读为旨在统计所谓的"本土"或"土著"特征（见 Angosto Ferrández and Kradolfer 2012）。在墨西哥，关于语言的调查近来转向了对特定族裔语言的关注，这种做法有些问题。并非所有所谓的"土著"少数民族都讲所谓的"土著"语言，这些受访者会因为看起来像某些少数民族而感到受到歧视（Saldívar and Walsh 2014）。如此偏重于关注这些少数民族语言，实际上是有意或无意地避开讨论这些所谓"土著"人口更严重的社会经济不平等问题，哪怕他们并不总是认同他们所谓的"土著"语言。正如穆勒曼（Muehlmann 2012）所指出的，统计墨西哥科罗拉多河三角洲说库卡帕语（Cucapá）的人口并不能帮助他们更好地获得供水和医疗保健。

澳大利亚统计局试图用"客观"标准来识别所谓的"原住民"：出生国、祖籍和语言。1999 年之前，他们使用"非英语背景"（NESB）这一类别进行区别，但这被批评为过于简单而带有歧视（Simon 2005: 23）。这一类别标签实际上源于澳大利亚政府20 世纪 70 年代旨在促进文化和语言多样性的计划。政府当时通过在各个领域（媒体、行政、翻译、教育等）提供财政支持来鼓励非英语（LOTE）语言的使用，以帮助那些使用英语有困难的人群，而这需要首先找出这些人。因此，人口普查是为了向非英语人群分配资源而使用的一个评估工具（见 Clyne *et al.* 2004）。不过不是每个人都欢迎推广非英语语言的政策，因为不是每个人都相信所有移民都对澳大利亚的建设做出了同样的贡献。在这个案例中数字不是争论的焦点，不过数字使语言等级划分有了使用者人数作为依据（Clyne 1991; Clyne *et al.* 2004）。

在最近的几次人口普查中，美国人口普查局使用了与澳大利亚人口普查相同的问题设定。然而，自 1980 年以来，美国的结果一直使用"语言隔离"这一概念处理语言统计结果，即如果一个家庭中没有 14 岁以上的人宣称他们英语"非常好"，或者在家里只说英语，那这个家庭就被认为存在"语言隔离"（Leeman 2004: 528）。尽管美国人口普查局在 2011 年停止了使用语言隔离概念（Leeman 2013: 322），但它造成了美国有很多家庭处于社会边缘的印象（Graham and Zentella 2010; Leeman 2004, 2013）。美国当局最初的目的是确定在哪些地方需要对官方文件进行翻译，但统计数据被用作一种污名化工具，成为"只说英语"运动的支持。如此一来，统计数据就成为支持过度歧视而不是促进社会融合的工具。

因此，语言的统计结果，或是其在人口普查结果中的呈现形式，会影响到语言使用者的生活，使他们被承认为合法的少数民族，或在语言管理中被视为具有威胁性的外来因素。官方语言统计数据有时被用作最重要的工具，用于划定领土疆界、计算国家财政资源分配或给予语言使用者权利和认可。当统计数据能决定语言小族的人数是否达到资助其开办学校或翻译官方文件的要求时，语言统计数字可能就成为决定性因素。但这些数字也可能会引起社会分歧，并成为旷日持久的斗争领域。

五、对语言普查和语言调查开展社会语言学研究

正如上文所述，人口普查和调查会给社会带来真切的影响，不仅左右着意识形

态论争，而且可能影响对特定群体的认可和资源分配的方式。当我们查阅维基百科或"民族语"网站（ethnologue.com）的统计资料时，我们通常无法看到方法和认识方面根植于社会政治斗争。我们不一定知道这些统计数据是为谁提供，由谁制作，如何收集，又用于什么目的。统计是应语言小族的要求，还是非政府组织，或是政府要求而做，其最终结果千差万别。

语言普查和语言调查总是服务于政治目的，反映了复杂的科学和社会政治论争，而这些争论决定着我们如何认识语言及其使用者（另见 del Valle 2013）。本专刊对这些调查的实施方式、背后考量及其实际应用效果进行了实证分析。本期五个案例研究促使我们思考语言调查与政府治理之间的联系。这些案例分布在世界各地——苏丹（Miller）、印度（Carlan）、美国（Leeman）、瑞士（Duchêne *et al.*）和西班牙巴斯克地区（Urla and Burdick），显示学界亟须将语言普查和语言调查作为社会语言学研究的一个重要领域，揭示其在具体历史和政治条件下的运作机制。本期论文还展示了文献研究和民族志调查的重要性，这可以使我们更好地了解调查背后的考量，以及调查如何随着时间的推移而演变。本期特刊并没有详尽地讨论人口普查和国家语言调查的所有方面。这篇引言意在涵盖一些本期文章没有涵盖的内容，而两篇关于前苏联国家（Sokolovska）和拉丁美洲（Alvis）的书评也稍稍拓展了覆盖范围。我们未能覆盖更广泛的地理范围一方面是由于篇幅所限，另一方面也是因为目前学者们尚未对其使用的语言统计数字开展广泛的质疑，也没有将其作为社会语言学的研究对象。我们认为，本期特刊将促进学界在不久的将来继续推进此类研究，因为正如本期稿件所显示的，该领域能够帮助我们更好地了解语言如何成为一个斗争的领域，又如何成为管理语言使用者的工具。

致谢

我们要感谢《国际语言社会学杂志》的总编辑奥菲莉亚·加西亚（Ofelia García）为我们提供了发表本期专刊的版面。我们也感谢为我们的论文提供指导的十位匿名评审专家。克里斯托弗·胡格宁（Christopher Huguenin）是一位出色的助理编辑，我们衷心感谢他的耐心细致和严谨准确的编辑工作。雷娜塔·科莱（Renata Coray）参与了我们的讨论并有重要贡献，她也是我们的一个大型语言普查研究项目的成员，本期专刊也是该项目的成果之一。最后，亚历山大·杜申（Alexandre Duchêne）感谢纽约城市大学研究生中心提供的 ARC 科研经费为撰写本专刊提供了良好条件。

参考文献

Arel, Dominique. 2002a. Language categories in censuses: Backward- or forward-looking?. In David I Kertzer & Dominique Arel (eds.), *Census and identity: The politics of race, ethnicity, and language in national censuses*, 92–120. Cambridge & New York: Cambridge University Press.

Arel, Dominique. 2002b. Interpreting 'nationality' and 'language' in the 2001 Ukrainian Census. *Post-Soviet Affairs* 18(3), 213–249.

Arel, Dominique. 2002c. Demography and politics in the first post-Soviet censuses: Mistrusted state, contested identities. *Population* 57(6), 801–827.

Australian Bureau of Statistics. 2011. Language spoken at home (LANP). *Census Dictionary*. http://www.abs.gov.au/ausstats/abs@.nsf/Lookup/2901.0Chapter39002011 (accessed 30 May 2016).

Berther, Ivo. 2016. 'Quant(a)s Rumantsch(a)s Datti propi?' Da La Dumbraziun Dal Pievel Tradiziunala a La Diversitad Da Las Registrazuns Da Datas Odierna. *Babylonia* 1, 69–73.

Bhavna, Dave. 2004. Entitlement through numbers: Nationality and language categories in the first post-Soviet census of Kazakhstan. *Nations and nationalism* 10(4), 439–459.

Bourguet, Marie-Noëlle. 1989. *Déchiffrer la France: La statistique départementale à l'époque Napoléonienne*. Paris: Editions des archives contemporaines.

Bulot, Thierry. 1989. L'enquête de Coquebert de Montbret et la glottopolitique de l'Empire Français. *Romanischen Philologie* 2(89), 287–292.

Busch, Brigitta. 2015. Über das Kategorisieren von Sprachen und Sprecher_innen: Zur Dekonstruktion von Sprachstatistiken. In Nadja Thoma, Magdalea Knappig (eds.), Sprache und Bildung in Migrationsgesellschaften. Machtkritische Perspektiven auf ein präkarisiertes Verältnis, 45–67. Bielefeld: transcript.

Busch, Brigitta 2010. ... und Ihre Sprache? Über die Schwierigkeiten, eine scheinbar einfache Frage zu beantworten. Stichproben-Wiener Zeitschrift für kritische Afrikastudien Vienna *Journal of African Studies* 19, 9–35.

Cadiot, Juliette. 2000. Organiser la diversité: La fixation des catégories nationales dans l'Empire de Russie et en URSS (1897–1939). *Revue d'études comparatives Est-Ouest* 31(3), 127–149.

Calvet, Louis-Jean. 2007. La (socio)linguistique au filtre de l'inventaire des langues du monde: Et quelques considérations sur ses rapports avec la sociologie. *Langage et Société* 3(121-122), 259–273.

Certeau, Michel de, Dominique Julia & Jacques Revel. 1975. *Une politique de la langue: La Révolution Française et les patois: L'enquête de Grégoire (Collection Folio Histoire 117)*. Paris: Gallimard.

Christopher, Anthony John. 2011. Questions of language in the commonwealth censuses. Population, *Space and Place* 17(5), 534–549.

Clyne, Michael G. 1991. *Community languages: The Australian experience*. Cambridge & New York: Cambridge University Press.

Clyne, Michael G., Felicity Grey & Sandra Kipp. 2004. Matching policy implementation with demography. *Language Policy* 3(3), 241–270.

Crowley, Terry. 1994. Linguistic demography: Interpreting the 1989 census results in Vanuatu. *Journal of Multilingual and Multicultural Development* 15(1), 1–16.

del Valle, José (ed.). 2013. *A political history of Spanish. The making of a language*. Cambridge: Cambridge University Press.

Desrosières, Alain. 2010. *La politique des grands nombres histoire de la raison statistique*. Paris: La Découverte.

Deumert, Ana. 2010. Tracking the demographics of (urban) language shift: An analysis of South African census data. *Journal of Multilingual and Multicultural Development* 31(1), 13–35.

Errington, James Joseph. 2008. *Linguistics in a colonial world: A story of language, meaning, and power*, 1st edn. Malden, MA: Blackwell.

Etter, Barbla. 2016. Regulierung, *Rekonstruktion und Management des Sprachgebiets. Eine soziolinguistische Analyse von Gemeindefusionen an der deutsch-romanischen Sprachgrenze*. Fribourg, CH: University of Fribourg. (Dissertation).

Ferrández, Angosto, Luis Fernando & Sabine Kradolfer. 2012. *Everlasting countdowns: Race, ethnicity and national censuses in Latin American states*. Newcastle: Cambridge Scholars.

Foucher, Pierre. 2012. Le statut juridique des communautés anglophones du Québec: Options et recommandations. In Richard Y Bourhis (ed.), *Déclin et enjeux des communautés de langue anglaise du Québec*, 75–106. Ottawa: Patrimoine canadien. http://epe.lac-bac. gc.ca/100/201/301/liste_hebdomadaire/2014/electronique/w14-30-U-F.html/collections/ collection_2014/pc-ch/CH3-2-16-2013-fra.pdf. (accessed 23 December 2016).

Graham, Laura & Ana Celia Zentella. 2010. Language in the US Census: Problems and Progress. *Anthropology News* 51(5). 6.

Hacking, Ian. 2007. *The emergence of probability: A philosophical study of early ideas about probability, induction and statistical inference*, 2nd edn Cambridge & New York: Cambridge University Press.

Hindley, Reg. 1990. *The death of the Irish language: A qualified obituary (Bradford Studies in European Politics)*. London & New York: Routledge.

Hirsch, Francine. 2005. *Empire of nations: Ethnographic knowledge & the making of the Soviet Union (Culture and Society after Socialism)*. Ithaca, NY: Cornell University Press.

Hvalkof, Søren & Peter Aaby (eds.). 1981. *Is God an American? An anthropological perspective on the missionary work of the Summer Institute of Linguistics*. IWGIA Document 43. Copenhagen: International Work Group for Indigenous Affairs (IWGIA) &

Survival International.

Jha, Shailjanand. 1994. Maithili in the Indian census. *Journal of Multilingual and Multicultural Development* 15(5), 385–397.

Kertzer, David I & Dominique Arel. 2002. Censuses, identity formation and the struggle for political power. In David I Kertzer & Dominique Arel (eds.), *Census and identity: The politics of race, ethnicity, and language in national censuses*, 1–42. Cambridge & New York: Cambridge University Press.

Kloss, Heinz. 1929. Sprachtabellen als Grundlage für Sprachstatistik, Sprachenkarten und für eine allgemeine Soziologie der Sprachgemeinschaften. *Vierteljahresschrift Für Politik Und Geschichte* 1(7), 103–117.

Labbé, Morgane. 2003. Dénombrer les nationalités en Prusse au XIXe siècle: Entre pratique d'administration locale et connaissance de la population. *Annales de démographie historique* 105(1), 39–61.

Laur, Elke. 2013. Minorités majoritaires et majorités minoritaires: Des oxymorons ?: L'exemple des minorités de langue officielle au Canada. *Minorités Linguistiques et Société* 3, 19–40.

Leeman, Jennifer. 2004. Racializing language: A history of linguistic ideologies in the US Census. *Journal of Language and Politics* 3(3), 507–534.

Leeman, Jennifer. 2013. Categorizing Latinos in the history of the US Census: The official racialization of Spanish. In José Del Valle (ed.), *A political history of Spanish: The making of a language*, 305–323. Cambridge & New York: Cambridge University Press.

Lévy, Paul. 1964. Quelques problèmes de statistique Linguistique à la lumière de l'expérience Belge. *Revue de l'Institut de Sociologie* 37, 251–273.

Lieberson, Stanley. 1966. Language questions in censuses. *Sociological Inquiry* 36(2), 262–279.

Lüdi, Georges & Iwar Werlen. 2005. *Le paysage linguistique en Suisse*. Neuchâtel, CH: Federal Statistical Office.

Majeed, Javed. 2015. 'A state of affairs which is essentially indefinite': The Linguistic Survey of India (1894–1927). *African Studies* 74(2), 221–234.

Makoni, Sinfree & Pedzisai Mashiri. 2007. Critical historiography: Does language planning in Africa need a construct of language as part of its theoretical apparatus?. In Alastair Pennycook (ed.), *Disinventing and reconstituting languages (Bilingual Education and Bilingualism)*, 62–89. Clevedon, UK: Multilingual Matters.

Manoharan, S. 2001. Indian languages in censuses: A study. *Indian Linguistics* 62(1–4), 117–140.

McCain, Stewart. 2015. Speaking like a state?: Cultural imperialism, Linguistic particularism and local officials in the Napoleonic enquiry into the patois, 1806-12. *French History* 29(4), 510–529.

Moore, Robert, Sari Pietikäinen & Jan Blommaert. 2010. Counting the losses: Numbers as the language of language endangerment. *Sociolinguistic Studies* 4(1), 1–2.

Muehlmann, Shaylih. 2012. Rhizomes and other uncountables: The malaise of enumeration in Mexico's Colorado River Delta: The countdown at the end of the Colorado River. *American Ethnologist* 39(2), 339–353.

Office of the Registrar General and Census Commissioner. 2014. *Linguistic Survey of India.* http://lsi.gov.in/MTSI_APP/%28S%28p03rp1zzs4vz2uu3ccjaqevr%29%29/default.aspx (accessed 01 April 2017).

Prévost, Jean-Guy & Jean-Pierre Beaud. 2002. Statistical inquiry and the management of linguistic plurality in Canada, Belgium and Switzerland. *Journal of Canadian Studies* 36(4), 88–117.

Rajah-Carrim, Aaliya. 2005. Language use and attitudes in Mauritius on the basis of the 2000 population census. *Journal of Multilingual and Multicultural Development* 26(4), 317–332.

Saldívar, Emiko & Casey Walsh. 2014. Racial and ethnic identities in Mexican statistics. *Journal of Iberian and Latin American Research* 20(3), 455–475.

Silver, Brian. 1986. The ethnic and language dimensions in Russian and Soviet Censuses. In Ralph S Clem (ed.), *Research guide to the Russian and Soviet censuses* (Studies in Soviet History and Society), 70–97. Ithaca, NY: Cornell University Press.

Simon, Patrick. 2005. La mesure des discriminations raciales: L'usage des statistiques dans les politiques publiques. *Revue Internationale des Sciences Sociales* 183(1), 13–30.

Solórzano, Ramón, Jr & Ahlén Sondra. 2010. Latino questions on Race, ethnicity, and language at the advent of the 2010 census. *Harvard Journal of Hispanic Policy* 22, 17–45.

Statistics Canada. 2015. Mother tongue of person. *Statistics Canada/Statistique Canada.* http://www.statcan.gc.ca/eng/concepts/definitions/language01 (accessed April 22 2017).

Stoll, David. 1982. The Summer Institute of Linguistics and indigenous movements. *Latin American Perspectives* 9(2), 84–99.

Tesnière, Lucien. 1928. Statistique des langues de l'Europe. In Antoine Meillet (ed.), *Les langues dans l'Europe nouvelle*, 391–484. Paris: Payot.

Uehling, Greta. 2004. The first independent Ukrainian census in Crimea: Myths, miscoding, and missed opportunities. *Ethnic and Racial Studies* 27(1), 149–170.

Urla, Jacqueline. 1993. Cultural politics in an age of statistics: Numbers, nations, and the making of Basque identity. *American Ethnologist* 20(4), 818–843.

Veltman, Calvin. 1991. Theory and method in the study of language shift. In James R Dow & Joshua A Fishman (eds.), *Language and ethnicity*, 145–167. Amsterdam: Benjamins.

Vries, John de. 1985. Some methodological aspects of self-report questions on language and ethnicity. *Journal of Multilingual and Multicultural Development* 6(5), 347–368.

Vries, John de. 1990. On coming to our census: A layman's guide to demolinguistics. *Journal of Multilingual and Multicultural Development* 11(1&2), 57–76.

Vries, John de. 2005. Language censuses/Sprachenzensus. In Ulrich Ammon, Norbert Dittmar, Klaus J. Mattheier, Peter Trudgill (eds.), *Sociolinguistics: An international handbook of the science of language and society*. Berlin: Walter de Gruyter.

Walsh, John & McLeod Wilson. 2008. An overcoat wrapped around an invisible man?: Language legislation and language revitalisation in Ireland and Scotland. *Language Policy* 7(1), 21–46.

Wargon, Sylvia. 2000. Demography and official statistics in Canada: The case of demolinguistics. In Jean-Guy Prévost & Jean-Pierre Beaud (eds.), *L'ère du chiffre: Systèmes statistiques et traditions nationales/The age of numbers: Statistical systems and national traditions*, 325–356. Sainte-Foy, QC: Presses de l'Université du Québec.

Williams, Colin H. 1988. Language planning and regional development: Lessons from the Irish Gaeltacht. In Colin H Williams (ed.), *Language in Geographic Context (Multilingual Matters 38)*, 267–301. Clevedon, UK: Multilingual Matters.

作为情感机制的语言经营管理[*]

——组织机构、审计文化与外语教育政策

彼得·德科斯塔　约瑟夫·朴　黄福安　著

蔡　冰　译

戴曼纯　审

文献来源：De Costa, P. I., Park, J. & Wee, L. 2019. Linguistic entrepr-eneurship as affective regime: Organizations, audit culture, and second/foreign language education policy, *Language Policy* 18(3), 387—406.

导读：这篇文章将"语言经营管理"（linguistic entrepreneurship）定义为"符合道义要求、通过对语言相关资源进行战略管理来提升自身价值的行为"，即策略性地利用语言相关资源提升在市场上的自我价值。全文主要讨论了新自由主义对外语（二语）教育政策领域的影响，通过对共享框架和竞争排名两种情感机制的分析，探讨了审计文化之于语言经营管理的重要意义。

新自由主义对外语（二语）教育政策的影响主要体现在：1）重塑语言学习的

---

* 彼得·德科斯塔（Peter De Costa），美国密歇根州立大学语言和语言学系和教师教育系副教授。主要研究领域为语言政策和第二语言习得中的身份和意识形态。著有《语言学习中身份和意识形态的力量》（2016）。主编《应用语言学研究中的伦理学》（2016），曾任 *TESOL Quarterly* 联合主编。论文发表在 *AILA Review*、*Applied Linguistics Review*、*Critical Inquiry in Language Studies*、*ELT Journal*、*International Journal of Applied Linguistics*、*Language Learning*、*Language Policy*、*Language Teaching*、*Linguistics and Education*、*Research in the Teaching of English*、*System*、*TESOL Quarterly* 等杂志上。

约瑟夫·朴（Joseph Park），新加坡国立大学英语语言文学系副教授。研究领域包括英语作为全球语言的政治、新自由主义中语言概念的转变、语言和情感，以及话语的媒体表现等。著有《全球语言的本地建构：韩国的英语意识形态》（2009）和《英语、新自由主义和主体性：韩国的语言政治》（即将出版）。

黄福安（Lionel Wee），新加坡国立大学英语语言文学系教务长、讲座教授。研究方向为语言政策、社会语言学和新英语变体。著有《新加坡式英语的争议》（2018）、《机构式语言》（2015）和《没有权利的语言》（2011）。文章发表在《社会语言学杂志》《世界英语》《语言政策》和《社会语言学研究》等期刊上。——编者注

内涵，将其构建为技术化本领，将语言学习者构建为新自由主义劳动者和消费者；2）从道义方面界定语言学习，相信为语言学习投资是一个好公民应尽的义务；3）关涉对象除学习者个人外，还有一系列参与者，特别是国家和机构都在其中扮演重要角色。由此可以看出，新自由主义语境下的语言教育政策反映出对语言的经营管理。

该文认为，组织机构层次的语言经营管理应理解为一种情感机制，需要引入审计文化的概念，运用财务审计原则来解释语言经营管理推动的情感机制如何塑造和制约机构参与者的行为，以确保社会机构的经济效率和监管责任。审计文化的操作并非经由上级部门明确管控，而是依靠基于新自由主义观念指导的组织机构进行监督评估。

审计文化对外语（二语）教育政策的影响可通过评估框架的流通性和竞争排名这两种机制加以考察。关于评估框架的可迁移复制性，文章以日本、澳大利亚和新西兰等国为例，探讨了这类机制所形成的审计文化，指出自查和问责是共享框架的重要原则，用以指导语言教育机构将语言学习发展为语言经营管理，并通过审慎反思的组织行为来管理和促进语言教育。关于竞争排名理念，文章以韩国的"英语热"为例，指出外语教育领域的竞争排名就是一种审计文化，所产生的情感机制驱使各机构不断进行自我监控和自我审视，使问责制得到加强，从而引导组织机构通过加大英语投入来维护新自由主义理念。

早期的语言教育政策研究主要关注语言学习者或作为语言政策制定者的教师，而这篇文章则更进一步探讨了组织机构的语言经营管理，认为语言管理不是由某一部分单独进行的，而是由审计链上的多个参与者共同完成。文章指出，审计文化对语言教育政策的影响在于，要求公开核算为什么各类资源（如时间、金钱、人力）会向特定语言倾斜。组织机构对具有经济活力的语言进行投资不仅仅是出于利润的理性决策，还是出于审慎而持续进行的自我检视，以监控自身是否在正确的语言理念下为客户或成员提供良好的服务。这一点对于理解新自由主义语境下语言政策的能动性具有重要意义。

这篇文章还反思了西方新自由主义理论对外语（二语）教育政策的影响，认为新自由主义导致了语言教育商品化，为语言教育政策研究提供了新的视角，也值得国际中文教育研究借鉴。

摘要：本文将语言经营管理视为符合道义要求、通过对语言相关资源进行战略管理来提升自身价值的行为，以语言经营管理为指导框架，考察二语和外语教育政策广大语境下新自由主义日益增强的影响。为了说明这种影响力，我们将关注那些亟须提高其成员语言能力的组织机构。特别是，本文详细论述了情感机制概念，以展现日益普遍的审计文化，致使某些语言及其身份赋予了更大价值。通过突出强调标准和测量的量化手段带来诸多不平等问题，我们详细阐述了语言政策研究的情感转向，论证情感转向如何促成越来越多的语言政策研究批评语言教育商品化。文章最后提出，应审视语言教育政策背后的指导思想，将抵制新自由主义重点放在消除其影响上。

关键词：情感机制；语言经营管理；新自由主义；英语教育；审计文化

一、引言

新自由主义思潮大大激发了人们对语言技能和语言学习商机的关注（Cameron 2005; Duchêne and Heller 2012; Muth and Del Percio 2018）。语言观念和语言政策发生了转变，使人们日益重视提高语言技能，将其作为一种经济资源，这既有助于个人财富和社会福祉，也能在更大范围内促进社会经济发展。很多国家的二语和外语教育政策也充分印证了这一点。在过去几十年中，许多国家一直在大力投资本国公民的二语／外语技能，以此提高该国在全球市场上的经济竞争力。例如，在中国等许多传统的非英语国家（Pan 2016），英语学习投入迅速增长，如增加英语课程时间、强调英语交际能力、大范围使用英语作为教学媒介语，等等。所有这些都冠以提高人力资本价值和国家竞争力的名义（Park and Wee 2012）。这些实例表明，新自由主义下的教育政策重塑了外语学习，将语言构建为技术化本领，将语言学习者构建为新自由主义劳动者和消费者（Bernstein *et al.* 2015; Han *et al.* 2016; Li and De Costa 2017）。

这类政策的显著特点是常从道义方面界定二语和外语学习。即：投入语言学习被拔高为一个好公民应尽的义务；努力学好语言，勤勉认真地为社会做贡献。在这个意义上，新自由主义语境下的二语／外语教育政策反映的就是一种语言进取心。德科斯塔等人（De Costa *et al.* 2016）将"语言经营管理"定义为"符合道义要求、通过对语言相关资源进行战略管理来提升自身价值的行为"（第 696 页）。新自由主义英语教育政策有力地证明语言经营管理在起作用，因为这种政策集中体现了国家和机构为获取经济利益做出的努力，即成体系、有组织地调动起公民的语言能力和语言学习能力。语言经营管理概念尤其强调语言能力商品化的情感维度，有助于我们解读个人可能被迫接受语言学习观念提倡的创业者形象。

虽然个人需要投入时间、精力和物力来学习语言，但应注意，新自由主义下的二语和外语教育政策所涉及的方面远不只是学习者个人，还与一系列参与者有关。国家层次的语言教育政策是通过多个机构制定和实施的，包括国家部委和教育机构，以及用工情况会影响就业市场的民营公司等机构。这表明，我们不能认为语言经营管理的情感维度只与个人有关，个人只是自上而下政策的承受者。也就是说，我们还必须能解释，是什么驱使二语和外语教育政策的各类机构参与者坚持语言经营管理理念，自下而上地领会语言政策（Han *et al.* 2018; Hornberger and Johnson 2007; Ricento and Hornberger 1996）。

我们认为，在语言政策中，语言经营管理的道义情感性同样也存在于组织机构层次。因此，根据目前社会学和人类学关于主观性的研究，我们对情感概念的界定并非基于个人内心感受的狭义情感，而是采用更宽泛的视角，对社会性主体加以关注（Besnier 1990; De Costa 2010, 2015; McElhinny 2010; Ortner 2005; Wilce 2012）。更具体地说，我们认为，组织层次的语言经营管理最好理解为一种情感机制（Wee 2016）。审计文化的新自由主义规则（Strathern 2000）起到一种支配作用，指引组织机构评价并实现某种反馈。案例显示，新自由主义力主问责制和自我反省，推动了各类机构将个人的语言技能作为竞争资源。通过这些案例的讨论，我们看到语言经营管理已成为一种普遍的新自由主义理念，渗透到个人和组织的行为中。

二、情感机制和审计文化

情感机制是指"对具体情感类型恰当实现的方式进行不同程度支配性管理的条件"（Wee 2016: 109）。有些情感机制可能明确鼓励某种情感（如纪念馆中要求参观者表示尊敬的标志）；有些则可能不太直接关注特定的情感，但仍会（含蓄地或以其他方式）鼓励某种情感，并劝止其他情感（例如监控系统一般用于警告进入者处于监视区域，但这种警告并没有明示——需要进入者自己去判断——在监视区域如何举止得体）。

新自由主义及其语言方面的表现形式——语言经营管理，推动了一种特别的情感机制：个人须将"经营管理、自力更生和坚定的个人主义"视为一种道义存在（Evans and Sewell 2013: 37）。在商务文化中，人们褒奖这样的特征：自主性、创新性、创造力及对竞争的快速反应能力（Du Gay 1996）和自我管理团队中的工作能力（Gee *et al.* 1996）等。员工具备了上述特征，就能够在利润下降和竞争加剧时迅速调整自身，以适应资本需求。也就是说，这样的特征会被视为"人类美德并得到提倡"（Du Gay 1996: 56）。杜盖（Du Gay 1996: 181）甚至进一步指出："商业性特征不能再仅仅视为众多品格的一种，而必须看作一种优先级存在。"对此，范多恩（van Doorn 2014:

356—357）提出：

> ……一种基于竞争、经营管理和投机的逻辑已经改变了人们对工作的理解和评价方式……对劳动的新自由主义诠释有效地掏空了劳动概念，而代之以一种经济行为愿景：创业单位不断寻求对其人力资本进行投资，以保持其竞争优势，从而在不安全的环境中确保未来的收入，其变量总是在不断变化，因此对市场上的每个竞争者来说都是不透明的。

特别需要指出的是，"经营管理主体"可以是个体员工，如语言学习者，但也可以是组织机构，如学校（私立和公立）和监督机构（政府和其他部门）。这一点很重要，因为它凸显了对二语和外语教育政策能动性采取动态视角的必要性。为了理解语言经营管理如何渗透到新自由主义的语言教育政策中，我们有必要了解各方参与者在政策的设计、阐述、实施和传播等方面的活动和角力。这些参与者既包括学习者、教师、家长和雇主，也包括机构方，如教育机构、政府机关和语言教育行业。虽然机构最终也是由个人组成，但我们不能将机构视为个人的简单集合，因为机构的社会定位要受到各种物质条件和社会条件的制约，这些制约条件反过来又决定了他们与语言政策的关系（Wee 2015）。因此，我们必须能够解释语言经营管理推动的情感机制如何塑造和制约机构参与者的行为。

审计文化可为上述情况提供一种有用的观察视角。审计文化是指让财务审计原则成为一种普遍逻辑，以确保多个社会领域的经济效率和监管问责（Strathern 2000）。鲍尔（Power 1994: 1）对"审计激增"做过如下描述：

> 除了财务审计，现在还有环境审计、物有所值审计、管理审计、法务审计、数据审计、知识产权审计、医疗审计、教学审计、技术审计、压力审计、民主审计，林林总总。总括来讲，审计和其他质监举措的普及，意味着许多个人和组织现在发现自己要受到审计——这在以前是从未有过的，尽管有抗议和投诉，但也逐渐接受了这一被审计的现实。

斯特拉森（Strathern 1997）讨论了审计文化对高等教育的影响，展示了英国大学如何越来越多地受到审计制度的监管，这些审计制度强调问责和改进，旨在加强英国大学的全球竞争力。例如，为了对大学实现监管，英格兰高等教育资助委员会开展了"全国性审计活动，如教学质量考核……和四年一度的科研考核活动……这些活动在质量评价的氛围中得到卓有成效的开展"（1997: 306）。这种审计文化显然是福柯所认为的"治理术"的一种表现（1991, 2008）：即使没有直接管控，人们也会被引导管理自身的行为（另见 Martin Rojo 2017）。审计文化作为一种治理机制发挥作用，以比较和量化的形式经常开展审计活动，指导个人和组织不断监控自身绩效，并努力改进，积极竞争。

关注审计文化，有助于我们了解情感机制是如何在机构参与者中发挥作用的，更清楚地看到审计文化如何带来更深入的反思，从而推动组织机构追求为人称道的"最佳实践"。审计制度看重竞争和量化基准，这往往导致更多的趋同性而不是多样性模型，因为相互竞争的机构采取类似的策略和自我表现方式。这是因为，在审计文化下，（1）被审计方不只是接受独立评估，而是经常与其他被审计方或同行进行比较，以及（2）测量系统本身不一定是专用于这类评估，而是从已有的测量基准中借用。简而言之，审计文化使受审计方和审计方都受制于"最佳实践"。范多恩（Van Doorn 2014: 362；另见 Power 2003: 191）考察了主要基于排名和评级的审计方式，多个被审计方通过相互比较而得到评估：

> 新自由主义理念对"审计"对象的建构，关键取决于建立绩效指标这一量化措施，"审计"对象的自我管理遵循日趋一致的责任、透明和效率标准。

例如，斯特拉森认为，就高等教育的审计文化来说，"大学的运作必须通过一套审计方认可的社会要素来描述——不具备这些要素，大学则不成其为大学"（Strathern 1997: 311）。这意味着，如果机构活动在某种程度上模糊不清或无法进入审计程序，则不允许照旧进行。活动无法进入审计表明这些活动存在问题（如效率低下或易被滥用），因而必须整改成透明而可审计的形式。

审计文化与政策迁移（可复制）性二者互相促进。正如派克和西奥多（Peck and Theodore 2015: xvi）指出的，"远程学习并'参考他人'的模式和做法现在已经司空见惯了"，并且我们常常可以看到，"从一开始，人们就是通过阅读最优做法文献、借鉴典型范例，或通过引进有授权的设计、专业知识和构想，拟定自己的改革。"由于机构努力证明其行为符合"最优做法"——表面上看，这些做法是值得效仿和尊重的，无论是作为被审计方的机构，还是作为审计方的机构，都越来越致力于走出去向同行学习经验（包括吸取教训）。因此，政策流通性使得"政策制定方加强反思，促进应用"，让机构自身认识到，它们"不是孤立存在的，而是存在于一个刻意比较的环境中，以被认可的范例和其他方案作为参照"（Peck and Theodore 2015: 224—225）。因此，政策流通性是规范趋同的基础。正如斯特拉森（Strathern 1997: 312）

所认为的：

> 审计人员的兴趣不在于产生一个"机构范本"，即一个具有自身特征的、持续
> 发展的模型……他们预设一个理想机构所应具备的标准，据此来衡量某个机构是
> 否达标……［即］基于该机构与行业标杆（代表）的相符程度，以及该机构与同
> 类机构的相似程度，来判断是否符合标准。

简而言之，对比较和竞争的强烈导向，对最优做法和绩效指标的重视，以及向规
定范例看齐的压力，都体现了审计文化作为情感机制在组织机构中的作用。通过审计
文化及其对制度责任的重视，组织机构成为受审计方和反思代表方，在与同行进行比
较的过程中见贤思齐，构建自身的运营和行为方式，不断提高其经营管理。审计文化
的运作不是经由上级组织明确管控，而是通过一套行为和观念指导各机构进行自我监
督评估。这突出显示，情感机制不仅与个人参与者相关，而且也与机构参与者相关。
从语言政策来看，正是审计文化的这种影响，为考察组合机构如何欣然接受语言经营管
理打开了一扇窗口。为了说明这一点，下一节我们将描述两种机制——评估框架的流通
性和竞争排名理念，通过这些机制可以看出审计文化对二语和外语教育政策的影响。

三、审计外语（二语）教育政策

（一）共享框架

人们越来越多地跨国学习和工作，流动人口的语言能力和熟练程度需要采用标准
化的方法加以评估。当国家、教育机构和雇主努力将劳动力流动与教育交流变为语言
经济活动时，评估尤为必要。在这种情况下，确定不同语言的同等熟练程度，以满足
工作和学习之需，就成为语言政策的一个重要问题。基于这一重要背景，动态的语言
评估框架将情感机制用于评估那些从事（潜在）流动人员语言教育的机构。

比如《欧洲语言共同参考框架：学习、教学和评估》（CEFR，以下简称《共参框
架》），该框架"旨在为语言教学的大纲制订、课程设计、教材编纂和外语能力测试提
供一个标准透明、条理清晰、内容详尽的基础"。[①]这一极具影响力的框架被广为讨论，

---

① http://www.coe.int/t/dg4/linguistic/cadre1_en.asp，访问时间：2016年7月1日。有关《共参框架》的
所有引文均来自该网址。

很多学者质疑，对于民族语言多样性日益增加、母语被取而代之的社会，该框架的内容是否仍然具有适当性和相关性（参见 Barni and Salvati 2017; Hynninen 2014; Leung and Lewkowicz 2013; Pitzl 2015，等等）。然而，尽管麦克纳马拉（McNamara）指出，"《共参框架》主要是一项政策协调和管理举措，具有评估制度和管理工具的作用，由此认定的学习结果独立于任何特定的测试（或语言），从而实现其管理作用"（2014: 227），但是，该框架的政策维度一直未引起足够的重视。

事实上，我们可能会认为，《共参框架》之所以会成为一个高度主导和广泛使用的框架，部分原因在于其所谓的开放性和普遍性。《共参框架》不针对某种具体语言，但它提供的语言能力"水平等级"原则上适用于所有语言。例如，《共参框架》的网站强调该框架的宗旨并非"提供现成的解决方案，但必须始终适应特定环境的要求"。列恩和列科维奇（Leung and Lewkowicz）还指出，"鉴于《共参框架》的等级描述语具有很高的公众知晓度和显见的通用功能，它们通常被语言教师直接用于课程开发和课堂教学（包括随堂评测）"（2013: 398）。因此，这种假定的中立性意味着评估框架的动态性，因为它貌似为不同的国家和机构提供了一种可用于不同语言的工具，从而将不同国家的语言学习情况进行客观比较。

例如，《共参框架》最初是为欧洲量身定做的，但也被包括泰国、日本、中国大陆和中国台湾在内的许多亚洲国家和地区采用，主要用以提高民众的英语语言能力（Franz and Teo 2017; Read 2014; Zheng *et al.* 2016；另见 Zhang and Song 2008）。以日本版的《共参框架》为例，它是在大规模调查的基础上完成的，调查对象涉及7000多名"商务人士"，100 所"超级英语高中"，韩国、中国大陆和中国台湾地区使用的教科书，以及"日本英语学习者口语语料库（NICT JLE）中的主要英语语法项目"，于 2008 年形成了一份 500 多页的报告。随后又在 2010 年发布了一份长达300 多页的"重要实验验证"试用版实施报告。之后又考察了"学生自评与实际水平"之间的相关性，并在一所学校进行了试验，在这一系列研究之后，最终版本于2012 年完成。日本的《共参框架》网站认为，基于欧洲框架的影响力，采用《共参框架》标准是合理的①：

> 基于《共参框架》不容忽视的影响力，我们决定将其引入日本，科学实施，而不是另起炉灶建立一个全新框架。

---

① 基于 CEFR 的日本 ELT 框架，http://www.tufs.ac.jp/ts/personal/tonolab/cefr-j/english/whatis.html，访问时间：2018 年 1 月 3 日。有关日本《共参框架》的所有引文均来自该网址。

因此，日本在接受《共参框架》并加以本地化的过程中，"尊重"原有的框架。也可以说，这种做法是对现有政策的一种复制（相反的观点则认为需要摒弃西方教学的认识论，参见 De Costa 2018; Kumaravadivelu 2016）。

再如澳大利亚和新西兰，他们力图使用本国的框架，而不是直接采用《共参框架》。但是反对者认为，"本国框架所划分的等级在国际上将不被理解或接受，所以等级的划分无论如何都要以《共参框架》这样的框架为基准，以期在更大范围通行"（Read 2014: 37—38）。这表明，即便是关于采用《共参框架》还是本国框架的辩论，也已经关注后者在政策迁移和复制背景下的信度。采用《共参框架》将意味着进一步推广这一特定框架，而任何制定本国框架的举措要想被接受，必须确保其能够广为通用（这再次表明人们对政策迁移和复制的兴趣——只不过这里指的是本国框架的迁移和复制），且被证明能够与更成熟的《共参框架》相匹敌。因此，即使没有采用《共参框架》，将其作为基准也已经是政策迁移性的体现，因为制定本国框架仍然将来自遥远异国的《共参框架》视为范本，参照制定坚定的当地语言政策，并对第二语言和外语课堂教学产生重要影响。

因此，具有讽刺意味的是，尽管《共参框架》标榜其可迁移性和普遍性，但它最常被用于评估的只是少数全球性主要语言。值得注意的是，"水平等级"的第一个规范是在 1975 年为英语研制的，其后在 1976 年另外为法语研制了规范。虽然这两个规范已经针对具体语言作了调整，但"实际上已被用作范本，为随后研制其他语言的同类规范提供参考。"换句话说，从一开始，《共参框架》的目标就是研制所谓的中立性语言水平等级，英语或法语则作为"全球性"语言被选为研制目标。在选择研制对象时，某些语言比其他语言更"值得"分配有限的资源，因为它们被认为具有更大的价值，这反过来又使这些入选语言能够被教授和审计。[①]与此类似，《共参框架》及其针对亚洲语言所作的调整，如日本《共参框架》的案例所示，也主要是用来评价英语推荐教学大纲及有关教材和评测的有效性。

不过，《共参框架》主要用于全球性主导语言（如英语）并不令人惊讶，因为正是对于这种"具有经济活力的语言"，才有必要制定标准化、可比较和可通约的测试评估框架。也就是说，对于像英语这样经常成为语言经营管理焦点的语言，对其进行教学和推广的机构需要有一种监测和跟踪其有效性的方法——不仅仅是尽职尽责提供语言

---

① 这种理念重视某种特定语言，并根据该语言分配稀缺珍贵的资源，1996 年在美国爆发的 Ebonics 争议即是例证。在这场辩论中，奥克兰学校董事会决定承认 Ebonics（美国黑人英语）是一种与英语不同的语言，以保证额外的资源支持非裔美国儿童。这与为英语作为第二语言学习者争取获得国家支持而进行的斗争立场相反（Lippi Green 2012）。

教学的教育机构，也包括负责比较评估来监督这些机构的州或其他上级组织。

从这个意义上说，像 CEFR 这样广泛传播的共享框架，是审计文化的重要组成部分，为国家和教育机构的语言教学注入了某种情感机制。通过这种可迁移性框架形成的审计文化，将持续的自我检查视为机构应尽的义务，以便为个人学习者提供优质服务。正如鲍尔（Power 1994: 12）所指出的，审计文化的"理想仍然是提供有效的服务"，质量保证牵涉到责任和管理，故而机构将语言学习者视为顾客 / 客户（Strathern 1997: 314）。事实上，《共参框架》"作为一种描述性工具提供给用户，使他们能够反思决策和业务，并对其工作适当进行定位和协调，以照顾到语言学习者的不同需求"。《共参框架》的质量保证导向非常明确，其官网的一篇文章谈到了这一点（Heyworth 2001: 177—180）：

> ……我们需要研究质量保证和管理程序通常如何应用于一般教学，特别是语言教育，并将这些与其他领域常用的方法进行比较……
>
> 这绝不是表明工商业质量管理模型可以照搬到教育活动中，也不是说语言教学目标的实现可以通过简单的客户满意度标准来衡量。尽管如此，语言教育与大多数活动领域一样，必须满足客户的需求——国家教育中的学习者、家长、雇主和整个社会，以及那些在民营培训机构花钱学习语言的人。

上述摘录中还需要注意的是，文中的"我们"存在很大的歧义：负责满足"客户需求"的"我们"指的是谁？对于简单客户服务来说，负责确保客户满意的可能是商店或企业这样的实体。然而，在海沃思（Heyworth）的评论中，摘录中的"我们"通常指的是"语言教育"（这就是为什么从学习者乃至一般社会，都可以成为其客户范围）。我们认为这表明审计文化是在强调组织的等级问责制。也就是说，受审计的不仅仅是与语言学习者直接互动的教育服务提供商，而是整个链条上的组织机构，包括监管组织，因为问责制不仅仅是狭义上的机构活动业务审计，实际上也是一种情感机制，必须渗透到整个语言教育机构。换言之，CEFR 这样的共享框架将自查和问责作为重要原则，指导语言教育机构将语言学习发展为语言经营管理，并通过审慎反思的组织行为，来管理和促进语言教育。

（二）竞争排名

审计文化还通过竞争排名机制对二语 / 外语教育机构施加影响，不同的组织或机构实体在公开的列表中进行比较、衡量和排名。斯特拉森（Strathern 1997: 319）认为，审计文化兴起的一个关键原因是，它利用"提升热"鼓励"机构提高评级"。肖尔和赖特（Shore and Wright 2015: 22）认为这类排名已成为社会生活的普遍现象，并将其定义为"数字治理"——"将复杂的过程简化为简单的数字指标和排名，以达到管控目的"。这种数字治理行为反过来又成为二语和外语学习机构的情感机制，因为这些组织机构在营造语言经营管理的过程中，需要随时掌握对自身的比较评价和监督情况。

英语教育尤其如此。由于英语常被誉为促进国际商业和经济发展的最佳全球性语言，不同的行业、国家和城市，经常通过排名来比较各自的英语能力，这意味着拥有"良好的英语"，可以让这些实体在全球经济中更具竞争力，从而获得更多的成功机会。例如"环球英语公司"，作为一家面向商业公司的英语培训提供商，它致力于"改进［他们的］商务沟通、协作和运营方式"，[①] 每年发布的商务英语指数（BEI），将行业和国家按商务英语指数得分的高低进行排名。2013 年的商务英语指数如下[②]：

表 1　行业排名

前 5 大行业		后 5 大行业	
航空航天 / 国防	6.63	房地产 / 建筑	2.82
专业服务	6.22	政府 / 教育 / 非营利	3.18
科技	5.72	媒体 / 通信 / 娱乐	3.20
金融服务	4.93	能源 / 公用事业	3.96
零售	4.92	汽车 / 交通	3.99

表 2　国家排名

前 5 个国家		后 5 个国家	
菲律宾	7.95	洪都拉斯	2.92
挪威	7.06	哥伦比亚	3.05
荷兰	7.03	沙特阿拉伯	3.14
英国	6.81	墨西哥	3.14
澳大利亚	6.78	萨尔瓦多和智利（并列）	3.24

另一家名为英孚教育的公司也提供了类似排名。例如对于"世界上哪些城市英语

① 培生英语，http://www.globalenglish.com/purchase/business，访问时间：2014 年 9 月 16 日。
② 雅虎金融，2013 年 4 月 23 日，http://fnance.yahoo.com/news/globalenglish-releases-business-english-index-120300860.html，访问时间：2014 年 9 月 16 日。

说得最好？"这个问题，排名前 5 位的城市为 ①：

表 3　城市排名

苏黎世	64.67
法兰克福	64.09
慕尼黑	61.86
莫斯科	61.31
日内瓦	61.31

该指数还附有短评，着重指出排名的经济影响。鉴于这类排名的发布者是激发提高英语技能意愿而获得利益的公司，我们可以有理由质疑其排名的可信度。但另一方面，此类排名显然积极构建了英语与商业利润之间的思想联系，让我们看到英语对于政治和企业实体的经济发展不可或缺，英语学习也就纳入了竞争。这种竞争意识在以下报告中尤为明显 ②，根据这项报告，马来西亚的英孚排名已"略超新加坡"：

> 马来西亚在针对亚洲国家的英语技能测试中获得了最高分，以微弱优势胜过英语是官方语言之一的新加坡。

这篇文章还指出，在排名靠前的国家中，"政府和民营企业正加紧提高英语技能"，认为"英语水平之所以重要，是因为它决定公司可能去亚洲哪个地区开设分部"。

这种排名显然是福柯式监控法：中心监控机构让各实体机构意识到自己进入了排名体系（Wee 2011: 45）。通过定期更新排名，可以对排名单位的表现进行全程跟踪比较。当了解到自身和对方取得的成绩（或没有成绩）时，各同行实体就被引导依据榜单宣扬的基本思路，积极调整和完善各自的政策和做法。

当排名不是由私营组织，而是由职权广泛的组织发布时，其影响力当然就更加突出。私营组织缺乏官方的直接手段来控制排名单位，后者则可以运用普遍共享的框架对排名单位进行评估。例如在教育领域，许多国家都重视本国学生在国际性测试中的表现，例如国际学生评估项目（PISA），这是一项由经合组织举办的三年一度的国际

---

① 英孚教育，www.ef.com/epi，访问时间：2014 年 9 月 16 日。

② "你猜怎么着！马来西亚人是亚洲最好的英语使用者"，2013 年 12 月 19 日，无作者。http://www.malaysia-chronicle.com/index.php?option=com_k2&view=item&id=202652:guess-whatmalaysians-are-the-best-english-speakers-in-asia-ranking&Itemid=2#ixzz3DG7q2CoK，访问时间：2014 年 9 月 14 日。

调查，旨在通过测试 15 岁学生的技能和知识来评估全球教育体系。基于此类测试结果研发的排名就是为了唤起国家间的比较和竞争意识，正如 PISA 协调员安德烈亚斯·施莱克尔（Andreas Schleicher）明确表示的那样："你们国家的竞争力和你的个人就业前景，很大程度上受到其他国家发生的事情的影响……在全球经济时代，在国内的发展并不是衡量成功的标准，因为你们是在全球范围竞争。"[①] 因此，竞争排名通常会激发民族自豪感（对于排名靠前的国家）或焦虑感（对于其他国家），并对本国的教育政策产生巨大影响。

因此，不足为奇的是，二语和外语教育领域的竞争性排名推动了情感机制的产生，驱使组织机构不断进行自我监控和自我审视。例如在韩国，由美国教育考试服务中心（ETS）研制并主办的托福考试（英语作为外语考试）分数的国家排名一直广受关注。韩国引入新形式的机考后，成绩排名下滑了 34 名，跌至世界第 111 位，韩国媒体对此广泛报道。新托福考试强调口语能力，凸显了韩国以语法为中心的英语教学方法存在的问题，人们对此深感焦虑。[②] 即便四年后韩国重回排名榜第 71 位，媒体报道仍继续提醒读者，韩国人的英语口语依然是属于世界最差之列。[③] 这种对全球排名的持续关注引发并强化了韩国的英语热（Park 2009），政府、教育界和企业公司都开始将韩国人的英语能力不足视为影响全球化的一个严重问题，进而制定相关政策努力加大英语投资。

一个突出的例子是竞争排名推动韩国高等教育机构展开了激烈的英语竞争。2000年代初期，随着韩国社会新自由主义迅速发展，高等教育按照资本逻辑进行了重组，韩国各大传媒公司仿效全球大学排名系统，如泰晤士高等教育排名和 QS（Quacquarelli Symonds）大学排名，开始发布韩国大学排名。在这些排名中，英语作为衡量大学国际化程度的重要指标占据了显著地位。例如，教师在英语国际期刊上发表文章的数量（Lee and Lee 2013）或英语被用作教学语言的程度（Curry and Lillis 2017; Park 2017; Piller and Cho 2013），成为确定排名的重要依据，用以判断一所大学是否成功地通过开展前沿研究、促进学生的全球视野，来应对不断变化的全球市场。这导致韩国各高校将大力发展英语作为其新自由化工程的重要组成部分，教师面临英语期刊发表和英语授课的巨大压力，学生也要求具备卓越的英语能力。在竞争排名榜上靠前的大学意

---

① Coughlan, Sean. 2013. How Pisa became the world's most important exam. BBC News, 23 November 2013, http://www.bbc.com/news/business-24988343.

② Kim, Daeyeong. 2007. Hanguk topeul sunwiwa yeongeo gyoyuk. Yonhap News Agency, 18 April 2007.

③ No, Jeongyong. 2010. Hangukin topeul seongjeok 71wi, sunwi sangseung. malhagineun 121wi. Financial News, 2 April 2010, http://www.fnnews.com/news/ 201004021501044631.

味着正履行新自由主义使命，为新的全球化经济传授知识，培养人才。更重要的是，排名每年都会定期更新，这意味着现有排名并非一劳永逸，大学应始终进行自我监控，不断努力扩大和加强对英语的投入，以进一步提高其排名。显然，这种竞争性排名就是一种审计文化。问责制下的高校语言经营管理，体现在校方如何为学生提供服务，以及如何履行责任，为社会经济发展做出贡献。竞争排名要求建立问责制，这一情感机制引导大学通过加大英语投入与新自由主义理念保持一致。

四、讨论

上文的讨论指出了二语和外语教育政策中的审计文化是如何再现各式各样的不平等，并使之合理化。关于审计文化的产生，鲍尔（Power 1994: 12）曾指出：

> 在过去二十年中，一种"新型公共管理"已经形成，很大程度上受到民营企业管理形象的影响。公共问责制已根据目标界定、有效资源分配、财务绩效和竞争等概念进行了重新界定。

因此，尽管语言经营管理的本意并不是要将资源专用于特定语言的学习，但问责制要求组织机构作出选择并给出依据：为什么某些语言比其他语言更"值得"分配资源？例如，尽管 CEFR 这样的框架并不是专为某种语言制定，但它为衡量语言能力而划分的水平等级，以及后来被多国采用，使得英语等语言往往会成为优先考虑的对象。再者，从国家、行业、城市到教育机构的各种排名，都将英语放在重要位置。那些被认为具有更高经济价值的语言会获得优先发展，因此，审计文化的影响之一是对此予以进一步加强和认可，这往往以损害（国际）市场性较弱的小语种为代价。曾茨（Zentz 2017: 108—109）举过一个典型的例子：在印度尼西亚，尽管当地学校有关于爪哇语教学的规定，但爪哇语"没有像数学、科学和印度尼西亚语那样的国家或地区考试，因此，正如一位家长向我解释的那样，任何向上流动的学生都没有什么物质动机来学习爪哇语。"在这里，不同语言被赋予不同的市场价值，因此语言的这种不平等对待被认为是正当的。正如斯特拉森（Strathern 2000: 2）所指出的：

> 表面上中立的"市场"为个人利益和国家政治提供了一个无处不在的平台，而"管理"作为监管的习惯表达随处可见。

换句话说，审计文化对语言教育政策的影响在于，要求公开核算为什么资源（时间、金钱、人力）可能被分配用于发展某些语言而非其他语言的技能和水平。问责制如此备受关注的一个重要影响是，它还允许组织机构层面的语言经营管理作为一种情感机制发挥作用。也就是说，机构对具有经济活力的语言进行投资不仅仅是出于利润的理性决策，还与其担负的责任有关，机构的任务是审慎而持续地自我检视，以监控自身是否在正确的语言政策下为客户或成员提供良好的服务。

我们认为，这一点对于理解新自由主义背景下语言政策的能动性具有重要意义。斯波斯基（Spolsky 2004）提出，语言政策应被看作由三个部分组成：（1）语言使用者的实际语言活动；（2）用"理想的""标准的""不可接受的"等语言态度来指导语言活动评价；（3）个人或团体通过语言管理改变目标语言使用者的语言活动。前两个部分的存在是必然的，因为说话者的言语行为构成了他们的语言活动，所有说话者，无论他们是否自觉意识到，都对其自身以及他人的语言活动持有某些观念或态度。第三部分是可选的，因为可能并没有什么实际的努力来对有问题的语言活动进行管理。但是斯波斯基（Spolsky 2009: 6）认为，即使语言管理不需要时刻存在，能真正识别出试图影响语言活动的管理者也很重要：

> 管理……不会自动成功。它以管理者为前提：这与语言活动和语言观念所产生的压力不同，因为它们可能不具备权威性……通常，只有当我们能够确定谁是管理者时，我才承认存在语言管理。

虽然早期的教育语言政策工作（例如 Canagarajah 2005; Lin and Martin 2005; McCarty 2011; Menken and Garcia 2010）主要关注作为语言政策制定者的语言学习者或教师，但我们关于组织机构语言经营管理的讨论将这个问题引向深入：审计文化的影响突出了组织的自我监督和自我检查，使得语言管理广泛存在于政策制定和实施的整个链条（Cicourel 1980, 1992; Heller 2007）。正如黄福安（Wee 2018: 185）所指出的，虽然斯波斯基的观点是对的，即任何关于语言管理的讨论都假定存在语言管理者，但管理者的想法反过来又诉诸能动性，这本身就引发了以下的复杂问题（Ahearn 2001: 8）：

> 能动性只能是个人特性吗？可能存在哪些类型的超个人的能动性？……同样，我们也可以从意识层面谈论能动性……从而阐明内部对话和碎片化主观性等问题。

这种复杂性对组织机构而言尤为重要，因为诸如"政府""部委"或"行业"之类的实体包含多个子实体（子实体本身也能再递归细分）。对机构的民族志研究可以看出，组织的能动性最终是如何存在于不同群体和成员的互动之中的，这些互动由塑造权力关系的各种文本和话语所介导，具有结构化和重叠性的特点（Smith 2005, 2006）。此外，组织机构的语言政策工作不能指望由统一机构始终如一地推动完成，因为政策的执行经常会产生意想不到的后果和影响（McEwan-Fujita 2005）。但在审计文化背景下考虑这些问题殊为重要，因为按照审计文化预设的福柯式治理，权力不存在于中央审计机构，而是分布在多个实体组成的审计链中，每个实体在监控自身的同时，也在监控其他实体。我们已经看到，审计文化给组织的语言经营管理带来了规定性趋同，形成一种规范秩序，在这种秩序中，只有某些语言被认为是有价值的。但是，这种同质化不仅仅是因为上层的强加，参与机构的自省和反思也是其影响因素。例如在当代跨国公司中，这种语言特权可能会打着"多元化管理"的幌子进行，虽然表面上鼓励员工在工作中尽情展示文化个性，但却期望他们按照公司统一的语言规范进行交流（Park 2013）。因此，个人或机构都只是审计链的一部分，语言管理不会只盯住某个个体或某个机构。审计链上的多个参与者——当然，参与程度有所不同——都会被管理，以确保客户/顾客得到最优服务（Power 1994: 5—6）：

> ……新一轮审计工作的普遍特征是，它们不针对主要活动，而是针对其他管控系统。例如，最近提出的高等教育质量保证机制要求对高等教育机构的质量保证体系进行审计。这就远不是公众通常所理解的那种审计保证了。

基于此，我们提出将语言经营管理视作一种情感机制。在新自由主义思潮影响下，语言概念被重新设想为一种可商品化的技能，在这一复杂的概念重构过程中，组织机构的作用是什么？将语言经营管理看作情感机制，可为理解这个问题提供有用的分析视角。新自由主义的观点认为，人们应当认真管理自己的市场价值，如果接受这一思想，将语言学习作为创业型自我发展项目，那么组织机构就要接受问责和反思价值观的指导，负责语言政策的研制、颁布和管理工作，从而拓宽语言经营管理的范围。这些价值观反过来又迫使组织机构不断监控审视其工作效率，促进语言资源开发，提高人力资本价值。

在讨论能动性对组织的影响时，注意不要将这种能动性定义为包罗万象的东西。例如，霍尔博罗（Holborow 2015）讨论了国家机构和大学机构如何将经营管理上升到话语策略，使他们推动的新自由主义改革合理化，同时也提醒我们，并不需要绝对服从这种话语。也就是说，尽管经营管理盛行于当下，但将其拔高为一种完美的理念，至少在某些情况下可能会受到个人的抵制或排斥，实际上，正是因为存在这种排斥，才发生了反对高等教育新自由主义化的有组织运动（Bailey and Freeman 2011）。因此霍尔博罗（Holborow 2015: 123）告诫，不要过于强调审计文化等手段对新自由主义所涉主体的塑造，她指出：

> 如果人们认为新自由主义的语言存在构成了我们的"主观性"，如果社会层面的能动性转向个人身上，那么对意识形态霸权的挑战也会被转移和削弱。

因此，我们对机构中新自由主义物质条件和意识形态的分析必须保持一种平衡的观点，这样就既能解释对新自由主义的抵制，又能解释其主观能动性。但与此同时，我们也讨论了作为情感机制的语言经营管理，指出需要关注组织机构中权力和能动性的思想感受。将语言经营管理作为一种情感机制，阐明了新自由主义背景下权力运作方式及资本受益方式的转变。标准、框架、测量和排名都是现代研究手段，用于得到真实的结果。也就是说，它们不是对已存在的事实和现状进行简单的分类和量化，而是要得出为人们所接受的知识和事实（Foucault 1991）。乌拉（Urla 2012: 112）指出，这种定量技术尤其强大，因为它们所产生的"不只是一般的事实，而是通常被赋予权威性、科学有效性的真理"。但我们在此需要补充一点，这种定量方法所产生的真理之所以强大，还因为它们被赋予了道德和情感价值，在问责和责任方面构成了组织行动的框架。有鉴于此，我们提出，对新自由主义语言教育政策的批判性探讨，必须关注产生这些事实的思想机制，将抵制新自由主义重点放在消除其影响上。

参考文献

Ahearn, L. M. (2001). Language and agency. *Annual Review of Anthropology*, 30, 109–137.

Bailey, M., & Freeman, D. (Eds.). (2011). *Tha assault on universities: A manifesto for resistance*. London: Pluto Press.

Barni, M., & Salvati, L. (2017). The Common European Framework of Reference (CEFR). In E. Shohamy, I. G. Or, & S. May (Eds.), *Language testing and assessment* (pp. 417–426). Cham: Springer.

Bernstein, K. A., Hellmich, E. A., Katznelson, N., Shin, J., & Vinall, K. (2015). Critical perspectives on neoliberalism in second/foreign language education. L2 J, 7(3), 3–14.

Besnier, N. (1990). Language and affect. *Annual Review of Anthropology*, 19(1), 419–451.

Cameron, D. (2005). Communication and commodification: Global economic change in sociolinguistic perspective. In G. Erreygers (Ed.), *Language, communication and the economy* (pp. 9–23). Amsterdam: John Benjamins.

Canagarajah, A. S. (2005). *Reclaiming the local in language policy and practice.* New York: Routledge.

Cicourel, A. (1980). Three models of discourse analysis: The role of social structure. *Discourse Processes*, 33, 101–132.

Cicourel, A. (1992). The interpenetration of communicative contexts: Examples from medical encounters. In C. Goodwin & A. Duranti (Eds.), *Rethinking context: Language as an interactive phenomenon* (pp. 291–310). Cambridge: Cambridge University Press.

Curry, M. J., & Lillis, T. (Eds.). (2017). *Global academic publishing: Policies, perspectives and pedagogies.* Bristol: Multilingual Matters.

De Costa, P. I. (2010). Language ideologies and standard English language policy in Singapore: Responses of a 'designer immigrant' student. *Language Policy*, 9, 217–239.

De Costa, P. I. (2015). Re-envisioning language anxiety in the globalized classroom through a social imaginary lens. *Language Learning*, 65(3), 504–532.

De Costa, P. I. (2018). Toward greater diversity and social equality in language education research. *Critical Inquiry in Language Studies*. https://doi.org/10.1080/15427587.2018.1443267.

De Costa, P. I., Park, J. S., & Wee, L. (2016). Language learning as linguistic entrepreneurship: Implications for language education. *The Asia-Pacific Education Researcher*, 25(5–6), 695–702.

Du Gay, P. (1996). *Consumption and identity at work.* London: Sage.

Duchêne, A., & Heller, M. (2012). *Language in late capitalism: Pride and profit.* New York: Routledge.

Evans, P. B., & Sewell, W. H., Jr. (2013). Neoliberalism: Policy regimes, international regimes, and social effects. In P. A. Hall & M. Lamont (Eds.), *Social resilience in the neoliberal era* (pp. 35–68). Cambridge: Cambridge University Press.

Foucault, M. (1991). Governmentaliy. In G. Burchell, C. Gordon, & P. Miller (Eds.), *The Foucault effect: Studies in governmentality* (pp. 87–104). London: Harvester Wheatsheaf.

Foucault, M. (2008). The birth of biopolitics: Lectures at the collège de France, 1978–1979. Translated by Graham Burchell. Basingstoke, UK: Palgrave MacMillan.

Franz, J., & Teo, A. (2017). Thai secondary school English teachers' encounters with the CEFR. *RELC Journal*. https ://doi.org/10.1177/0033688217738816.

Gee, J., Hull, G., & Lankshear, C. (1996). *The new work order.* Boulder, CO: Westview Press.

Han, Y., De Costa, P. I., & Cui, Y. (2016). Examining the English language policy for ethnic minority students in a Chinese university: A language ideology and language regime perspective. *Current Issues in Language Planning*, 17(3–4), 311–331.

Han, Y., De Costa, P. I., & Cui, Y. (2018). Exploring the language policy and planning/SLA interface: Ecological insights from an Uyghur youth in China. *Language Policy*. https ://doi.org/10.1007/s10993-018-9463-9.

Heller, M. (2007). Distributed knowledge, distributed power: A sociolinguistics of structuration. *Text & Talk*, 27(5–6), 633–653.

Heyworth, F. (2001). Quality assurance and quality control in language learning and teaching. In J. Trim (Ed.), *Common European Framework of Reference for Languages: Learning, teaching, assessment: A guide for users* (pp. 177–198). Strasbourg: Language Policy Division.

Holborow, M. (2015). *Language and Neoliberalism*. New York: Routledge.

Hornberger, N. H., & Johnson, D. C. (2007). Slicing the onion ethnographically: Layers and spaces in multilingual language education policy and practice. *TESOL Quarterly*, 41(3), 509–532.

Hynninen, N. (2014). The Common European Framework of Reference from the perspective of English as a lingua franca: What we can learn from a focus on language regulation. *Journal of English as a Lingua Franca*, 3(2), 293–316.

Kumaravadivelu, B. (2016). The decolonial option in English teaching: Can the subaltern act? *TESOL Quarterly*, 50(1), 66–85.

Lee, H., & Lee, K. (2013). Publish (in international indexed journals) or perish: Neoliberal ideology in a Korean university. *Language Policy*, 12(3), 215–230.

Leung, C., & Lewkowicz, J. (2013). Language communication and communicative competence: A view from contemporary classrooms. *Language and Education*, 27(5), 398–414.

Li, W., & De Costa, P. I. (2017). Professional survival in a neoliberal age: A case study of an EFL teacher in China. *Asia TEFL Journal*, 14(2), 277–291.

Lin, A., & Martin, P. (Eds.). (2005). *Decolonization, globalization: Language-in-education policy and practice*. Clevedon: Multilingual Matters.

Lippi-Green, R. (2012). *English with an accent* (2nd ed.). New York: Routledge.

Martin Rojo, L. (2017). Language and power. In O. García, N. Flores, & M. Spotti (Eds.), *The Oxford handbook of language and society* (pp. 77–102). New York: Oxford University Press.

McCarty, T. L. (Ed.). (2011). *Ethnography and language policy*. New York: Routledge.

McElhinny, B. (2010). The audacity of affect: Gender, race, and history in linguistic accounts of legitimacy and belonging. *Annual Review of Anthropology*, 39(1), 309–328.

McEwan-Fujita, E. (2005). Neoliberalism and minority-language planning in the highlands and islands of Scotland. *International Journal of the Sociology of Language*, 171, 155–171.

McNamara, T. (2014). 30 Years on: Evolution or revolution? *Language Assessment Quarterly*, 11(2), 226–232.

Menken, K., & García, O. (2010). *Negotiating language policies in schools: Educators as policymakers*. New York: Routledge.

Muth, S., & Del Percio, A. (2018). Policing for commodification: Turning communicative resources into commodities. *Language Policy*, 17(2), 129–135.

Ortner, S. (2005). Subjectivity and cultural critique. *Anthropological Theory*, 5(1), 31–52.

Pan, L. (2016). *English as a global Language in china*. London: Springer.

Park, J. S. (2009). *The local construction of a global language: Ideologies of English in South Korea*. Berlin: Mouton de Gruyter.

Park, J. S. (2013). Metadiscursive regimes of diversity in a multinational corporation. *Language in Society*, 42, 1–21.

Park, J. S. (2017). English as the medium of instruction in Korean higher education: Language and subjectivity as critical perspective on neoliberalism. In M-C.Flubacher & A. Del Percio (Eds.), *Language, education and neoliberalism: Critical studies in sociolinguistics* (pp. 82–100). Bristol: Multilingual Matters.

Park, J. S., & Wee, L. (2012). *Markets of English: Linguistic Capital and Language Policy in a Globalizing World*. London: Routledge.

Peck, J., & Theodore, N. (2015). *Fast policy: Experimental statecraft at the thresholds of neoliberalism*. Minneapolis: University of Minnesota Press.

Piller, I., & Cho, J. (2013). Neoliberalism as language policy. *Language in Society*, 42, 23–44.

Pitzl, M.-L. (2015). Understanding and misunderstanding in the Common European Framework of Reference: What we can learn from research on BELF and Intercultural Communication. *Journal of English as a Lingua Franca*, 4(1), 91–124.

Power, M. (1994). *The audit explosion*. London: Demos.

Power, M. (2003). Evaluating the audit explosion. *Law and Policy*, 25(3), 185–202.

Read, J. (2014). The influence of the Common European Framework of Reference (CEFR) in the Asia-Pacific region. *LEARN Journal*, Special issue, 33–39.

Ricento, T., & Hornberger, N. H. (1996). Unpeeling the onion: Language planning and policy and the ELT professional. *TESOL Quarterly*, 30(3), 401–427.

Shore, C., & Wright, S. (2015). Governing by numbers: audit culture, rankings and the new world order. *Social Anthropology*, 23(1), 22–28.

Smith, D. E. (2005). *Institutional ethnography: A sociology for people*. Lanham: Alta-Mira Press.

Smith, D. E. (Ed.). (2006). *Institutional ethnography as practice*. Lanham: Rowman and Littlefield.

Spolsky, B. (2004). *Language policy*. Cambridge: Cambridge University Press.

Spolsky, B. (2009). *Language management*. Cambridge: Cambridge University Press.

Strathern, M. (1997). 'Improving ratings': Audit in the British University system. *European Review*, 5(3), 305–321.

Strathern, M. (Ed.). (2000). *Audit cultures*. London: Routledge.

Urla, J. (2012). *Reclaiming Basque*. Reno: University of Nevada Press.

van Doorn, N. (2014). The neoliberal subject of value: Measuring human capital in information economies. *Cultural Politics*, 10(3), 354–375.

Wee, L. (2011). The ranked list as panopticon in enterprise culture. *Pragmatics & Society*, 2(1), 37–56.

Wee, L. (2015). *The language of organizational styling*. Cambridge: Cambridge University

Press.

Wee, L. (2016). *Situating affect in linguistic landscapes.* Linguistic Landscape, 2(2), 105–126.

Wee, L. (2018). Language policy and management in World Englishes. In E. L, Low & A. Pakir (Eds.), *World Englishes: Rethinking paradigms* (pp. 183–199). London: Routledge.

Wilce, J. M. (2012). *Language and emotion.* Cambridge: Cambridge University Press.

Zentz, L. (2017). *Statehood, scale and hierarchy: History, language and identity in Indonesia.* Bristol: Multilingual Matters.

Zhang, G., & Song, L. (2008). *Benchmarking Chinese language.* http://eacea.ec.europa.eu/ LLp/projects/public_parts/documents/languages/lan_mp_511644_EBCLfinal.pdf; accessed 5 January 2018.

Zheng, Y., Zhang, Y., & Yan, Y. (2016). Investigating the practice of The Common European Framework of Reference for Languages (CEFR) outside Europe: A case study on the assessment of writing in English in China. *ELT Research Papers* 16.01. London: British Council.

二、理论建构与概念反思

语言政策及管理理论优化版[*]

博纳德·斯波斯基　著

张治国　译

赵守辉　审

文献来源: Spolsky, Bernard. 2019. A modified and enriched theory of language policy (and management). *Language Policy* 18, 323—338.

导读: 世界著名的语言政策专家斯波斯基（Spolsky 2006, 2009）曾经提出过在学术界产生了巨大影响的语言政策三成分及语言管理理论。前者的价值就在于把语言政策看作由三个相互独立又相互联系的成分所构成的结合体，而后者的价值在于把语言管理视为具有层级性的复杂系统。但是，经过十几年的发展，斯波斯基觉得上述理论内容尚有改进的空间，于是他在本文中提出了三个丰富性内容。第一是在语言管理成分或语言管理理论中增加"语言提倡者"（language advocate）内容。语言提倡者可以是个人，也可以是群体。尽管这些人缺乏语言管理者该有的权威或权力，但他们依然想要改变某些语言变体的语言实践。第二是在语言管理过程中增加"自我管理"（self-management）内容。语言使用者为了能够提高自己的语言能力和扩大自己的个人语库，会对自己的语言表达进行一些修正。显然，这种行为或现象也应该属于语言管理过程的内容。第三是在分析语言政策及管理的影响因素时要增加"非语言因素"（non-linguistic forces）。非语言因素包含的内容很多，如殖民、种族灭绝、腐败、战争、自然灾害（如干旱、饥荒、地震）等，而语言问题在许多非语言因素面前会显得非常渺小。修正后的语言政策及语言管理理论可以启示我们：第一，制定一个可行的语言政策之所以非常艰难，是因为

---

* 博纳德·斯波斯基（Bernard Spolsky），以色列巴依兰大学的荣休教授、上海海事大学语言政策和语言规划研究所的名誉所长，《语言政策》期刊的创始主编。他退休后还发表了大量的研究成果，近期的代表性专著和编著有《语言政策》（2004）、《语言管理》（2009）、《剑桥大学语言政策手册》（2012）、《犹太人的语言：社会语言的历史角度》（2014）等。——编者注

它要经得住社会不同层面的利益诉求和复杂影响因素的严峻考验；第二，语言政策的实施之所以困难，往往是因为需要与许多非语言因素达成妥协，因为这些非语言因素抢占了语言政策实施时所需要的资金和资源；第三，语言管理之所以是多维和复杂的，是因为语言管理的模式既可以是"自上而下"的，也可以是"自下而上"的，其参与者和管理者都是多层、多样的。

摘要：本人早些时候提出了语言政策的分析可以从其三个成分来展开的观点，这三个成分是语言实践、语言信仰或语言意识形态、语言管理，它们相互独立又相互影响。此外，本人还指出，语言政策除了存在于国家层面外，还可出现在许多其他不同的层面或语言域，它小到家庭，大到国际组织。如果我们未能认识到这一点，就容易导致国家语言规划的失败。本文通过若干案例分析对有关语言政策成分提出修改。第一，在语言管理成分中我们要分清语言提倡者和语言管理者的异同，前者无权，后者有权。第二，在语言管理成分中增加个人层面的语言管理，我们要认识到自我语言管理的重要性，它可扩大个人语库，提高人们的语言交际能力和应用能力。最后，文章指出语言政策的成功除了完善上述两点外，还要注意许多非语言因素（如种族灭绝、国家征服、殖民统治、外来疾病、奴隶贩卖、腐败肆虐和自然灾害）都会阻止或妨碍语言政策的实施。

关键词：语言管理；语言信仰；内部纷争；自然灾害；腐败

一、引言

本人在早期的研究中（Spolsky 2006, 2009）指出，许多国家之所以未能制定和实施明智而有效的语言政策，可能是因为它们忽视了许多其他领域（如家庭、教育、职场、民族、宗教和地区）也存在自己的管理目标和行动的事实，而且，这些管理目标和行动会与国家的语言政策形成竞争关系。[①] 20 世纪 50—60 年代，世界开始进入后殖民时期，颜诺和内克瓦皮尔（Jernudd and Nekvapil 2012）称此时的语言政策为古典语言政策，因为它把关注点仅放在国族及国家层面的语言规划上，旨在解决新独立

---

① 本文的早期版本于 2017 年 9 月在德国雷根斯堡（Regensburg）大学举办的"语言管理的利益与权力研讨会"上进行过宣读。在此，我要感谢以下几个单位或会议的听众，它们是新西兰惠灵顿维多利亚大学的语言学和应用语言学系、澳大利亚墨尔本大学语言及语言学学院以及中国香港大学的语言政策及实践研讨会。此外，我还要感谢本文的匿名审稿人，他们提出的评论和建议有助于我重新思考某些问题。

国家的语言问题。[①] 后来，卡普兰和巴尔道夫（Kaplan and Baldauf 1997）把语言政策的关注点放大了，不再是仅仅关注国家层面上的语言问题，而且，他们还使用了一个新词——政体（polity）。根据维基百科的解释，政体可以是"一个国家"，也可以是"国家的一个下属行政机构（如省、自治区、县、市及区等）"。但实际上，语言规划依旧被广泛地解读为：制定中央政府的语言政策，支持新国语的选择与发展，平衡好各种语言变体之间的竞争关系和角色需求。

社会上之所以会出现对语言规划的上述误读，是因为当时的社会状况的确有这一特性。如果我们能考虑到这一点，那么就会觉得上文提到的那种理解或反应也属正常的或合理的现象。当时的社会状况是这样的：二战后，非洲、亚洲及太平洋岛国都诞生了许多新独立的国家。此时，它们都需要考虑本国的语言政策问题：是否要取代前帝国或宗主国的殖民语言政策，而殖民语言政策通常都是围绕殖民语言或宗主国语言（metropolitan language）来开展的。[②] 对此，一些西方学者的主要学术观点是：鼓励原住民语言参与社会地位的竞争，树立其官方语言的角色，提高其社会表达的功能——创建或完善书系体系以及创制新术语，以便可以用来处理现代事务和表达现代概念。这些语言学家跟一些经济学家及其他政策制定者一样，在当时单纯和乐观的年代认为技术无所不能，即只要制定好中央政府计划或政策，上述原住民的语言问题便可解决。他们认为国家完全有可能制订出一个美好的语言计划，从而能够处理好由语言多样性所带来的语言问题，而且，这项工作可从地方语言使用状况的调查开始，例如，美国福特基金会（Ford Foundation 1975）曾资助过非洲国家的语言研究，并取得不错的效果。

事实证明上述的想当然观点是错误的。正如许多国家的经济计划（如苏联的经济计划）失败一样，许多国家的语言规划最终也未能达到它们的预期目标（Spolsky 2006）。世界上，除了有些国家认可某一种地方语言外，[③] 大多数非洲国家至今还是接受了前宗主国的语言政策，继续把前殖民语言作为学校的教学语言，从而导致数量庞大的儿童无法理解学校的教学语言。联合国教科文组织的《全球教育监测报告》

---

① 传统语言规划把语言问题的解决看作自己的首要任务。例如，1969 年创刊的世界语杂志《世界语言问题》以及 1977 年取代该刊的《语言问题和语言规划》杂志，最起码都在其杂志名称上保留了"问题"取向的做法。

② 事实上，许多二战后新独立的前殖民地国家都还保留了前宗主国的语言（Spolsky 2018a, b），但也有例外现象，如亚洲的越南和柬埔寨，非洲的某些英国前殖民地国家以及北非某些国家——它们至今还在为实现北非的阿拉伯语化目的而不懈努力。

③ 在布隆迪，基隆迪语（Kirundi）跟英语和法语一道成为国家的官方语言；肯尼亚和乌干达的官方语言是斯瓦希里语和英语；坦桑尼亚没有真正的官方语言，但把斯瓦希里语看作国语，而许多政府活动则都用英语开展。

（Global Education Monitoring Report）发现，世界上有 40％的学龄儿童未能用他们所说的或所理解的语言接受教育（Policy Paper 24, February 2016）。

> 在许多西非国家的教育体系中，法语依然是学校的主要教学语言，所以，绝大多数的学龄儿童自上学起就得接受用他们不熟悉的语言所进行的学校教育。这极大地阻碍了儿童的学习发展。2008 年，科特迪瓦有 55％的五年级学生掌握了法语阅读的基本技能，但这些学生在家都使用该测试语言（test language），而在家使用其他语言的学生则仅有 20％的学生通过（Policy Paper P.2）。

该报告确认，学校需要使用儿童的家庭语言进行教学，以便 6 年后减少这些少数族裔儿童与其他儿童间的语言差异。[①] 那种未用儿童家庭语言教学的语言政策及规划在非洲运行了 70 多年，但这种不负责任并具有伤害性的做法至今也未受到任何严厉的挑战。

世界上还有许多有关中央政府语言规划失败的案例。麦克纳马拉（MacNamara 1971）的工作曾经使爱尔兰的语言规划引起关注，其失败的原因探讨也成了众多学人研究的话题（Harris 2008; Ó Laoire 1996; Ó Riágain 2001）。例如，欧·瑞阿该因（Ó Riágain）指出，爱尔兰语区（Gaeltacht）的经济发展对爱尔兰语的维持产生了重要影响。曾经把某些已经转用英语的使用者又吸引回来了，这些人扭转了自己的语言转用。爱尔兰语规划的失败和希伯来语复活案例的比较可以让我们更清楚地理解一些相关的事实：爱尔兰语的复活运动始于爱尔兰 19 世纪末的一场政治运动，1919 年之后就成了一场中央化的国家活动；而希伯来语与爱尔兰语一样具有类似的政治和意识形态背景，但希伯来语的复活是通过草根项目来实现的，在奥斯曼巴勒斯坦的先锋小农场建立了英国统治下的家庭式学校，人们可在此举行小型的社区活动，并阻止来自当地多数人语言（即阿拉伯语）、政府推崇语言（即英语）以及主要祖裔口语（即依地语）的压力。直到 1948 年，联合国同意以色列建国之后，希伯来语才获得国家层面的支持。以色列的社会众多领域及各个层面的机构都要求人们扭转语言转用（reverse language shift），[②] 并希望再次把希伯来语建成强势的地方语言和具有霸权地位的官方语言，这些压力成功地促成了希伯来语的建设。但反观爱尔兰语的发展，尽管它得到了爱尔兰中央政府的支持，可其使用状况却持续

---

① 沃尔特（Walter 2003）在总结了众多有关儿童学校语言应用的研究后指出，小学低年级阶段若能使用儿童的家庭语言教学，其意义非常重大。以色列的一项研究也表明，该国的苏联裔移民儿童需要 6 年后才能达到当地的希伯来语水平和教学要求（Levin *et al.* 2003）。

② 该术语是由费什曼（Fishman 1991）提出来的。

萎缩。①

　　科林·威廉姆斯（Colin Williams 2012）指出，语言管理若仅有中央化的管理过程，必然会存在某些不足。他根据克劳斯（Kraus 2008）对欧盟治理过程中各成员国语言与身份关系的研究结果，试图阐明在当前的威尔士语复活运动中有很多不同层面的机构和组织都参与了其中的部分管理。②事实上，过去的语言管理模式往往都仅有"自上而下"的过程，这容易忽视来自下层人口的压力。为了让这种过于简化的语言管理模式奏效，有些学者便增加了语言管理的竞争因素并将其称之为"自下而上"的管理模式，但也许他们还未认识到他们所面对的是一个混乱的以及缺乏层级性的复杂系统。在社会语言生态中，每个层级及每个领域均有自己的与众不同的语言政策，而且每个领域的语言政策都可影响到所有其他领域的语言政策，③同时也受其他领域语言政策的影响。例如，学校领导及宗教领袖经常会干预家庭语言政策，工商企业有时也会为其员工制定语言使用规则，医院会告知医疗人员不要在有患者在场的时候使用某些特定的语言或表达。

　　我曾经提出过一个有关语言政策的管理模式，其价值就在于把语言政策看作由三个相互独立又相互联系的成分所构成的结合体。语言政策的第一个成分是语言实践，它是指人们对各种语言变体所做出的实际选择以及对自己所在语言域中言语库（speech repertoire）④的所知与所用程度。对这些内容的描述，其中也包括对特定语言交际的社会场景进行全方位的研究，是社会语言学的任务。它的研究对象很广，从超国家组织（如欧盟）到民族国家，从教育系统到城市和家庭。而且，这一主题得到越来越多的关注和研究。语言政策的第二个成分是语言信仰，这往往是指长期以来人们逐渐形成的定型的语言意识形态，因此在进行语言选择时会对某一特定的和不定的语言变体以及可识别的语言变异赋予不同的价值。语言政策的第三个成分是语言管理，是指某些个体、团体或机构着手匡正言语社区成员的语言实践和语言信仰。在此，我要对这个原先提出来的语言政策理论模式提出两个重要的修正内容。

　　第一个是在语言管理成分中增加语言提倡者（language advocate）内容。语言提倡者可以是个人，也可以是群体。尽管这些人缺乏语言管理者该有的权威或权力，但他

　　①　爱尔兰首都都柏林的波兰语和中文使用者似乎都比爱尔兰语使用者还要多。

　　②　威廉姆斯（Williams 2017）研究过英国威尔士语言政策在实施过程中所遇到的各种接连不断的困难。

　　③　有关语言管理域或语言使用领域的论述分别见斯波斯基（Spolsky 2004）（简版）和斯波斯基（Spolsky 2009）（详版）。

　　④　有关语库（包括个人语库和集体语库）的价值论述见贝诺尔（Benor 2010）以及斯波斯基和贝诺尔（Spolsky and Benor 2006）。

们依然想要改变某些语言变体的语言实践。有些语言活动者（如作家或语言学家）想要恢复某些语言变体（如有人会想到爱尔兰语、希伯来语、毛利语和巴斯克语）而做了不少努力，他们认为这些语言都是很重要的地方语言，自己有责任去恢复它们。但是，由于手头无权，他们的影响力也就非常有限（如上述所提到的几种语言，Spolsky 2018c）。

第二个是在语言管理过程中增加自我管理（self-management）① 内容。语言使用者为了能够提高自己的语言能力和扩大自己的个人语库，会对自己的语言表达进行一些修正，这是几乎不言自明的。再明显不过了，这种行为或现象也应该属于语言管理过程的内容。众所周知，当儿童在自己的语言环境中学习语言时，② 影响他们语言学习的最大的外在因素首先是他们的父母和其他看护者，后来就是他们的同龄人及其他成人。儿童在与这些人的语言交流过程中一定会有语言方面的自我修正行为。尽管有人指出儿童语言发展的这个过程纯粹是内在的，③ 但大家都一致认为儿童学会的一种或数种语言变体通常就是他们每天所接触的语言变体。在这些有关语言学习问题的讨论中，人们最关注的是人类的语言自我修正行为或现象是否属于一种特殊的语言学习。此外，人们还关注如下几个问题：语言学习的系统性、语言形式与功能的学习、语言输入的作用。儿童语言学习的有些过程是天生的，如每位正常的儿童都能学会一门语言，这是大家的共识。但是，人类还有些语言学习过程（如学习某些母语之外的语言时）则取决于外部的语言环境。因此，语言学习的第二个过程就是语言的社会化（language socialization），这可被视为简单语言管理的一个内容，即语言使用者会根据自己所处的社会语言环境来调整自己的个人语库和发展自己的语言能力。儿童的语言接触对象会随着自己年龄的增加而扩大，即从自己的看护者到同龄人，再到越来越多的其他人。与此同时，儿童的语言社会化也在扩大，他们的个人语库和语言风格也就变得越来越丰富。当人们搬到不同的语言环境，而且是语言更丰富的环境中去生活时，他们就会遇到语言学习和语言修正的压力。有些学者根据语言顺应理论（accommodation theory）④ 对这种现象进行过研究。当人们与自己欣赏的对话者在一起时，他们很可能

---

① 在内克瓦皮尔（Nekvapil 2012, 2016）以及诺伊斯图普尼和内克瓦皮尔（Neustupný and Nekvapil 2003）论述的语言管理理论中，自我管理被称为简单语言管理，但迄今为止，我还是更喜欢把这看作是自我顺应（Giles *et al.* 1991; Giles *et al.* 1973）。

② 或用"习得"表达，该词是乔姆斯基（Chomsky 1965, 1992）提出之后所用的术语。

③ 即语言习得机制（LAD）（Cazden *et al.* 1975; Chomsky 1967; Clark 1973; Ervin-Tripp 1973）及其他学习模式的运行。

④ 该理论的基础研究是吉尔斯等人（Giles *et al.* 1973）所进行的，后来又得到进一步的发展（Coupland 1984; Giles *et al.* 1991）。

会根据对话者的情况来调整自己的语言。而当人们与自己不欣赏的对话者在一起时，情况则正好相反。[①]语言顺应现象往往是一个人的潜意识，但有的时候，这种现象的出现却是人们为了使自己的言语符合潜在听众的口味而故意表现出来的。[②]

当人们在学习一种新的口音或语言时，[③]他们就会出现更正式的自我管理现象。这些现象是个体语库发展和语言调整活动中非常重要的内容。它们的出现最终取决于说话者对自己在实际情况或理想环境下语言能力不足的认可程度，但有时也可能是来自外部的鼓励或管理的结果。这就是为什么私立语言学校可以得到广泛发展的原因，它们可以在语言教学方面填补政府教育机构无法实现的一些空白。另外，有些自我管理现象的出现还取决于以下两种情况：一是人们是否在学习母语之外的语言或目标语，而且，这些是受国家语言政策限制或阻止的语言，如苏联曾经严禁本国学校教授希伯来语；二是这些目标语学习者是否有熟练掌握它们的渴望。因此，我们必须把自我管理看作是语言政策中一个重要的附加成分，这也说明了为什么有些个人会阻碍国家的语言管理目标。本文修订的语言政策管理模式能够更好地解释为什么制定一个可行的语言政策是那么艰难，它要经得住社会不同层面的利益诉求和复杂影响因素的严峻考验。然而，即使一个语言政策制定好了，并得到推行，但该政策的实施往往也需要与许多非语言因素达成妥协，或者说，要受到许多非语言因素的影响。为此，本文接下来就要分析语言政策中的非语言因素。

二、非语言因素

殖民者在统治过程中大量屠杀或排除土著人，从而给当地的社会语言造成许多严重后果，其中一个就是语言的毁灭。[④]这种现象不光发生在被殖民的国家，而且，也出现在一些非殖民的地方。例如，纳粹曾经试图消灭所有的犹太人，从而导致无人再把依地语（Yiddish）作为一种世俗语言（secular vernacular）来使用。再如，奥斯曼帝国（今土耳其）曾对本国亚美尼亚人的种族灭绝（史称亚美尼亚大屠杀）以及对库尔

---

①　我妻子出生在纽约，她喜欢把单词 butter 中间的辅音 /t/ 发成浊辅音色彩的闪音 /d/，而我打小就把它发成清辅音 /t/。结婚 50 多年后，我才逐渐习惯她的这种发音。

②　在无线电广播领域，贝尔（Bell 1984）把这种现象称为听众设计（audience design）。

③　这种现象的研究往往出现在有关语言学习动机的研究领域中（如 Dörnyei 1999; Gardner 1960; Ushioda 1993）。

④　托滕和希奇科克（Totten and Hitchcock 2011）在自己著作中一开篇就界定了原住民、土著人或"当地最早的人"等术语。这种分类在一份联合国公约中得到认可，并可适用于当今世界 3.6 亿至 6 亿此类人的界定。人口估计之所以如此灵活是因为没有国家去做这方面的认可和统计工作。

德人的种族迫害也导致当地的亚美尼亚语和库尔德语使用者大量减少。此外，种族灭绝也并非一定都要包含人口大屠杀的内容，尽管早期人们对它的界定就是这样的。[①] 现在，有些对原住民的种族灭绝是通过其他方式来实现的，如引进疾病，[②] 抢占土地，[③] 开采自然资源（如采矿），[④] 实施强制劳动和奴隶制，[⑤] 强行引入和践行外国宗教信仰，[⑥] 以及禁绝土著文化。

上述这些种族灭绝行为通常都伴随着殖民统治的存在而出现。一位道明会修士（Dominican friar）曾经描述过早期西班牙人对美洲原住民进行种族灭绝的事情（Casas 1583）。然而，有些学者指出，数百万的美洲印第安人却死于哥伦布团队所带来的各种欧洲疾病。[⑦] 俄罗斯帝国在 18 和 19 世纪进行领土扩张时，把西伯利亚的许多原住民都给消灭了（Bonhomme 2012）。同样，日本在 16 世纪开始征服北海道时，许多当地原住民阿伊努人惨遭杀害，从而导致当地人口总数下降 80%（Sautman 2006: 18）。有人认为澳大利亚、加拿大和新西兰原住民人口的大量减少与英帝国在攫取土地和殖民定居过程中的种族灭绝行为有关（Wolfe 2006）。位于澳大利亚东南部的塔斯马尼亚岛（Tasmania）常被看作是这方面的经典案例：19 世纪，该岛有 1 万名左右的原住民被澳大利亚殖民者和警察所杀（Lemkin 1944）。[⑧] 非洲有个广为流传的种族灭绝案例——赫雷罗人（Herero）种族灭绝，即德国于 20 世纪初在非洲西南部的纳米比亚进行殖民时屠杀了大量的赫雷罗人（Gewald 2003）。后来，巴西、孟加拉国、刚果、[⑨] 东

----

① 该术语最初由一位名叫莱姆金（Lemkin 1944）的波兰犹太人提出。他后来逃到美国，并成了一名法律教授。他把奥斯曼帝国或土耳其对亚美尼亚人的种族灭绝以及纳粹对他一家人的谋杀行为都界定为种族灭绝。

② 库克等人（Cook 1998; Cook and Lovell 2001）曾经描述过欧洲殖民者在征服南北美洲时把疾病故意传染给当地土著人的史实。

③ 别利奇（Belich 1986）研究过英国殖民者在 19 世纪殖民新西兰时所发生的战争，之后就侵占了毛利人的土地，并给出冠冕堂皇的借口。

④ 例如，马什（Marsh 2013）探讨过采矿行为给澳大利亚土著人所造成的影响。

⑤ 克莱茵和露娜（Klein and Luna 2009）描述过巴西曾经出现的奴隶制现象。

⑥ 斯波斯基（Spolsky 2018b）关注过葡萄牙帝国时期出现的强行要求人们皈依天主教的事情。欧克武（Okwu 2010）研究过基督教传教士在尼日利亚的传教行为。

⑦ 库克（Cook 1998）指出当时入侵美洲土著人的西班牙人（Spaniards）不多，以至于无法解释数百万印第安人的死亡与这些西班牙人有关的推理，所以他认为可能是某些从外部带来的类似天花之类的疾病才导致这么多当地人的死亡。对于美洲阿拉瓦克（Arawak）印第安人的消亡是因为种族灭绝而导致的，还是因为部落内部身份消失而导致的，人们对此存在分歧（Grenke 2005; Provost *et al.* 2010）。

⑧ 例如，可参见莱姆金（Lemkin 1944）。此外，塔兹（Tatz 2001）还分析了为什么许多澳大利亚人不愿意承认这是种族灭绝造成的后果的原因。

⑨ 估计有大约 500 万人死于 20 世纪末发生在刚果的几场战争，但到了 2005 年左右，那里的情况开始好转，不过，在 2018 年 2 至 3 月，那里的暴力行为又开始出现，据联合国说，有约 40 万人背井离乡。

帝汶、危地马拉、印度尼西亚（伊里安岛［Irian Jaya］）、缅甸（克伦族和罗兴亚人［Rohingya］）以及巴拉圭（尤其是该国的亚谢人［Aché］）等地都出现过种族灭绝现象。美国白人在与印第安人的交战中，杀害了大量的印第安人。美国的西进运动得到本国法律的支持，即 1830 年通过的《印第安人迁移法》（Indian Removal Act），但他们同时却把包括切诺基（Cherokee）和塞米诺尔（Seminole）在内的许多美国印第安人部落从密西西比河以东赶到密西西比河以西的领地，从而成了印第安人的"血泪之路"（Trail of Tears）。① 在美国加州，原住民人口由原来的几十万降到 1890 年的 2 万（Madley 2016）。据称，巴西在 1900 至 1957 年期间，大约有 80 个原住民部落被消灭（Hinton 2002）。在阿根廷和智利，殖民者的领土扩张导致了许多原住民的消亡。在所有这些案例中，都是由于大量原住民的被杀，从而导致土著语言使用者的数量大幅减少，有些人即使幸存下来，也常常遭到虐待，并被迫放弃自己的语言和文化。

在这些案例中，对原住民的杀戮行为还时常伴随着对原住民文化毁灭的行径。加拿大的真相与和解委员会（Truth and Reconciliation Commission）从两千名证人当中获得了许多有关本国摧残原住民的证据。例如，加拿大针对原住民开办的儿童住宿学校（residential school）以及针对原住民所表现出来的其他各种虐待行为都给当地的原住民带来诸多负面影响，并导致"种族文化灭绝"（cultural genocide）现象的出现。在美国，纳瓦霍部落的儿童被强制带到由美国的陆军工兵部队（Corps of Engineers）选址的寄宿学校，使得他们远离自己的家庭和居住小区，因为这些学校可以提供合乎标准的住房和生活用水。② 此外，在由美国印第安人事务局建立的印第安人寄宿学校里实行"唯英语"的校规，学生若说了自己的家庭语言就要受罚。③ 麦格雷戈（McGregor 1836）曾报道了纽芬兰岛上博伊欧体克（Boëothic）部落最后一位成员去世的消息。在墨西哥，谁要是屠杀了原住民，谁就能得到政府的赏金。

国家的征服也会带来或本来就旨在产生的语言影响，例如，阿拉伯帝国在向外扩张的节节胜利中促进了阿拉伯语的传播，日本帝国在占领并殖民朝鲜半岛时期严禁当地人使用朝鲜语或韩语，以便推广他们的日语。但是，由于殖民会对教育产生长远的影响，因此殖民也是影响语言发展的一个重要因素。殖民政府的总体语言政策是改变被殖民国家的语言状况，从而让那些从母国派来的殖民行政人员为了达到交际效果而可以轻松地使用帝国语言，而不需要使用当地语言来与当地人交流。但这些语言政策

① 巴苏（Basso 2016）描述过有关美国切诺基人、非洲赫雷罗人和希腊庞蒂克人遭到的种族灭绝情况。
② 有许多新闻报道说，有些纳瓦霍儿童为了逃离寄宿学校而在回家的路上被活活冻死。
③ 在英国威尔士的学校也有同样规定，学生要是说了一个威尔士语单词或句子，就会挨打。

的实施是缓慢的，也是不完整的，这主要是因为殖民的基本动机是为了利益和权力。尽管殖民统治者打着文明推广的旗号来掩盖他们自私的经济动机，但他们的工作中心是保持安宁多挣钱，而不是教育当地人。这种现象早已显现，尤其是表现在以下两个方面上：第一是在殖民统治者的"分而治之"（divide and rule）政策上。"分而治之"政策加剧了被殖民国家内部之间的边界影响，殖民统治者在这些被殖民国家的各民族和宗教团体之间强加区隔，从而迫使这些具有相互激烈竞争关系的族群被人为地归类到不同的边界内。第二是在经济利益获取的行为上，殖民统治者可以在这些新的政体国家中掠夺土地，并把奴隶贩卖到别的政体（polity）内的种植园中充当劳工（Förster *et al.* 1988）。结果，当这些殖民国家最终赢得或获得独立机会的时候，几乎没有多少受过殖民教育的当地社会精英能够建立一个强有力的高效政府。

殖民统治的语言负面影响甚至在被殖民国家或地区独立后依然存在。当这些国家或地区从殖民统治者中赢得或获得独立后，还面临着许多殖民统治者留下来的社会、经济、政治和语言问题，而且，这些问题至今解决起来都很棘手。我们以法国和葡萄牙帝国为例，它们在殖民地实行单语的同质性帝国语言政策时，根本就没有关注殖民地公民的良好教育问题，也未能解决殖民地民族多样性带来的冲突问题，因为殖民政府的首要任务是强制下达命令，接着就是寻找各种方法来稳定社会，以便可以从中榨取利益。比起殖民地的教育事业来，殖民统治者更加关注的是这些地方的社会稳定问题。

非洲、美洲以及大洋洲的多数殖民地国家在独立后依然选用前宗主国语言为自己唯一的官方语言。[①] 它们这样做的一个原因是为了方便省事。据说，这些国家有太多的土著语言都想成为学校的教学媒介语，沿用前宗主国语言的做法就避免了许多因语言选择而带来的麻烦。[②] 另一个原因是为了保存少部分社会精英因为精通前宗主国语言而获得的权力和优势。[③] 但表面上它们会争辩说之所以这样做，是因为选择任何一种本土语言为官方语言的做法都会给使用这种语言的民族带来益处，而对其他民族是不公平的。

由此可见，非语言因素一直是严重阻止或阻碍新独立国家语言政策实施的一个重要因素。尽管这些殖民国家的少数社会精英（即新统治阶级）掌握了前宗主国语言，但是，假如国家还有很多居民不识字，从而无法意识到并能够参与政治事务，那么，

---

① 但是，亚洲前殖民地国家独立后往往选用本土语言为自己的国语或官方语言。此外，在北非，一些前殖民地国家也正在实行阿拉伯语化的语言政策。

② 南非成功地实施了宪法认可的9种土著语言均为教学媒介语的政策，但这一做法受到其现代化资源不足的阻碍（Heugh 2003）。

③ 梅耶斯-斯科顿（Myers-Scotton 1990）称此为"精英圈"（elite closure），并列举了许多非洲案例。

这就不能算作成功的语言政策。而且，这些语言政策通常还会受到许多非语言因素的影响，如没完没了的内部纷争、外部军事干预、领导腐败、严重的公共卫生问题、贫穷与饥饿问题、时不时出现的自然灾害（如旱灾和洪水）等。于是，大多数前殖民地国家都被列入了语言政策失败国家的名单，它们被殖民统治者所剥削，而殖民统治者为了获取经济利益，还打着文明国家为殖民地人民服务的旗号。此外，这些殖民地国家的语言政策在国家独立后还遭受许多非语言因素的影响，如国内外的冲突、战争、腐败和破坏性极大的自然灾害。

殖民列强无法解决这些被殖民国家的民族、社会和经济等问题，从而导致被殖民国家的语言失衡现象一直存在。此外，当这些被殖民国家独立后，新政府同样面临着各种政治和经济挑战，根本无暇顾及教育这个短板。在这方面，安哥拉是一个极好的案例，其内部的武装冲突与外部的军事干预严重地影响着该国的发展。[①]尽管安哥拉在独立之前的 12 年里，地方上就出现了各种反殖民统治的地下活动，而这些活动是由该国三大不同的民族解放运动组织（即安哥拉人民解放运动，简称安人运；安哥拉民族解放阵线，简称安解阵；争取安哥拉彻底独立全国联盟，简称安盟。——译者注）发起的，但直到葡萄牙政府决定放弃对海外殖民地的统治后，安哥拉才真正有了一个夺回国家统治权的好机会。葡萄牙之所以这样做，是因为在 1975 年 11 月之前的一段时间里葡萄牙国内发生了一场康乃馨革命（Carnation revolution，即要求政府放弃海外殖民地的和平军事政变。——译者注）。安哥拉独立后不久，国内的三大民族解放运动组织就开始为国家最高权的争夺而相互斗争，并都在呼吁国际社会的支持。于是，南非就成了第一个干预安哥拉国内事务的国家，因为南非与葡萄牙殖民政府曾经在军事和发展事务上合作已久。其他介入安哥拉国内事务的国家则将在下文逐一谈及。1975 年 4 月，葡萄牙发生了军事政变，之后便组建了新政府，但这却与更为激进的势力产生了冲突。安哥拉国内的三大互不妥协民族解放运动组织在国家独立后都在竭力夺权，而军队则往往拒绝代表任何一方进行干预。于是，安哥拉的一个激进组织在苏联政府的支持下（包括武器支持）于 1975 年接管了国家权力。而且，安哥拉的其他民族解放运动组织对此也不断提出挑战，其中有一个组织就得到美国、扎伊尔［现在的刚果（金）］等的资助。安哥拉独立后不久就请了一些古巴顾问来帮助建设（情报）培训营，这显然是一件引起美国中央情报局关注的事。此外，扎伊尔也派来了军队。安哥拉的上述三大民族解放运动组织在外国势力的帮助下加强了各自的军事力量，并开始分裂国家。1975 年 10 月，南非派来了军队。后来古巴也派来了军队，并不久就成了

---

① 吉马良斯（Guimarães 2016）的博士论文写的就是对安哥拉内战的详细描述。

当地具有重要影响的一支力量，从而形成与南非军队对峙的状态。

　　此前，安哥拉一直是在葡萄牙的殖民专制统治下，殖民者在这形成了一个小型的精英社会，他们的家族控制着该国的金融业和工业，使得安哥拉处于寡头政治统治的状态下，属于半封建社会。在殖民者表面的人道与文明旗号下，隐藏着他们众多不得人心的治理政策。安哥拉的殖民经济政策旨在支持葡萄牙，而非当地人民。安哥拉的政府管理是中央化的，外界对它毫无影响。安哥拉出口的大多数是当地的农产品，而地方工业却得不到发展。棉花、咖啡和钻石是安哥拉的重要出口产品，其收益却用来支撑葡萄牙的国内经济。截止到1950年，不足1%的安哥拉人口才达到所谓的"文明"状态——条件是成为天主教教徒以及熟练掌握葡萄牙语。最近的一份报告总结了安哥拉的社会现状："在安哥拉长达27年的内战结束后的十多年里，该国依然面临着众多的社会经济问题，包括贫穷、高产妇死亡率和婴儿死亡率、高文盲率。尽管安哥拉内战后依靠石油生产，经济得到快速发展，但该国仍有40%多的人还生活在贫困线以下，而且，失业现象严重，尤其是大量的年轻人无所事事。此外，该国的识字率仅有70%左右，而女性的识字率则下降到60%左右。"① 安哥拉的内战曾经得到国际社会的帮助，为其撑腰的邻近国家有古巴、扎伊尔和南非，较远的国家有苏联、美国等。但是，长期的内战使得该国根本无力顾及教育和语言问题，而且，这成了该国的一种习惯做法。与葡萄牙帝国的其他殖民地一样，安哥拉对前宗主国的语言政策表现出一种长期的矛盾心理。一方面，葡萄牙语的霸权地位是肯定无疑的，人们都把它当作日常生活中的一种主要语言来使用；另一方面，人们开始认可本国土著语言的重要性，把它们作为初级教育的教学媒介语来使用，同时，也把它们看作民族身份的一种识别要素。但是，非洲多数国家在经过将近50年的内战、大屠杀以及强制性的人口迁移后，再加上目前的独裁状态，社会缺乏民主，于是，语言问题就成了一个微不足道的小事。

　　东帝汶是葡萄牙的另一个前殖民地国家，该国情况也反映了内战以及外国侵略给它所带来的毁灭性影响。东帝汶从16世纪起就成了葡萄牙的殖民地，在二战期间又遭到日本的侵略，导致几万人死亡。二战结束后，东帝汶迅速地又回到了葡萄牙的殖民统治中。随着葡萄牙在1974年所出现的康乃馨革命，东帝汶开始独立，但不久内战又接踵而至。后来，东帝汶又被印度尼西亚所侵占，并导致10万上下的东帝汶人命丧黄泉，印度尼西亚的这一行为并未得到联合国的认可。一个有美国人支持的东帝汶游击队运动组织一直在与印尼作斗争。直到1999年，澳大利亚"维和"部队进入该国，并要在第二年把东帝汶的控制权交给联合国，2002年联合国承认东帝汶的独立。可是，

① 见美国中央情报局（Central Intelligence Agency 2017）。

东帝汶的内战一直在持续，联合国部队一直在那驻扎到 2012 年。这些接连不断的外国占领（如葡萄牙、日本、印尼、澳大利亚和联合国）对东帝汶的基本社会语库带来较大的影响，[①]也给东帝汶的语言政策带来极其复杂的和难以解决的挑战。在印度尼西亚统治时期，葡语的使用受到限制，而印尼语则成为了官方语言，于是，东帝汶的反抗者把葡语和德顿语看作是民族团结的语言，国家独立后就把这两种语言提升为国家的官方语言，而印尼语和英语则保持为工作语言。东帝汶于 2008 年通过的《教育法》要求学校同时提供德顿语和葡语的教学，2011 年出台的《教育战略规划》允许小学低年级用当地语言教学，然后逐渐过渡到上文提及的两门官方语言的使用。一个语言教育工作小组提议在学生的初始教育阶段，学校使用学生的母语教学，然后才逐渐引入德顿语和葡语的使用，之后再增加印尼语和英语的教学。马卡利斯特（Macalister 2016）指出，英语是许多东帝汶家长的第二选择语言，私立学校使用英语教学是常见现象。而且，英语在公共域得到广泛的使用。总之，在东帝汶及其他前葡萄牙殖民地，国家内部的斗争以及外国的干预使得它们内战不断，进而极大地影响了这些国家语言问题的解决。

一个比东帝汶更糟糕的案例是前比利时殖民地刚果（亦译比属刚果）。在 1884 至 1885 年召开的柏林会议上，欧洲列强把刚果划给了比利时的一家私营公司管理，该公司的老板是比利时国王利奥波德二世（King Leopold II）（Förster *et al.* 1988）。之后，公司管理者在比利时的殖民统治下对刚果种植园强征来的劳工实行了若干年的残暴管理。1994 年刚果独立后，图西族（Tutsi）对胡图族（Hutu）进行了种族灭绝。[②]从 1998 至 2002 年，安哥拉、津巴布韦和纳米比亚武装入侵刚果。后来，图西人又遭到排斥和种族灭绝。[③]近来，这些问题依然存在，不过，自 2000 年当选总统执政以来，该国情况有好转的迹象，而且，总统有资格一直执政到 2034 年。刚果的多数人都使用卢旺达语（Kinyarwanda），但英语和法语都是官方语言，而且，英语成了教育系统的主要语言，中学还教授斯瓦希里语。国家实行 12 年的义务教育，但完成 12 年教育的比率不高，能够接受高等教育的则不到 8%。

在前法国殖民地国家中，海地是最先获得独立的国家，时间是 1804 年。当时海地

---

① 东帝汶使用 20 种语言，其中葡萄牙语作为母语的使用者甚少，帝力德顿语使用者有大约 40 万人，这是该国的法定国语。德顿语有 6.5 万的母语使用者，这是东帝汶的一种重要语言。此外，该国还有 12 种使用人口较多的其他本土语言。许多年长者还依然使用印尼语，因为他们当初是用印尼语接受教育的。

② 胡图族和图西族在种族和语言方面本无差别，但在比利时的殖民统治下，图西族的领导地位得到提升，但后来，许多胡图族人获得了权力，他们把清理目标对准了前统治阶级——图西族。

③ 特纳（Turner 2007）详细描述过这些复杂的相关事件。

的奴隶起义，这件事震撼了当时欧洲拥有奴隶的列强。海地的暴力事件持续不断，这包括 19 世纪海地与多米尼加之间发生的战争，以及从 1915 至 1934 年美国对海地的侵占。法国前殖民地国家越南和阿尔及利亚都是与法国军队经过漫长的交战后才获得独立的（在亚洲，越南后来还与美国交战）。[①] 在所有这些案例中，它们有个共同的社会语言学结果：在海地，出现了海地法语克里奥尔语，并发展成该国一种主要的口头语言，并得到一定程度的官方认可。在越南，越南语是该国事实上的国语。在北非国家，尽管阿拉伯语化以及英语挑战盛行，但法语依然是这里的一种重要语言。

科特迪瓦是另一个法国前殖民地国家，该国地处非洲，经过多年的努力后才摆脱殖民统治。独立后，科特迪瓦也许成了非洲前法国殖民地国家中治理得最成功的国家。但是，该国在 1999 年出现了军事政变，之后国家的内乱此伏彼起。2002 年，法国军队帮助科特迪瓦击败了该国北方的叛乱。2011 年科特迪瓦又爆发内战，于是，克服战争给国家带来的不良影响就成了该国政府的主要挑战。例如，高校的入学率由 2009 年的 9% 下降到 2012 年的 4%，而且，全国的失业现象也严重。

近期，有两个研究报告可帮助我们理解为什么有如此多的非洲前殖民地国家在处理语言问题时都以失败告终。第一个研究报道了非洲儿童的健康状况：儿童成长失败，某些身体状况欠佳，死亡风险增加。[②] 根据 51 个非洲国家的统计数据，我们会发现各国在完成《世界卫生组织：全球营养目标》时存在很大的差异。[③] 东非和撒哈拉沙漠以南非洲国家取得了较好的成绩，但北非及非洲中部地区——萨赫勒（Sahel，阿拉伯语，意为"边缘"。——译者注）国家却没有任何进步的迹象。[④] 儿童的不良健康状况能反映为什么这些国家或地区对语言教育关注甚少或者根本就没有关注。同时，儿童的不良健康状况也反映了这些国家或地区的如下几个现象：国际援助的匮乏、对产妇和儿童健康的关注不足、长期的国内斗争与冲突、干旱地区的饥荒。

上述影响因素也体现在非洲的教育上，非洲各国在教育成就上参差不齐。[⑤] 一个

---

① 见斯波斯基（Spolsky 2018a）。

② 据报道，基于模式的统计地质学（geostatistics）对非洲部分国家的儿童营养状况进行了准确推测，这些国家是布基纳法索、加纳、肯尼亚、马里、尼日利亚和索马里。另一项新的研究（Osgood-Zimmerman *et al.* 2018）是根据 51 个非洲国家的数据来完成的，该研究指出了 2000 至 2015 年非洲儿童成长失败的原因。

③ 《千年发展目标》（Millennium Development Goals）旨在 2025 年前改善全球人类营养状况，2030 年前结束全球营养不良现象。

④ 这些国家和地区包括：塞内加尔北部、毛里塔尼亚南部、马里中部、布基纳法索、阿尔及利亚最南端、尼日尔、尼日利亚最北端、乍得中部、苏丹中部和南部、南苏丹最北端、厄立特里亚、喀麦隆、中非共和国、埃塞俄比亚最北端。

⑤ 格雷茨等（Graetz *et al.* 2018）根据 173 个独特的人口普查和调查数据描述了非洲的教育差异情况。

主要的判断指标是社会的经济状况：有些国家（如喀麦隆、埃塞俄比亚、几内亚、海地、利比里亚、马达加斯加、毛里塔尼亚、尼日利亚和南苏丹）的经济状况较差，在它们的殷实家庭，每 4 个儿童中有 3 人能完成小学教育，但在贫穷家庭，每 4 个儿童中仅有 1 人能完成小学教育。[①] 尤其是在性别上，男女接受教育的差距更大，其中农村地区以及萨赫勒地区（即非洲中部地区）的女性在教育上处于最低的水平。尽管近年来某些地方的教育取得了一些进展，但许多地区还是停滞不前。那些女性教育程度较低的社区，往往也是公共卫生较差的地方。一个地方教育的失败也能反映它们在语言问题处理方面的无能。那么，我们看见很多这类国家的脆弱国家指数（Fragile States Index）[②] 居高不下，这也就不足为奇了。

影响语言问题的另一个因素是腐败。许多非洲国家的腐败感知指数（Corruption Perception Index, CPI）[③] 都很高，并反映了如下事实：这些国家的地方矿产及其他财富资源都经常被一些政客所用，且不是为了公共利益，而是为了个人获益。一篇有关腐败问题的评论性文章（Olken and Pande 2012）指出，发展中国家的腐败现象比富裕国家盛行。尽管各国的腐败现象情况不一，但"腐败行为会给工作效率与社会公平带来严重的负面影响"（Olken and Pande 2012: 3），这是显而易见的。有一种腐败是可测量的，那就是贿赂。研究表明秘鲁的政客一个月要接受多达 5 万美元的贿赂。在印度尼西亚，卡车司机要贿赂公路检查站的警察，贿赂费占了运输成本的 13%，这费用比司机的工资（仅占运输成本的 10%）还高。在莫桑比克首都马普托港（Maputo），贿赂费占了航运成本的 14%。乌干达的一项研究表明，国家给学校的财政拨款有 80% 多都被挪作他用。大面积的腐败减少了教育领域的使用资金，从而影响了学校的发展和教育水平的提高。[④]

世界银行总结了全球的教育状况："发展中国家在儿童的教育方面取得了巨大进步，现在全世界的大多数儿童都能走进小学接受教育。然而，全球还有大约 2.6 亿的儿童未能接受中小学的基础教育，另有上亿的儿童尽管上了学，但仍无法读书和写

---

① 见《联合国教科文组织可持续发展目标》。

② 脆弱国家指数原叫失败国家指数（Failed States Index），其分类工作是由美国和平基金会（US Fund for Peace）完成的，这是一个非营利的民间研究机构，现有 178 个成员国。南苏丹、索马里和中非共和国是脆弱国家指数最高的前三国家，接下来依次是也门、苏丹、叙利亚和刚果民主共和国。

③ 腐败感知指数由国际透明组织（Transparency International）发布，该组织是一个总部位于德国柏林的非政府国际组织。

④ 世界上有许多有关腐败案例的报道，其中不少是有关政治领导人及其亲密伙伴的腐败，例如美国前总统特朗普，南非前总统祖马，巴西前总统卢拉、罗塞夫和勒纳，安哥拉前总统多斯桑托斯，利比亚前最高领导人卡扎菲。

字。"① 在这种情况下，语言教育若要取得成效，就成了一项成本较高的事业，这显然是难以实现的，所以语言教育也遭受重创。当有这么多的非洲学校没有课桌，我们不难想象学校的教师招聘情况会是多么糟糕。加之脆弱国家有许多人为的故障，而且，它们当中还有不少国家经常遇到自然灾害。例如，海地经历了很多地震，其中 2010 年的最严重。孟加拉国每年有五分之一的地方遭受洪灾，导致近五千人遇难。莫桑比克在 2000 年遇到一场巨大洪灾，致使 4.4 万人无家可归。2007 年，有 14 个非洲国家遭遇大洪灾，受灾群众达一百多万人。印度尼西亚及其周边国家在 2015 年遇到几场严重的山林野火。尽管发达国家经济基础雄厚，其经济足以抵抗这些自然灾害（如日本灾后的城市重建），但是，有些脆弱国家贫穷不堪，再加上腐败现象严重，这些都进一步减弱了其语言管理政策的实施。

上述所有内容都说明，我们要关注非语言因素对语言政策及管理的影响。

三、修订版理论

不管在任何语言域或语言层面，言语社区的语言政策都要依赖其三个成分——语言实践、语言信仰或语言意识形态、语言管理。在语言管理方面，我认识到无权的语言提倡者和有权的语言管理者之间存在差别。尽管语言政策领域有许多学者开始从语言权的视角来关注语言政策的发展与评价（Pavlenko 2011; Romaine 2008; Skutnabb-Kangas and Phillipson 2017），但是，要了解语言管理的潜能，就需要关注语言政策的三个成分。由于语言规划之复杂，当我们看见下面一些现象时也就见怪不怪了：国家层面的语言政策制定困难重重；国家之外层面的语言政策制定也是效果不佳，包括有些语言规划热心人士为了某些少数民族语言的维持所付出的各种努力。也许集权政府或极权政府在语言政策的制定上具有较大的影响力。此时，我们会想到中国人为了实现某一目标可以万众一心，如尽管汉语方言众多，但它们都使用共同的书写体系（Spolsky 2014）。或者，我们还会想到新加坡总理权力巨大，以至于能够成功地改变该国的语库（Dixon 2009; Xu and Li 2002）。但是，即便是在一个经济发展强盛以及教育体系完善的现代国家，其持续不断的移民现象以及移民对自己祖传语的忠诚表现，都会给社会带来多语及语言岛（language island）现象（Hélot and Erfurt 2016）。如今，大语言变得越来越强势（即"大鱼吃小鱼"），而少数民族语言及原住民语言却只能勉强幸存（Coronel-Molina and McCarty 2016; Hornberger 2008; King and Benson 2008;

---

① 见 http://www.world bank.org/en/topic /education/overview。

McCarty 2003; Reyhner and Lockard 2009）。当许多小语言的使用者去世或者转用其他语言后，这些小语言就会逐渐消亡（Austin and Sallabank 2011; Hale 1991; Krauss 1991; Labov 2008），但一些新的语言变体又会出现，尤其是在多语的城市地区。语言的这种复杂现象可以帮助我们理解为什么一个好的语言政策的制定与颁布是那么困难，这就需要平衡多种不同的因素和利益。即使一个政策制定好了，但它的成功实施也经常因为一些非语言事件或力量（如战争和腐败）而受阻或失效，因为这些非语言事件或因素抢占了语言政策实施时所需要的资金和资源。

参考文献

Austin, P. K., & Sallabank, J. (Eds.). (2011). *The Cambridge handbook of endangered languages.* Cambridge: Cambridge University Press.

Basso, A. R. (2016). Towards a theory of displacement atrocities: The Cherokee trail of tears, the herero genocide, and the pontic greek genocide. *Genocide Studies and Prevention: An International Journal*, 10(1), 5–29.

Belich, J. (1986). *The New Zealand wars.* Auckland: Auckland University Press.

Bell, A. (1984). Language style as audience design. *Language in Society*, 13(2), 145–204.

Benor, S. B. (2010). Ethnolinguistic repertoire: Shifting the analytic focus in language and ethnicity. *Journal of Sociolinguistics*, 14(2), 159–183.

Bonhomme, B. (2012). *Russian exploration, from Siberia to space: A history.* Jefferson, NC: McFarland.

Casas, B. D. L. (1583). *The Spanish colonie, or Briefe chronicle of the acts and gestes of the Spaniardes in the West Indies, called the newe world, for the space of xl. yeeres: written in the Castilian tongue by the reuerend Bishop Bartholomew de las Cases or Casaus, a friar of the order of S. Dominicke. And nowe first translated into english.* London: William Brome.

Cazden, C. B., Cancino, H., Rosansky, E., & Schumann, J. H. (1975). *Second language acquisition in children, adolescents and adults.* Retrieved August 1, 2018 from https://eric.ed.gov/.

Central Intelligence Agency. (2017). *The World Factbook.* Washington DC: Central Intelligence Agency.

Cha, Y. P. (2010). *An introduction to Hmong culture.* Jerfferson, NC: McFarland.

Chomsky, A. N. (1965). *Syntactic structures.* The Hague: Mouton.

Chomsky, A. N. (1967). Recent contributions to the theory of innate ideas. *Synthese*, 17(1), 2–11.

Chomsky, A. N. (1992). On the nature, use and acquisition of language. In M. Pütz (ed.), *Thirty years of linguistic evolution: Studies in honor of René Dirven on the occasion of his sixtieth birthday* (pp. 3–29). Philadelphia: John Benjamins.

Clark, E. V. (1973). What's in a word? On the child's acquisition in his first language. In T. E. Moore (Ed.), *Cognitive development and the acquisition of language*. New York: Academic Press.

Cook, N. D. (1998). *Born to die: Disease and New World conquest*, 1492–1650. Cambridge: Cambridge University Press.

Cook, N. D., & Lovell, W. G. (2001). *Secret judgments of God: Old world disease in colonial Spanish America*. Norman, OK: University of Oklahoma Press.

Cooper, R. L. (1989). *Language planning and social change*. Cambridge: Cambridge University Press.

Coronel-Molina, S. M., & McCarty, T. L. (2016). *Indigenous language revitalization in the Americas*. New York: Routledge.

Coupland, N. (1984). Accommodation at work: Some phonological data and their implications. *International Journal of the Sociology of Language*, 46, 49–70.

Dixon, L. Q. (2009). Assumptions behind Singapore's language-in-education policy: Implications for language planning and second language acquisition. *Language Policy*, 8(2), 117–138.

Dörnyei, Z. (1999). Motivation. In B. Spolsky (Ed.), *Concise encyclopedia of educational linguistics*. Amsterdam: Elsevier.

Ervin-Tripp, S. (1973). *Language acquisition and communicative choice: Essays by Susan M. Ervin-Tripp*. Stanford CA: Stanford University Press.

Fishman, J. A. (1991). *Reversing language shift: Theoretical and empirical foundations of assistance to threatened languages*. Clevedon: Multilingual Matters Ltd.

Förster, S., Mommsen, W. J., & Robinson, R. E. (1988). *Bismarck, Europe and Africa: The Berlin Africa conference 1884–1885 and the onset of partition*. Oxford: Oxford University Press.

Ford Foundation. (1975). *Language and development: A retrospective survey of Ford Foundation language projects*, 1952–1974. New York: Ford Foundation.

Gardner, R. C. (1960). *Motivational variables in second-language acquisition*. Ph.d. dissertation, McGill University, Montreal.

Gewald, J. B. (2003). The Herero genocide: German unity, settlers, soldiers, and ideas. In M. Bechhaus-Gerst & R. Klein-Arendt (Eds.), *Die (koloniale) Begegnung: AfrikanerInnen in Deutschland (1880–1945), Deutsche in Afrika (1880–1918)* (pp. 109–127). Frankfurt am Main: Peter Lang.

Giles, H., Coupland, J., & Coupland, N. (Eds.). (1991). *Contexts of accommodation* (digital reprint ed.). Cambridge University Press and Editions de la Maison des Sciences de l'Homme: Cambridge UK and Paris.

Giles, H., Taylor, D. M., & Bourhis, R. (1973). Towards a theory of interpersonal accommodation through language: Some Canadian data. *Language in Society*, 2(2), 177–192.

Graetz, N., Friedman, J., Osgood-Zimmerman, A., Burstein, R., Biehl, M. H., Shields, C., *et al.* (2018). Mapping local variation in educational attainment across Africa. *Nature*, 555(7694), 48.

Grenke, A. (2005). *God, greed, and genocide: The Holocaust through the centuries.* Washington DC: New Academia Publishing LLC.

Guimarães, F. A. (2016). *The origins of the Angolan Civil War: Foreign intervention and domestic political conflict.* Berlin: Springer.

Hale, K. (1991). On endangered languages and the safeguarding of diversity. *Language*, 68(1), 1–3.

Harris, J. (2008). The declining role of primary schools in the revitalisation of Irish. *AILA Review*, 21, 49–68.

Haugen, E. (1966a). *Language conflict and language planning: The case of Modern Norwegian.* Cambridge, MA: Harvard University Press.

Haugen, E. (1966b). Linguistics and language planning. In W. Bright (Ed.), *Sociolinguistics* (pp. 50–71). The Hague: Mouton.

Hélot, C., & Erfurt, J. (Eds.). (2016). *L'Education bilingue en France: Politiques linguistiques, modèles et pratiques.* Strasbourg: Lambert-Lucas.

Heugh, K. (2003). *Language policy and democracy in South Africa: The prospects of equality within rights-based policy and planning.* Ph.D., University of Stockholm, Stockholm.

Hinton, A. L. (2002). *Annihilating difference: The anthropology of genocide.* Berkeley, CA: University of California Press.

Hornberger, N. H. (Ed.). (2008). *Can schools save indigenous languages? Policy and practice on four continents.* Basingstoke, UK: Palgrave Macmillan.

Jernudd, B. H., & Nekvapil, J. (2012). History of the field: A sketch. In B. Spolsky (Ed.), *Handbook of language policy* (pp. 16–36). Cambridge: Cambridge University Press.

Kaplan, R. B., & Baldauf, R. B. (1997). *Language planning from practice to theory.* Clevedon, Avon: Multilingual Matters Ltd.

King, K. A., & Benson, C. (2008). Vernacular and indigenous literacies. In B. Spolsky & F. M. Hult (Eds.), *Handbook of educational linguistics* (pp. 341–354). Malden MA and Oxford England: Blackwell Publishing.

Klein, H. S., & Luna, F. V. (2009). *Slavery in Brazil.* Cambridge: Cambridge University Press.

Kraus, P. A. (2008). *A union of diversity: Language, identity and polity-building in Europe.* Cambridge: Cambridge University Press.

Krauss, M. (1991, January 1991). *Endangered languages.* Paper presented at the Linguistic Society of America Annual meeting.

Labov, W. (2008). Unendangered dialects, endangered people. In K. A. King, N. Schilling-Estes, L. Fogle, J. L. Lia, & B. Soukup (Eds.), *Sustaining linguistic diversity: Endangered and minority languages and language varieties (georgetown university round table on languages and linguistics)* (pp. 219–238). Washington DC: Georgetown University Press.

Lemkin, R. (1944). *Axis rule in occupied Europe (Washington)*. Washington DC: Carnegie Institution.

Levin, T., Shohamy, E., & Spolsky, B. (2003). *Academic achievements of immigrants in schools: Report to the Ministry of Education*. Retrieved from Tel Aviv.

Macalister, J. (2016). English language education policy in Timor-Leste. In R. Kirkpatrick (Ed.), *English language education policy in Asia* (pp. 333–343). Cham: Springer International Publishing.

MacNamara, J. (1971). Successes and failures in the movement for the restoration of Irish. In J. Rubin & B. Jernudd (Eds.), *Can language be planned?*. Honolulu HI: University Press of Hawaii.

Madley, B. (2016). *An American genocide: The United States and the California Indian catastrophe*, 1846–1873. New Haven: Yale University Press.

Marsh, J. K. (2013). Decolonising the interface between Indigenous peoples and mining companies in Australia: Making space for cultural heritage sites. *Asia Pacific Viewpoint*, 54(2), 171–184.

McCarty, T. L. (2003). Revitalising indigenous languages in homogenising times. *Comparative Education*, 29(2), 147–163.

McGregor, J. (1836). Sketches of savage life. *Fraser's Magazine for Town and Country*, 13, 316–323.

Myers-Scotton, C. (1990). Elite closure as boundary maintenance: The case of Africa. In B. Weinstein (Ed.), *Language policy and political development* (pp. 25–42). Norwood, NJ: Ablex Publishing Company.

Nekvapil, J. (2012). From language planning to language management. *Media and Communication Studies*, 63, 5–21.

Nekvapil, J. (2016). Language management theory as one approach in language policy and planning. *Current Issues in language Planning*, 17(1), 11–22.

Neustupný, J. V., & Nekvapil, J. (2003). Language management in the Czech republic. *Current Issues in language Planning*, 4(3&4), 181–366.

Ó Riágain, P. (2001). Irish language production and reproduction 1981–1996. In J. A. Fishman (Ed.), *Can threatened languages be saved?* (pp. 195–214). Clevedon, Avon: Multilingual Matters Ltd.

Okwu, A. S. O. (2010). *Igbo cuture and the Christian missions 1857–1957: Conversion in theory and practice*. Lanham, MD: University Press of America Inc.

Ó Laoire, M. (1996). An historical perspective of the revival of Irish outside the Gaeltacht, 1880–1930, with reference to the revitalization of Hebrew. In S. Wright (Ed.), *Language and state: Revitalization and revival in Israel and Eire* (pp. 51–75). Clevedon, Avon: Multilingual Matters Ltd.

Olken, B. A., & Pande, R. (2012). Corruption in developing countries. *Annual Review of Economics*, 4(1), 479–509.

Osgood-Zimmerman, A., Millear, A. I., Stubbs, R. W., Shields, C., Pickering, B. V., Earl, L., *et al.* (2018). Mapping child growth failure in Africa between 2000 and 2015. *Nature*, 555(7694), 41.

Pavlenko, A. (2011). Language rights versus speakers' rights: On the applicability of Western language rights approaches in Eastern European contexts. *Language Policy*, 10(1), 37–58.

Provost, M., Quintana, M., & del Norté, T. (2010). Unbodies of water: The health effects of extinction and genocide—Arawak perspectives. Retrieved August 1, 2018 from https://www. resea rchga te.net/.

Reyhner, J., & Lockard, L. (Eds.). (2009). *Indigenous language revitalization: Encouragement, guidance and lessons learned.* Flagstaff, AZ: Northern Arizona University.

Romaine, S. (2008). Language rights, human development and linguistic diversity in a globalizing world. In P. V. Sterkenburg (Ed.), *Unity and diversity of languages* (pp. 85–96). Amsterdam: John Benjamins Publishing Company.

Sautman, B. (2006). *Cultural genocide and Asian state peripheries.* New York: Palgrave.

Skutnabb-Kangas, T., & Phillipson, R. (2017). *Language rights.* New York: Routledge.

Spolsky, B. (2004). *Language Policy.* Cambridge: Cambridge University Press.

Spolsky, B. (2006). Language policy failures—Why won't they listen? In M. Pütz, J. A. Fishman, & J. N.-V. Aertselaer (Eds.), *'Along the Routes to Power': Explorations of empowerment through language* (pp. 87–106). Berlin: Mouton de Gruyter.

Spolsky, B. (2009). *Language management.* Cambridge: Cambridge University Press.

Spolsky, B. (2014). Language management in the People's Republic of China. *Language*, 90(4), e165–e175.

Spolsky, B. (2018a). Language policy in French colonies and after independence. *Current Issues in language planning.* https://doi.org/10.1080/14664208.2018.1444948.

Spolsky, B. (2018b). Language policy in Portuguese colonies and successor states. *Current Issues in language planning*, 19(1), 62–97.

Spolsky, B. (2018c). *Managing the managers: Advocating or enforcing language policies.* Paper presented at the Sociolinguistic Symposium 22, Auckland.

Spolsky, B., & Benor, S. B. (2006). Jewish languages. In K. Brown (Ed.), *Encyclopedia of language and linguistics* (2nd ed., Vol. 6, pp. 120–124). Oxford: Elsevier.

Tatz, C. (2001). Confronting Australian genocide. *Aboriginal History*, 25, 16–36.

Totten, S., & Hitchcock, R. K. (2011). *Genocide of indigenous peoples: A critical bbliographic review* (Vol. 1). Piscataway, NJ: Transaction publishers.

Turner, T. (2007). *The Congo wars: Conflict, myth and reality.* London: Zed Books.

Ushioda, E. (1993). Redefining motivation from the L2 learner's point of view. *Teanga:-Bliainiris-na-Teangeolaiochta-Feidhmi-in-Eirinn-The-Yearbook-of-Applied-Linguistics, Dublin, Ireland (Teanga)*,13, 1–12.

Walter, S. L. (2003). Does language of instruction matter in education? In M. R. Wise, T. N. Headland, & R. M. Brend (Eds.), *Language and life: Essays in memory of Kenneth L. Pike* (pp. 611–635). Dallas, TX: SIL International and the University of Texas at Arlington.

Williams, C. H. (2012). Language policy, territorialism and regional autonomy. In B. Spolsky (Ed.), *Handbook of language policy* (pp. 174–202). Cambridge, UK: Cambridge University Press.

Williams, C. H. (2017). Policy review: Wake me up in 2050! Formulating language policy in Wales. *Languages Society and Policy, Policy Papers.* https://doi.org/10.17863/cam.9802.

Wolfe, P. (2006). Settler colonialism and the elimination of the native. *Journal of Genocide Research*, 8(4), 387–409.

Xu, D., & Wei, L. (2002). Managing multilingualism in Singapore. In L. Wei, J.-M. Dewaele, & A. Housen (Eds.), *Opportunities and challenges of bilingualism* (pp. 275–296). Berlin: Mouton de Gruyter.

微观语言规划概念质疑[*]

——语言政策与规划专业学生的视角

奥巴杜尔·M.哈米德　著

方小兵　译

张治国　审

文献来源: Hamid, M. Obaidul. 2019. Interrogating micro language planning from LPP students' perspectives. *European Journal of Language Policy* 11(1), 47—70.

导读: 这篇文章对"微观语言规划"这一概念的理据性提出了质疑,认为这一概念没有独立存在的价值,滥用这一术语可能会对语言政策与规划理论的系统性产生破坏作用。首先,微观语言规划的概念不够清晰,与宏观语言规划的关系也不明确。尽管人们普遍认为宏观和微观是人类认识世界的一种简单抽象,存在相互依存的关系,但实际上两者研究的对象和解决的问题都不同,从而导致研究方法和基本假设也有较大差异。其次,用空间术语定义微观背景可能是站不住脚的。尽管微观可以被理解为单个实体(学校、家庭或大学),但实体的大小可能是不确定的——有的大学可能有数万人。再次,微观规划所解决的语言问题不一定是地方性的问题,可能与区域、国家甚至全球都有关系。换言之,微观规划所解决语言问题的范围可能无法明确界定。最后,"微观规划"中"规划"的性质可能不清楚:规划能否理解为"(政策)启动"或"(政策)实施"? 实际上,传统的"规划"通常仅指启动。因此,微观与宏观背景下的"规划"含义可能不尽相同。

文章还特别提出,虽然世界各地的学术机构都在教授语言政策与规划,但关于语言政策与规划教学环节的研究却很少,特别是关于语言规划课程应该教授什

---

* 奥巴杜尔·M.哈米德(M. Obaidul Hamid),博士,澳大利亚昆士兰大学教育学院高级讲师。研究方向为亚洲英语教育政策,拥有跨国公司的生活经历和多学科背景,擅长批判性范式的语言政策研究,曾联合主编《亚洲教学语言规划》(Routledge 2014)。——编者注

么，学生为什么要学习语言政策与规划，以及他们在该课程中有什么样的体验，等等，相关研究还不多。未来应该更多关注语言政策与规划的课堂教学、教材编写、课程设计、考试评价等。该文作者对语言政策与规划的流行概念进行反思，有利于语言规划学科建设和课程教学，颇具启发意义。

摘要：虽然世界各地的学术机构都在教授语言政策与规划课程，但关于其教学与学习的研究却很少。尤其是，我们对如下两个问题还知之甚少：学生是如何理解该领域及其众多概念的；学生在完成语言规划作业时是如何应用这些概念的。本文将以"微观语言规划"概念为例尝试回答这些问题。在过去几十年里，学界对语言问题和语言管理的探讨已从国家（宏观）向超国家（超宏观）和地方（微观）的语境转变。具体而言，微观层面的语言规划作为一种新的话语，越来越受到语言规划学者的关注。虽然有学者认为小规模的语言规划凭借其自身力量也属语言规划，但也有学者对这种微观层面的行为持怀疑态度。此外，尽管人们普遍认为宏观和微观是两个互为补充的过程，但也有研究人员在概述了两者之间的关系后认为，它们并非完全的互补关系。为了解决这些概念上的问题，我们需要对微观语言规划进行详细的研究，以利于语言规划的研究和教学。本文指出，我们首先有必要分析语言政策与规划领域中主要的研究模型和研究传统，并依此来了解微观语言规划是如何进行的。然后，我们要分析研究生对微观语言规划的理解及概念化行为。尽管学界对该研究取得了一些进展，但是，从学生的微观语言规划作业来看，他们对微观语言规划的概念理解不准，对微观语言规划与宏观语言规划的关系也不明确。为此，本文强调了概念清晰的必要性，并提出了一些相关的启示。

关键词：微观语言规划；宏观—微观关系；语言规划的研究方向；学生与语言规划；语言规划与语言管理

一、引言

语言政策与规划作为一门学术课程，在世界各地的大学和其他学术机构中都得到教授。然而，关于语言政策与规划教学的相关研究却非常有限。例如，语言规划专业的学生如何看待这个领域，如何理解其中众多的概念和术语，以及如何将这些概念应用到语言规划的作业中，我们对这些问题都知之甚少。因此，本文将以"微观语言规划"这一概念为例，努力尝试解答上述几个问题。

语言政策与规划作为一个研究领域，明确关注宏观或国家层面的语言问题、语言变化和语言管理。作为社会科学范式下的社会规划的一部分（Kaplan and Baldauf 1997; Jernud and Nekvapil 2012; Kamwangamalu 2011; Ricento 2000），早期的语言政策与规划试图为整个社会带来语言变化，以便满足新独立民族国家的语言交流和语言身份要求，因为这些国家作为世界的一部分已经摆脱了殖民统治。如今，这一最初的概念（即语言政策与规划是国家层面的）仍然在学界占据主导地位（Baldauf 2006; Kaplan 2011; Lo Bianco 1990; Nekvapil 2006）。此外，在语言政策与规划学界之外，普通民众对语言政策与规划的看法也是这种观点。

　　然而，近年来，人们对语言问题和语言管理的理解发生了转向：语言问题和语言管理可出现在国家层面之内，也可以发生在国家层面之外的各种领域（Chua and Baldauf 2011; Hamid and Baldauf 2014）。具体而言，微观层面的语言规划作为一种新的类型，越来越受到语言政策和规划学者及研究者的关注。但是，这种理想性的发展却在概念和实证两方面带来了一些令人意想不到的挑战，这对语言政策与规划的教学来说更是如此。首先，虽然有一些学者（如 Baldauf 2005; Liddicoat and Baldauf 2008a）声称这种小规模的语言规划凭借其自身特点也属语言政策与规划，但还有不少学者（如 Davies 1999）不把微观层面的语言工作看作语言政策与规划中的一部分，他们对微观语言规划的地位持怀疑态度。因此，人们自然就会问：那我们该如何来定义语言政策与规划？语言政策与规划专业的学生特别期待这样的问题，因为他们要尽力理解这个领域的概念和理论问题。其次，虽然人们普遍认为宏观和微观是两个相互依存的状态或过程，但学生在阅读实证性文献时也可能会遇到它们两者其实并非相互依存关系的时候。最后，当我们在探讨语言政策与规划及其宏观和微观层面的体现时，有人（如 Spolsky 2009, 2017, 2018）极力建议大家用"语言管理"的概念来代替"语言规划"一词。基于上述理由，特别是为了语言政策与规划的教与学，我们有必要从学生的角度来分析微观语言规划和宏观语言规划之间的差别。

　　在上述理论基础的推动下，本文对微观语言规划进行了综述，以期从概念和实践两个角度来理解这种小规模的语言规划。为了实现这一目标，本文将从理论和实证两方面着手。在理论层面，本人综述了主要的语言政策与规划模式和研究传统，以了解学界以前是如何对待微观语言问题的。在实证方面，有关微观语言规划的研究越来越多，本人首先对此进行了回顾，并总结了研究者对微观语言规划的不同定义。然后，根据语言政策与规划专业研究生对微观语言规划文献的评估工作来分析他们对微观语言规划概念的理解。这些有关学生的数据是很重要的，因为在语言政策与规划的教学和学习方面并没有太多有关学生视角的研究，尤其是学生对微观语言规划看法和经验的研究。语言政策与规划专业的学生不同于该领域的大众研究者，但他们也是这个领域的一个重要群体，因为他们正在进入语言政策与规划学术共同体的路上。随着微观语言规划文献的日益增多，学界从多角度，其中包括由这些学生构成的过渡群体的角度，来审视微观语言规划的概念及地位就显得非常有必要。

本文着重指出，虽然语言政策和规划目前在学界得到越来越多的关注，而且也把微观语言规划纳入其主要的研究方法范畴中，但微观语言规划在概念上还不精确，特别是它与宏观语言规划的关系尚未厘清。这些细微内容研究的缺乏可以从语言政策与规划领域的研究生所做的作业中反映出来，而且，这些作业是考核学生学业成就的内容之一，但他们对微观语言规划的概念都认识不足。虽然从狭义上说微观语言规划独立于宏观语言规划，这种观点对于微观语言规划在语言政策与规划学科中占有一席之地可能是重要的，但从实证的角度来说，我们对微观语言规划持广义概念的话，这可能会更具现实意义。然而，为了使这个概念更加清晰，有人建议，把微观视角下语言问题的解决行为称为"语言管理"，而不是"语言规划"，这样表述更恰当。

二、微观语言规划在语言政策与规划中的地位

尽管宏观语言规划在语言政策与规划领域中占据主导地位，但其他种类的语言规划也是得到认可的。例如，哈尔曼（Haarmann 1990）认为语言政策与规划是一个由个人、团体、机构和政府四个层面构成的连续统一体。虽然他确认政府或宏观语言规划具有强大的力量，能对社会产生最大化的影响，但是，其他更低层面的语言规划也是不可或缺的。同样，库柏（Cooper 1989）提出的语言规划责任框架并不排除宏观环境之外的语言规划。他的疑问包括："什么人试图影响谁的什么语言行为，他们这样做的目的是什么，他们采用了什么手段，得到了什么结果。"库柏（Cooper 1989）和哈尔曼（Haarmann 1990）似乎都考虑到微观视角下也存在语言政策的可能性，从而证明了语言政策还可出现于地方机构（见 Zhao 2011）。

更值得注意的是，微观语言规划作为语言政策与规划中的一个内容，已经在该领域的主要研究方向中得到证实。巴尔道夫和哈米德（Baldauf and Hamid 2018）确定了五种研究传统或"思想流派"：经典语言政策与规划、语言管理理论、批判性语言政策与规划、基于语言域的语言政策与规划研究方法、基于民族志的语言政策与规划。除了经典语言政策与规划外，所有其他的研究方法都在不同层级并由不同人员参与的语言规划中得到检验。即使是经典语言政策与规划也不能忽视语言政策发展过程中微观语言规划的作用。正如内克瓦皮尔和内库拉（Nekvapil and Nekula 2006）所指出的，宏观语言政策与规划要从社会语言信息中搞清楚费什曼（Fishman）所提出的经典问

题："谁在何时何地向谁说话"（另见 Kaplan and Baldauf 1997）。换言之，宏观层面的语言政策制定必须依赖微观语言环境，以便获取社会语言使用模式方面的信息。

有些人深受国家层面语言政策的影响，而大型的实证主义语言规划又未能考虑到这些人的语言愿望和观点，于是，便出现了批判性语言政策与规划。在后现代主义和后结构主义思潮的支持下，地方层面和地方机构的语言规划便成了批判性语言政策与规划的主要特征，它旨在促进被宏观语言规划边缘化的弱势群体和社区的利益和观点。基于语言域的语言政策与规划研究方法是以如下语言政策观点为基础：语言政策包括语言实践、语言信仰和语言管理，它们可存在于各种不同的具体语言域里。因此，研究的重点是关注以下三个方面：人们在特定社会空间所使用的语言和语言变体，这些语言实践所体现出来的语言意识形态，以及人们所采用的语言管理策略。这些内容对于基于语言域的语言政策与规划研究方法至关重要。基于民族志的语言政策与规划坚持如下的语言政策与规划观：语言政策与规划要做到多层面和多视角，那么我们在制定、宣传和实施语言政策的过程中都必须具备整体观。语言政策与规划如同一层层的"洋葱"一样（Ricento and Hornberger 1996; Hornberger and Johnson 2007），如从语言政策与规划的民族志研究方法来看，这是一个不错的比喻，因为该方法就是要求我们要整体地理解语言政策的发展轨迹，明白其来龙去脉。

语言管理理论（LMT）是作为经典语言政策与规划的一种"独特替代品"（Nekvapil 2006）而出现的。该理论指出，语言管理发生在不同的空间，其宏观和微观内容之间存在着辩证关系。这是一种综合性的理论，它主要关注语言、交际（话语）和社会文化（社会经济）现象。语言管理理论由两类管理构成：简单语言管理（通常出现在微观语言环境里）和组织化语言管理（通常出现在宏观语言环境里）。由于两者之间的辩证关系，组织化语言管理也可能发生在微观语言环境中，反之亦然（Nekvapil and Nekula 2006）。语言管理的过程通常从识别语言问题开始，然后是对这些语言问题的评估、规划调整和实施。然而，语言管理过程也可以从其他阶段开始，而且，发现语言问题未必就一定能解决语言问题。同样，规划调整后也未必就一定能得到实施。

通过对语言政策与规划主要模式和研究传统的综述，我们会发现，语言政策与规划存在于各种复杂的环境中。基于语言域的语言政策与规划研究方法、基于民族志的语言政策与规划以及语言管理理论三者都采取综合的、整体的和包容性的语言环境观，既包括宏观语言环境，也包括微观语言环境。这两种语言环境都贯穿于语言政策与规划的各个过程中，因此，这三种研究方法就不觉得有多大的必要去搞清楚宏观语言规划和微观语言规划之间的区别，或者微观层面语言规划的不同内容。然而，批判性语言政策与规划则通过批评国家层面的语言政策来鼓励微观层面的语言规划，它指出国家层面的语言政策往往忽略了地方上的语言环境，并给语言占多数的群体和占少数的群体带来永久性的语言裂痕。同样，民族志方法也强调微观语言规划，当它要想揭示国家语言政策的复杂性和多层性时，而且它还提出在地方语言环境中要提供有利于政策协商的能动性空间。

三、微观语言规划的发生

在过去的几十年里，语言政策与规划作为一个学科领域由于受到不断变化的社会政治、认识论和研究策略等因素的影响而不断地发展自己（Ricento 2000）。20 世纪 90 年代初微观语言规划的出现可能就与这些因素有关。语言现代化的失败和语言的可及性问题导致人们开始批评宏观语言规划，因为它未能关注到某些语言群体和语言社区（Tollefson 1991）。此外，后现代主义的影响以及人文社会科学中的能动性转向（agency turn）也导致人们开始重新认识地方语境和地方能动性的作用（Canagarajah 2005; Luke *et al.* 1990; Martin 2005; Pennycook 2000）。微观语言规划的起源可追溯到社会政治和认识论发展的相互作用。正如内克瓦皮尔（Nekvapil 2006）在提到卡普兰和巴尔道夫的文章（Kaplan and Baldauf 1997）时所指出的那样：

> 国家职能的削弱、社会的日益分裂和事务进程的日益民主化，让"微观语言规划"研究成为必要。（99）

国家层级的语言规划要么缺乏处理土著语言或少数民族语言问题的政治意愿，要么就根本没有这种能力，要么两者兼而有之。这就导致了自下而上的规划语言的产生（Hornberger 1997）。此外，由于在不同的环境下宏观语言规划的效果都非常有限，这让人们更加关注宏观语言政策在地方上的解读和实施情况（Kaplan *et al.* 2011）。社会的日益分裂也刺激了语言本土化的需求，从而要求地方采取行动。有些语言问题涉及范围不广，受到影响的语言社区也不大。面对这种情况时，宏观语言规划根本没有什么作用。在新自由主义环境下，语言和语言教学变得日益商业化，这也使得人们有可能在国家机器之外的广大地方领域思考他们自己的语言问题和语言需求，从而要求他们发挥在语言和语言教学方面的能动性（Hamid 2016; Hamid and Baldauf 2014）。

因此，学界对微观语言规划、地方能动性和地方参与者的研究越来越感兴趣。托尔夫森（Tollefson 1981）的"去中心化语言规划"（decentralized language planning）、亚历山大（Alexander 1992）的"源自基层的语言规划"（planning from below），以及霍恩伯格（Hornberger 1997）的"自下而上的语言规划"（planning from the bottom up），代表了对地方语言规划的早期认识。然而，巴尔道夫（Baldauf 1993）才是微观语言规划的主要倡导者，他通过强调"非计划的语言规划"（unplanned planning）来倡导这一理念，该理念承认了个体规划者而非机构规划者的贡献。巴尔道夫正式阐述微观语言规划的首部重要文献是一本编著中的一个章节（Baldauf 2005），收录在一本为纪念罗伯特·卡普兰而出版的论文集（Bruthiaux *et al.* 2005）中。卡普兰和巴尔道夫共同编辑的《语言规划中的现实问题》（*Current Issues in Language Planning*）杂志则是发表微观语言规划研究的重要平台。2006 年就有一期关于微观语言规划的专刊，共有 12 篇文章，涉及三个领域：地方语言社区、学术机构和职业工作场所。在这一期的卷首语中，巴尔道夫（Baldauf 2006）又引用了他之前发表的章节，"重述"了微观层面的语言规划。这期杂志内容后来作为一本论文集出版了，引言由利迪科特和巴尔道夫（Liddicoat and Baldauf 2008b）撰写，其中提到一个令人信服的微观语言规划案例：

> 对地方层面的研究清楚地表明，微观层面的语言规划不仅是语言规划学者的合法调查领域，而且是语言规划过程的一个基础部分，语言规划作为一门学科必须将其纳入。（15）

2010 年，《语言规划中的现实问题》杂志出版了另一期专刊，遵循亚历山大（Alexander 1992）"源自基层的语言规划"思路，收录了 6 篇论文。霍根-布伦（Hogan-Brun 2010）在专题导言中指出，宏观和微观层面的语言规划相互关联，前者管理语言政策，后者促进语言的变化过程。2014 年，该杂志又出版了一期微观语言规划专刊，由利迪科特（Liddicoat）和泰勒-里奇（Taylor-Leech）任执行主编，专刊探讨了多语教育背景下的微观语言规划。在本期 6 篇论文的基础上，主编概述了两种政策背景之间的四种关系：1）宏观语言政策的执行；2）宏观语言政策的竞争；3）解决地方语言需求的问题；4）开发语言问题解决的新路径。

除了专刊外，《语言规划中的现实问题》杂志也在平时发表了不少有关微观语言规划的研究论文（如 du Plessis 2010; Fenton Smith and Gurney 2016; Phan and Hamid 2017）。语言政策与规划的其他主要期刊，包括《社会中的语言》（*Language in Society*）、《语言政策》（*Language Policy*）、《澳大利亚应用语言学评论》（*Australian Review of Applied Linguistics*）、《国际语言社会学期刊》（*International Journal of the Sociology of Language*）和《语言问题与语言规划》（*Language Problems and Language Planning*）

也发表过微观层面语言规划的研究，只是频次相对较少。这项研究涉及世界各地的政体，如欧洲（如 Kirkgoz 2007）、北美（如 Paciotto and Delany-Barmann 2011）、非洲（如 Alimi 2016; Jones 2012）、亚洲（如 Kuo and Jernudd 1993; Nahir 1998）和大洋洲（如 Amery 2001; Barkhuizen and Knoch 2006）。科尔森（Corson 1998）关于学校语言政策的专著是对微观语言规划的重大贡献。门肯和加西亚（Menken and García 2010）基于学校层面展示了七大洲教育政策中的语言研究。有关二语教学与研究的一本手册（Chua and Baldauf 2011）探讨了有关微观语言规划的重要理论。德古意特出版社最近出版的一本书中也有几章是关于微观语言规划的（Chew *et al.* 2018）。

四、微观语言规划以及宏观－微观关系中的概念性问题

尽管微观语言规划的研究日益增多，但关于微观语言规划及其与宏观语言规划的关系，仍存在一些概念性问题。如前所述，"去中心化语言规划"（Tollefson 1981）、"源自基层的语言规划"（Alexander 1992）和"自下而上的语言规划"（Hornberger 1997）等几个概念都表明它们属于同一个层面的语言规划。然而，微观层面的语言规划与上述几个概念可能相似，也可能不同，这取决于微观语言规划的定义是狭义的还是广义的。只有当微观语言规划的概念是从广义上来理解时，它才与上述几个概念意思相同。

巴尔道夫对微观语言规划的定义明确且毫不含糊，但它是狭义上的定义。正如他所说：

> 微观语言规划是指企业、机构、团体或个人为利用和开发自己的语言资源而制订的计划，这种计划不是影响范围更大的宏观语言政策的直接结果，而是对自身语言需求、语言问题或语言管理的回应。（Baldauf 2005:231; Baldauf 2006: 155）

这一定义明确指出，"微观语言政策应源于微观，而不是宏观"（Baldauf 2005: 233）。换言之，微观层面的语言规划是一种地方上的语言活动，它与宏观没有关系，被视为"为了自身权利"的语言政策与规划（Liddicoat and Baldauf 2008b: 4）。从这一定义可以看出微观语言规划的三个关键特征。第一个是语言政策范围或情境的有限性。尽管其范围比宏观语言规划的范围要小得多，但是微观语言规划的范围到底有多大，这是一直无法说清的，也许它本身就是无法定义的。第二个特征更为关键，那就是能动性，即针对语言问题或语言需求而启动的语言政策。确切地说，上述定义是指地方能动性，即地方在发现语言问题和管理语言时的能动性。在此基础上，宏观语言环境与微观语言环境之间的关系应该是一种相互独立的关系：微观语言规划应该解决

地方上的语言需求，它与宏观语言规划不应该有关联。这就是微观语言规划的第三个特点。

　　然而，本文对微观语言规划文献的研究表明，我们需要用其他方式（尤其是更广泛的方式）来理解微观语言规划的概念以及它与宏观语言规划的其他关系。例如，把微观语言规划看作是独立于宏观语言环境的一种规划（Baldauf 2005; 2006），利迪科特和巴尔道夫（Liddicoat and Baldauf 2008b）也把微观语言规划视为宏观语言规划的一种延伸。虽然这种观点并不否认地方机构的作用，但这并不属于为了应对地方的语言需求而制定语言政策的情况。确切地说，这属于在执行或实施宏观语言政策时而考虑了地方语言需求和语言现实的情况。在这种情况下，地方机构就会采取干预的方式。尤其是，当人们认为宏观语言政策不足，且无法产生预期的政策结果时，地方机构就更会采取干预的方式。此时，微观语言规划就会被看作是宏观语言政策实施的一种表现。正如利迪科特和巴尔道夫（Liddicoat and Baldauf）所言：

　　　　宏观层面语言规划的实施是在各个地方环境中进行的，因此，它还要考虑各地不同的情况。宏观层面的语言政策机构可以制定语言规范和语言目标，以便地方社区的人们依照使用。但是，要如何实现这些政策，则取决于其他层面所做的决策。很少有宏观语言政策能够原汁原味地直接传达到各个地方基层（2008b: 11）。

　　与之前有关微观语言规划的概念不同，这一观点表明，微观语言规划可以与宏观语言规划相互联系来理解，表明它们之间的依存关系。从这个意义上说，微观语言规划可以与托尔夫森（Tollefson）所提的去中心化语言规划相媲美。正如他所解释的那样：

　　　　因此，"去中心化语言规划"这一术语是指语言规划过程，它依赖于地方机构对中央机构的直接和即时影响，并倾向于做出规划决策，而这些政策的制定和执行主要由地方机构控制（176—177）。

　　托尔夫森（Tollefson 1981）指出，宏观语言规划和微观语言规划之间存在相互关联的关系。而且，它们的这种关系不是一种相互独立或相互分离的关系，因为去中心化语言规划是相对于中心化语言规划而言的。其他概念，包括"源自基层的语言规划"（Alexander 1992）和"自下而上的语言规划"（Hornberger 1997），都是从本质上考虑了微观语言规划与宏观语言规划之间的关系。在门肯和加西亚（Menken and García

2010）合编的著作中，其论文的不少作者也都阐述了微观语言规划与宏观语言规划的这种关系，他们使用了诸如"政策援用"（appropriation）、"谈判协商"（negotiation）、"政策阐释"（interpretation）、"争论或抵制"（contestation or resistance）、"挑战"（challenges）、"政策回应"（responsiveness）和"政策重建"（reconstruction）等术语。学界其他研究人员也使用了相似或稍有不同的术语来描述微观语言规划与宏观语言规划之间的关系（例如 Ali and Hamid 2018; Hogan-Brun 2010; Nguyen 2016; Petrovic and Kuntz 2013）。

总之，尽管巴尔道夫界定过微观语言规划术语，他认可地方语言规划主体，并认为他们独立于宏观语言规划主体，但是，包括他本人作品在内的许多学术著作都提出了更加广义的微观语言规划概念。在此基础上，后来学界似乎形成了一种这样的观点：只要地方语言规划行为体在宏观语言规划的范围之外行使其权力，这都算作是微观语言规划，不管它与宏观语言规划存在什么关系。虽然巴尔道夫有关微观语言规划的狭义概念指出，宏观语言规划和微观语言关系之间存在一种具体的关系，但其他学者却认为它们之间存在着其他种类的关系。本文把这些不同的关系总结如下，见图 1。

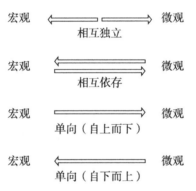

图 1　宏观语言规划与微观语言规划的关系

利迪科特和巴尔道夫还指出，宏观语言规划和微观语言规划之间的区别"实际上是不存在的"（Liddicoat and Baldauf 2008b: 10）。然而，巴尔道夫自己对微观语言规划的定义却使得宏观与微观之间的区别问题凸显起来，特别是当微观语言规划为了其自身权利而被视为语言政策与规划学科内容之一时，情况更是如此。

五、语言政策与规划专业研究生与微观语言规划

本文的中心目的是考察语言政策与规划专业研究生对微观语言规划的看法，以

了解文献中所报道的微观语言规划概念不清的事实，会在哪些方面影响这些学生的理解。如前所述，学界关于语言政策与规划的教与学的文章并不多，特别是以下话题就更少：语言政策与规划课程应该教些什么，学生为什么要学习语言政策与规划，以及他们在语言政策与规划课程中有什么样的体验。虽然巴尔道夫（Baldauf 2005）并没有针对这些问题做出任何回答，但是，在澳大利亚的一所大学，有几位学者从研究生的学习角度分析了语言政策与规划课程的开设情况，而巴尔道夫就是这几位学者当中的一员。作为评价语言政策与规划课程的一部分内容，巴尔道夫的学生们提出要把微观语言规划作为他们的课外作业拿出来专门研究，而巴尔道夫的主要研究兴趣是了解这些学生对微观语言规划研究的种类。根据文献资料，微观语言规划的工作可出现在很多领域里，例如销售和服务、制造业、法院、行政管理、学校、家庭和社区（Baldauf 2006）。巴尔道夫在倡导微观语言规划时，希望通过分析学生的调查结果来为微观语言规划找到理论依据。更重要的是，他指出，如果语言政策与规划课程的教学是为了把学生培养成潜在的语言规划者，那么我们只要求他们按照大学里的课程教学和评估框架进行微观层面的语言规划就足够了。正如他所观察到的那样：

> 如果说语言规划和政策是应用语言学的一个极好案例，那么这帮学生怎样才能以某种相关的方式应用他们所学到的知识呢？毕竟，他们不可能参与墨西哥、中国或南非某一语言政策的起草工作。（236）

本文跟随巴尔道夫的脚步，把关注点放在澳大利亚的另一所大学上。该大学的一群研究生探讨了一些微观语言问题。然而，尽管巴尔道夫只关注学生的研究项目——为微观层面的语言问题制定政策，但本文则要通过以下两个观点的描述把微观语言规划这一概念变成一个问题：（1）学生在选择微观语言环境时，并没有清晰地体现出空间视角的划分。（2）更具批判性的是，微观语言规划未必要独立于宏观语言规划。在语言政策与规划文献中，微观语言环境的大小似乎被看作是一个假定事实，它需要经过批判性的检测。此外，巴尔道夫（Baldauf 2005: 29）还指出，"微观语言政策应源于微观层面，而不是宏观层面"，而且，微观层面的研究动力应该"来自地方，因为地方或微观层面的研究主体就在地方"（Baldauf 2005: 30）。由于本文是通过分析研究生的微观语言规划项目来进行阐述的，所以，在微观层面的语言规划中还存在如下几个方面的不确定性：微观语言场景的规模、微观语言规划行为体的所属种类和发生地点。

六、微观语言规划的学生案例分析

本文研究的微观语言规划项目是由澳大利亚一所著名大学的 41 名研究生在 2017 年第 1 学期（2—6 月）所完成的，这是他们在听完"语言教育规划"课程之后所完成的作业。在这些学生中，大多数学生都是应用语言学或国际英语教师专业（TESOL）的硕士生，另还有少数是教育学硕士生。超过 90% 的学生来自海外，其中主要来自亚洲国家，如中国（包括中国大陆、中国香港和中国台湾）、日本、新加坡、印度尼西亚、沙特阿拉伯和泰国。南美洲有四名智利学生，欧洲有一名意大利学生。

课程采用研讨式方法进行，时间是每周一次，每次 2 小时，共 13 周。学生的出勤率在整个学期都有波动，但学生可在电子课程黑板上看到每次上课内容的自动录像。课程内容由两部分组成。第一部分是学期的前 6 周，教学重点是从历史、概念、理论和方法等方面探讨语言政策与规划，其中包括语言规划的类型（地位规划、本体规划、习得规划和声望规划），语言规划的背景、过程和参与者，以及语言政策与规划的研究方向和研究方法。第二部分是学期中的剩余 7 周，教学涉及的专题包括：语言政策和国家认同；语言政策和全球化；语言教育政策；教学媒介语和双语教育；语言政策、人口流动和语言发展；语言政策、少数民族权利和社会凝聚力；语言丧失、语言复兴和语言维持。课程的学习资源来自众多的语言规划学者和研究者的研究成果，其中包括巴尔道夫（R. Baldauf）、本森（C. Benson）、科森（D. Corson）、费什曼（J. Fishman）、德吉特（P. Djite）、加西亚（O. García）、霍恩伯格（N. Hornberger）、约翰逊（D. Johnson）、卡普兰（R. Kaplan）、楼必安可（J. Lo Bianco）、梅伊（S. May）、菲利普森（R. Phillipson）、里森托（T. Ricento）、斯波斯基（B. Spolsky）、托尔夫森（J. Tollefson）和赖特（S. Wright）。这些语言规划专家撰写的期刊文章以及专著和论文集中的章节（如 Kaplan and Baldauf 1997; Johnson 2013; Spolsky 2012）都被选为课程的阅读材料。课程特别强调微观层面的语言规划和个体行动者的作用。在课程的第一周，教师就告诉学生：该课程的目的之一是演示语言政策与规划是如何运行的，它未必就是为了国家语言政策制定者而开设的；该课程也可与学生未来的职业相关，他们可在工作中担任教育工作者和教师的角色。学生必须阅读包括巴尔道夫在内的该领域主要学者有关微观语言规划的研究成果。这些阅读材料学生可以轻易获得（Baldauf 2005; Liddicoat and Baldauf 2008b），读完后就能提高他们对微观语言规划的理解。该课程其中有一周是以语言规划的行为体和能动性为主题，所以要求学生阅读蔡和巴尔道夫（Chua and Baldauf 2011）、芬顿－史密斯和格尼（Fenton-Smith and

Gurney 2016）和赵守辉（Zhao 2011）等人发表的研究成果。

学生课程表现的评价包括三个内容：1）口头陈述一个国家的语言概况（25%）；2）写一篇关于语言政策与规划主题的学术文章（40%）；3）制定一个微观环境下解决某些语言问题的政策（35%）。上述评价内容的题目都由学生自己选择。其中，最后的那个评价内容是本文需要分析的重点，其具体描述方式如下：

> 为你熟悉的机构制定一项微观语言政策［……］该政策文件本身应简洁、切题，并可供预期受众阅读。关于微观语言规划和政策的讨论以及实例总结，可参看巴尔道夫（Baldauf 2005）的研究成果。

尽管上述作业的任务说明并没有引导学生要倾向于某一特定的微观语言规划和宏观语言规划关系（如各自独立的关系或相互依存的关系），但在平时的教学中，课程强调的是它们两者间的独立关系，这也是巴尔道夫（Baldauf 2005）探讨过和举例说明过的内容。

在评价方法上，本人利用了评价系统，以便帮助我们分析学生的考核内容。学生则使用 Turnitin 软件在电子黑板上提交作业。本人按照以下评价标准在电子屏幕上阅读和标记学生的所有作业：1）语言问题及其社会背景；2）参考文献和基本概念；3）语言政策和作者论点；4）研究启示；5）风格和沟通。第一个标准有助于我们明白微观层面语言问题出现的社会背景，第三个和第四个标准则有助于我们明白语言政策的制定与其制定主体的所在地有关。

我们共收到 41 名学生有关微观语言规划的项目（即作业），它涉及 3 个大洲的 11 个国家和地区。从图 2 可以看出，中国大陆学生占多数——17 个。然而，并不是所有的学生都会以自己的国家为项目研究对象。例如，一名智利学生为澳大利亚布里斯班的一个地方教会制定了一项微观语言政策，而两名澳大利亚学生则分别为北京和阿布扎比的学校制定了他们的语言政策。

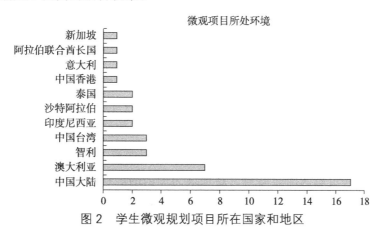

图 2　学生微观规划项目所在国家和地区

图 3 显示了学生根据巴尔道夫（Baldauf 2006）的语言域分类所做的微型语言规划项目类型。这些项目中没有巴尔道夫（Baldauf 2006）在论文中提到的行政、法院和制造业类别，而大学、公共部门和城市类别是学生在自己的作业中添加的。

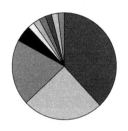

■ 中小学　　□ 销售与服务部门　　■ 大学　　■ 公共部门

□ 社区　　■ 城市　　■ 家庭　　■ 行政部门

□ 法院　　■ 制造业

图 3　学生微观规划项目的分类

在学生的作业中有 58% 的项目涉及学术领域（即学校和大学），这也不足为奇，因为班上许多学生入学前都是学校教师或大学科研人员。本文的学校包括中小学、幼儿园和特殊学校（如聋人学校）。销售和服务类的项目则体现了最大化的场景多样性，其中包括地方性的观光旅游（如中国和印度尼西亚）、金融机构（如沙特阿拉伯和中国）、医疗服务和医院（如中国内地和中国香港）、旅行社（如中国）、地方警察局（如日本）和语言中心（如中国）。在家庭和社区类项目中，各有一个，但社区类项目与宗教机构类的重叠，因为该语言政策是为某个教会制定的，其目的是为当地教区讲西班牙语的移民儿童教授西班牙语。公共部门类的项目包括为外向型国内劳动力制定的语言政策（如印度尼西亚）、为海外务工人员制定的语言政策（如中国）以及为食品、饮料、运输和零售业制定的语言政策（如新加坡）。基于城市的项目是为保护上海方言而制定的语言政策，因为该方言受到强势普通话的影响。

（一）微观语言环境的界定

如前所述，尽管所有学生都针对当地环境中出现的语言问题制定了自己的微观语言政策，但我们无法从这些项目当中得到有关微观语言政策在空间方面的统一理解。大多数项目都仅仅侧重于一个机构，如学校、大学、医院和金融机构。不过，也有一些项目的语言政策涵盖了整个领域，例如，印度尼西亚为国内劳动力制定语言政策，中国为海外务工人员制定语言政策，新加坡为国内的零售、运输、食品和饮料部门制定语言。此外，大学的语言空间似乎也是一个模棱两可的情形。大学像中小学一样是一个独立的机构，但是考虑到它所涵盖的范围和人群规模，它能视作一个微观的语言环境吗？同样，像上海这样的城市在制定保护上海方言的政策时会涉及个人、机构和城市景观，那我们能把上海看作是一个微观政策的环境吗？这些案例表明，微观语言政策的范围可能很难确定，即使人们对此已经达成共识，即认为它指的是像学校、大学、金融机构或城市这样的一个实体，但是对不同的人来说，微观语言政策的空间也可能是完全不同的。

（二）规划者的主体性质

更值得注意的是规划主体在微观规划中的性质。巴尔道夫（2006）认为，规划者是决定语言政策地位的关键因素。他明确表示，微观语言政策的执行者必须来自当地，而不能追溯到宏观语言环境。根据他的定义，宏观语言政策在微观层面的执行者不能视为规划者。在这一概念的引导下，可以尝试根据规划主体类型对 41 个项目进行分类（见附录 A）。其中四个项目具有宏观性质，地方主体可能不足以解决有关的语言问题。这些是与中国、印度尼西亚和新加坡公共部门有关的项目，以及一个关于保存上海方言的项目。在剩下的 37 个项目中，有 22 个似乎表明宏观和微观之间相对独立，这意味着语言问题是在当地发现的，政策是在当地制定和部署的。在这类情况下，地方语言政策的启动与宏观语言政策无关。考虑到大学有自主权制定自己的语言政策，因此所有以大学为基础的项目都被纳入微观语言规划这一组。虽然国家语言政策对大学语言政策有一定的影响，但大学仍然可以被视为独立的政策主体。然而，如上文所述，大学本身是否可以成为一个微观规划场所，尚有待商榷（参见 Miranda *et al.* 2016）。其中有一所学校项目被列入微观类别，这是北京一所国际学校制定的政策，旨在解决来这所学校学习的那些非中文背景国际学生的汉语需求。中国台湾的两个幼儿园项目也符合这一分类，因为这两个项目都是地方主体发起的涉及英语的双语项目，而宏观层面的早期语言学习政策并没有此类规定。

在销售和服务环境中，特定客户群体的需求会带来语言问题，其中涉及以最有效的方式提高利润率和提供服务，因此主体的本地性是显而易见的。因此，中国大陆、中国香港、沙特阿拉伯和澳大利亚的医院、医护中心、金融机构和旅行社制定了针对特定受众群体语言需求的政策。例如下面一些受众：一家上海银行的阿拉伯语客户、一家澳大利亚地方卫生诊所的非英语患者，以及上海一家中医医疗中心接待的韩语客人。日本旅游地警察局的语言政策是一个有趣的微观语言政策案例，该政策旨在提高警察人员的英语水平，使他们能够为非日语游客提供高效的服务。

然而，除了这些案例外，还有 15 个项目没有表明是在地方启动的政策。这些政策具有宏观基础，其主体本质上都主张政策干涉，因此在教学环节和政策实施层面提出了创新的策略，以解决宏观政策的不足。毫不奇怪，所有这些案例都与学校有关，宏观层面的权力部门为其制定了语言政策。例如，智利的一所学校针对一个区域项目提出了提高该校成绩的措施，而成绩的评判是根据国家层面的标准化考试；鉴于国家政策不足以满足非意大利背景难民学生的语言需求，意大利的地方学校制定了满足这类学生语言需求的政策；在阿拉伯联合酋长国，阿布扎比的一个农村项目提出了新政策，以应对教育部门推行的阿拉伯语和英语双语教育政策带来的挑战。所有这些都是"分权"政策或地方对国家政策反应的例子，这些政策强调宏观和微观的相互依存或互惠，而不是它们的独立性。

总之，学生们似乎没有形成或展示微观语言规划概念的独立性。不同的学生对地方语言规划有不同看法，因为这类规划与宏观规划既有依赖关系又相互独立。学生从阅读和学习活动中产生的多种观点可能反映了对文章中所述微观语言规划的不同理解。

七、结语

本文从理论和实证的角度对微观层面的语言规划进行了研究。巴尔道夫以一种特别的方式定义了微观语言规划，确立了微观语言规划与宏观语言规划的某种特定关系。这种狭隘的微观语言规划观认识到微观语言规划与宏观语言规划之间的独立性。因此，这一概念行为可能使得我们有必要将微观语言规划也纳入语言政策与规划的范围。然而，语言政策与规划研究者似乎以多种方式来理解微观语言规划，从而认为微观语言规划与宏观语言规划存在多种关系。本文所分析的研究生微观语言规划项目就体现了学界对这些概念阐释的多样性。

在语言政策与规划研究中，如能从更广义的角度来看待微观语言规划，这可能会更现实些。然而，即使是这种现实的方法也不能完全解决本文所讨论的微观语言规划的概念问题。如前所述，从空间角度定义微观语言环境可能是站不住脚的。尽管微观语言环境通常被理解为单个实体（如学校、家庭或大学），但实体的大小是无法规范的。此外，微观语言规划所解决的语言问题显然具有地方特色，但这些问题未必就是仅仅与地方有关的语言问题，它们还可能与区域、国家甚至全球都有关联。换言之，微观语言规划所要解决的语言问题在其范围上根本无法完全说清。最后，"微观语言规划"中"语言规划"在其性质上也难以说清。例如，语言规划是否应该理解为语言政策的启动、制定或实施？尽管所有这些类型的语言规划主体行为都可能与微观语言环境相关（见 Zhao 2011），但"语言规划"与宏观语言环境的传统关联通常仅指语言政策的启动。因此，在宏观和微观语言背景下，"语言规划"的含义可能是不尽相同的。

考虑到微观语言规划这个概念的复杂性以及该术语的广义概念已得到越来越多研究机构的证实，因此有人提出微观语言规划不必为了其正统性而贴上"规划"一词的标签。事实上，微观层面的语言工作不需要这个标签也行。"规划"一词可以保留其与宏观语言环境的传统联系，而其他层次的语言工作可以称为"语言管理"。如前所述，语言管理理论在与经典语言政策与规划的平行发展过程中使用了不同的术语，彼此保持了一定的距离（Neustupny and Nekvapil 2003; Nekvapil 2006）。麦康奈尔（McConnell 1977a; 1977b）在描述魁北克和加拿大语言状况的特征时，将"语言规划"视为对宏观层面语言计划的描述，而把微观层面的语言情况看作是"语言处置"。斯波斯基（Spolsky 2009; 2017; 2018）尽管采用了"语言管理"一词，但在他的概念中，语言管理只是语言政策三个组成成分中的一个而已，另外两个是语言实践和语言信仰。姆瓦尼基（Mwaniki 2011）也呼吁从语言规划转向语言管理。

我们在对待国家层面之下的语言状况时最好还是采用上述学者所建议的术语，主要原因有两个。首先，国家层面的"语言规划"往往都具有更大的抱负和更强的意识形态，而"语言管理"则以问题为导向，它更现实、更实用（Hamid and Baldauf 2014）。语言管理是对人类交际过程中所经历和所发现的语言问题和沟通问题的回应。虽然国家层面的语言规划也要解决各种语言问题，但它主要侧重于国家在语言和语言身份方面的愿望。其次，尽管学界不少人主张微观语言规划要独立于宏观语言规划，但微观语言规划实际上需要与更高层面的语言政策发生互动关系。换言之，正如利迪科特和巴尔道夫（Liddicoat and Baldauf 2008b）所说的那样，区分宏观语言规划和微观语言规划的做法最终可能是错误的。对于语言管理来说，这种区分是不必要的，因为宏观和微观之间存在着辩证关系。语言管理在微观环境中（无论该环境的规模是大还是小）表现得更为现实，因为它可在同样的环境中同时运用简单语言管理和组织化管理过程（Nekvapil and Nekula 2006）。

因此，我们把微观环境中的语言改变行为称为"语言管理"，这显得更恰当，而把宏观环境中的语言改变行为继续称为"语言规划"。我们对这些术语进行区分是必要的，因为它有利于术语概念的准确理解，进而有助于语言政策与规划领域学生的学术追求。此外，让学生也参与这种研究，如通过访谈和其他研究方法来获取学生对这些术语概念的理解与看法，这对于此类研究的内容是很重要的。但是，本文目前未能做到这一点。目前，有关语言政策与规划学科"教"与"学"的研究鲜见，但这类话题的研究结果将有助于推动语言政策与规划学科"教"与"学"的发展。

致谢

本文的早期版本于 2017 年在布拉格查尔斯大学的一次研讨会上宣读过。感谢内克瓦皮尔教授的反馈和建议，感谢两位审稿人和学报编辑的宝贵意见。

参考文献

Alexander, N. (1992) 'Language Planning from Below', in R.K. Herbert (ed.), *Language and Society in Africa: The Theory and Practice of Sociolinguistics.* Johannesburg: Witwatersrand University Press, 143–9.

Ali, L.H. and Hamid, M.O. (2018) 'English-Medium Instruction and Teacher Agency in Higher Education: a Case Study', in P.G. Chew, C.S.K. Chua, K. Taylor-Leech and C. Williams (eds), *Un(intended) Language Planning in a Globalising World: Multiple Levels of Players at Work.* Berlin: De Gruyter Open, 233–49.

Alimi, M.M. (2016) 'Micro Language Planning and Cultural Renaissance in Botswana', *Language Policy* 15(1): 49–69.

Amery, R. (2001) 'Language Planning and Language Revival', *Current Issues in Language Planning* 2(2–3): 141–221.

Baldauf, R.B. Jr. (1993) '"Unplanned" Language Policy and Planning', *Annual Review of Applied Linguistics* 14: 82–9.

Baldauf, R.B. Jr. (2005) 'Micro Language Planning', in P. Bruthiaux, D. Atkinson, W. Eggington, W. Grabe and V. Ramanathan (eds), *Directions in Applied Linguistics: Essays in Honour of Robert B. Kaplan.* Clevedon; Buffalo; Toronto: Multilingual Matters, 227–39.

Baldauf, R.B. Jr. (2006) 'Rearticulating the Case for Micro Language Planning in a Language Ecology Context', *Current Issues in Language Planning* 7(2–3): 147–70.

Baldauf, R.B. Jr. and Hamid, M.O. (2018) 'Language planning "schools" and their approaches and methodologies', in M. Sloboda, J. Nekvapil and L. Fairbrother (eds), *The Language Management Approach: A Focus on Methodology.* Frankfurt am Main: Peter Lang, 43–66.

Barkhuizen, G. and Knoch, U. (2006) 'Macro-Level Policy and Micro-Level Planning: Afrikaans-Speaking Immigrants in New Zealand', *Australian Review of Applied Linguistics*, 29(1): 3.1+.

Bruthiaux, P., Atkinson, D., Eggington, W., Grabe, W. and Ramanathan, V. (eds) (2005) *Directions in Applied Linguistics: Essays in Honour of Robert B. Kaplan.* Clevedon; Buffalo; Toronto: Multilingual Matters.

Canagarajah, S. (ed.) (2005). *Reclaiming the Local in Language Policy and Practice.* Mahwah,

NJ: Lawrence Erlbaum.

Chew, P.G., Chua, C.S., Taylor-Leech, K. and Williams, C. (eds) (2018) *Un(Intended) Language Planning in a Globalising World: Multiple Levels of Players at Work.* Berlin: De Gruyter Open, 233–49.

Chua, C.S.K. and Baldauf, R.B. Jr. (2011) 'Micro Language Planning', in E. Hinkel (ed.), *Handbook of Research in Second Language Teaching and Learning.* New York; London: Routledge, 936–51.

Cooper, R.L. (1989) *Language Planning and Social Change.* Cambridge: Cambridge University Press.

Corson, D. (1998) *Language Policy in Schools: a Resource Book for Teachers and dministrators.* Florence: Taylor and Francis.

Davies, A. (1999) 'Review of Kaplan R.B. and Baldauf, R.B. Jr. (1997)', *Language Planning from Practice to Theory.* Clevedon, Multilingual Matters', *Australian Review of Applied Linguistics* 22(1): 121–24.

du Plessis, T. (2010) 'Language Planning from Below: The Case of the Xhariep District in the Free State Province', *Current Issues in Language Planning* 11(2): 130–51.

Fenton-Smith, B. and Gurney, L. (2016) 'Actors and Agency in Academic Language Policy and Planning', *Current Issues in Language Planning* 17(1): 72–87.

Haarmann, H. (1990) 'Language Planning in the Light of a General Theory of Language: a Methodological Framework', *International Journal of the Sociology of Language* 86: 103–26.

Hamid, M.O. (2016) 'The Politics of Language in Education in a Global Polity', in K. Mundy, A. Green, B. Lingard and A. Verger (eds), *The Handbook of Global Education Policy,* London: Wiley Blackwell, 259–74.

Hamid, M.O. and Baldauf, R.B. Jr. (2014) 'Public-Private Domain Distinction as an Aspect of LPP Frameworks: a Case Study of Bangladesh', *Language Problems and Language Planning* 39(2): 192–210.

Hogan-Brun, G. (2010) 'Editorial: Contextualising Language Planning from Below', *Current Issues in Language Planning* 11(2): 91–94.

Hornberger, N.H. (ed.) (1997) *Indigenous Literacies in the Americas: Language Planning from the Bottom Up.* Berlin; New York: De Gruyter.

Hornberger, N.H. and Johnson, D.C. (2007) 'Slicing the Onion Ethnographically: Layers and Spaces in Multilingual Language Education Policy and Practice', *TESOL Quarterly* 41(3): 509–32.

Jernudd, B. and Nekvapil, J. (2012) 'History of the Field: A Sketch', in B. Spolsky (ed.), *The Cambridge Handbook of Language Policy.* Cambridge: Cambridge University Press, 16–36.

Johnson, D.C. (2013) *Language Policy.* London: Palgrave Macmillan.

Jones, J.M. (2012) 'Language at the Brink of Conflict: Micro-Language Planning in One West Kenyan School', *Language Policy* 11(2): 119–43.

Kamwangamalu, N. (2011) 'Language Planning: Approaches and Methods', in E. Hinkel (ed.), *Handbook of Research in Second Language Teaching and Learning.* Vol. 2. New York:

Routledge, 888–904.

Kaplan, R.B. (2011) 'Macro Language Planning', in E. Hinkel (ed.), *Handbook of Research in Second Language Teaching and Learning*. New York; London: Routledge, 924–35.

Kaplan, R.B. and Baldauf, R.B. Jr. (1997) *Language Planning: From Practice to Theory*. Clevedon: Multilingual Matters.

Kaplan, R.B., Baldauf, R.B. Jr and Kamwangamalu, N. (2011) 'Why Educational Language Plans Sometimes Fail', *Current Issues in Language Planning* 12(2): 105–24.

Kirkgoz, Y. (2007) 'Language Planning and Implementation in Turkish Primary Schools', *Current Issues in Language Planning* 8(2): 174–91.

Kuo, E.C.Y. and Jernudd, B. (1993) 'Balancing Macro- and Micro-Sociolinguistic Perspectives in Language Management: the Case of Singapore', *Language Problems and Language Planning* 17(1): 1–21.

Liddicoat, A.J. and Baldauf, R.B. Jr. (2008a) 'Language Planning in Local Contexts: Agents, Contexts and Interactions', in A.J. Liddicoat and R.B. Jr. Baldauf (eds), *Language Planning in Local Contexts*. Clevedon; Buffalo; Toronto: Multilingual Matters, 3–17.

Liddicoat, A.J. and Baldauf, R.B. Jr. (eds) (2008b) *Language Planning in Local Contexts*. Clevedon: Multilingual Matters.

Liddicoat, A.J. and Taylor-Leech, K. (2014) 'Micro Language Planning for Multilingual Education: Agency in Local Contexts', *Current Issues in Language Planning* 15(3): 237–44.

Lo Bianco, J. (1990) 'Making Language Policy: Australia's Experience', in R.B J. Baldauf and A. Luke (eds), *Language Planning and Education in Australasia and the South Pacific* Clevedon: Multilingual Matters, 47–79.

Luke, A., McHoul, A.W. and Mey, J.L. (1990) 'On the Limits of Language Planning: Class, State and Power', in R.B. Baldauf Jr. and A. Luke (eds), *Language Planning and Education: In Australia and the South Pacific*. Clevedon: Multilingual Matters, 25–44.

Martin, P.W. (2005) '"Safe" Language Practices in Two Rural Schools in Malaysia: Tensions between Policy and Practice', in A.M.Y. Lin and P.W. Martin (eds), *Decolonisation, Globalisation: Language-in-education Policy and Practice*. Clevedon: Multilingual Matters, 74–97.

McConnell, G.D. (1977a) 'Language Treatment and Language Planning in Canada', *Language Planning Newsletter* 3(3): 1, 3–6.

McConnell, G.D. (1977b) 'Language Treatment and Language Planning in Canada', *Language Planning Newsletter* 3(4): 1–6.

Menken, K. and Garcia, O. (eds) (2010) *Negotiating Language Policies in Schools: Educators as Policymakers*. New York; London: Routledge.

Miranda, N., Berdugo, M. and Tejada, H. (2016) 'Conflicting Views on Language Policy and Planning at a Colombian University', *Current Issues in Language Planning* 17(3–4): 422–40.

Mwaniki, M. (2011) 'Language Management in Africa: The Dialectics of Theory and Practice', *Southern African Linguistics and Applied Language Studies* 29(3): 243–57.

Nahir, M. (1998) 'Micro Language Planning and the Revival of Hebrew: A Schematic

Framework', *Language in Society* 27(3): 335–57.

Nekvapil, J. (2006) 'From Language Planning to Language Management', *Sociolinguistica: International Yearbook of European Sociolinguistics* 20: 92–104.

Nekvapil, J. and Nekula, M. (2006) 'On Language Management in Multinational Companies in the Czech Republic', *Current Issues in Language Planning* 7(2–3): 307–27.

Neustupny, J.V. and Nekvapil, J. (2003) 'Language Management in the Czech Republic', *Current Issues in Language Planning* 4(3–4): 181–366.

Nguyen, H.T. (2016) 'English-Medium Instruction in Higher Education: A Case Study on Local Agency in a Vietnamese University'. Phd thesis, unpublished. Brisbane: University of Queensland.

Paciotto, C. and Delany-Barmann, G. (2011) 'Planning Micro-level Language Education Reform in New Diaspora Sites: Two-Way Immersion Education in the Rural Midwest', *Language Policy* 10(3): 221–43.

Pennycook, A. (2000) 'English, Politics, Ideology: From Colonial Celebration to Postcolonial Performativity', in T. Ricento (ed.), *Ideology, Politics and Language Policies: Focus on English*. Amsterdam: John Benjamins, 107–19.

Petrovic, J.E. and Kuntz, A.M. (2013) 'Strategies of Reframing Language Policy in the Liberal State: A Recursive Model', *Journal of Language and Politics* 12(1): 126–46.

Phan, H.T.T. and Hamid, M.O. (2017) 'Learner Autonomy in Foreign Language Policies in Vietnamese Universities: An Exploration of Teacher Agency from a Sociocultural Perspective', *Current Issues in Language Planning* 18(1): 39–56.

Ricento, T. (2000) 'Historical and Theoretical Perspectives on Language Policy and Planning', *Journal of Sociolinguistics* 4(2): 196–213.

Ricento, T. and Hornberger, N.H. (1996) 'Unpeeling the Onion: Language Planning and Policy and the ELT Professional', *TESOL Quarterly* 30(3): 429–52.

Spolsky, B. (2009). *Language Management*. Cambridge: Cambridge University Press.

Spolsky, B. (ed.) (2012) *The Cambridge Handbook of Language Policy*. Cambridge: Cambridge University Press.

Spolsky, B. (2017) 'Language Policy in Education: Practices, Ideology and Management', in T.L. McCarty and S. May (eds), *Encyclopedia of Language and Education. Vol. 1. Language Policy and Political Issues in Education*. Dordrecht: Springer, 3–16.

Spolsky, B. (2018) 'Language Policy: From Planning to Management', in P.G. Chew, C.S.K. Chua, K. Taylor-Leech and C. Williams (eds), *Un(intended) Language Planning in a Globalising World: Multiple Levels of Players at Work*. Berlin: De Gruyter Open, 301–9.

Tollefson, J.W. (1981) 'Centralized and Decentralized Language Planning', *Language Problems and Language Planning* 5(2): 175–88.

Tollefson, J.W. (1991) *Planning Language, Planning Inequality*. London; New York: Longman.

Zhao, S. (2011) 'Actors in Language Planning', in E. Hinkel (ed.) *Handbook of Research in Second Language Teaching and Learning*. New York; London: Routledge, 905–23.

附录

表1　学生开展的微观规划项目名称及所在的国家和地区

独立的	相互依存的	更似宏观的
澳大利亚	**澳大利亚**	**印度尼西亚**
1. 在大学基础年课程中为留学生提供英语语言支持	1. 多元文化学校的微型语言规划：支持具有不同背景的学生	1. 印度尼西亚家庭佣工培训中心微型语言政策
2. 布里斯班教堂的微型语言规划	2. 在多语言土著学校环境中进行英语教学	2. 印度尼西亚海外工人的微观语言政策
3. 区域医疗中心环境下的微型语言政策	**阿联酋**	**新加坡**
4. 布里斯班双语家庭的家庭语言政策	3. 微观语言政策	3. 新加坡零售店的微语言规划
5. 大学某系母语使用的微型语言政策	**智利**	
	4. 关于实施微观语言规划以提高英语学校中学生理解能力的建议	
	5. 微观语言规划	
	6. 包容性环境下英语教学的微观语言策略	
中国	**中国**	**中国**
6. 景区微观语言政策	7. 聋人群体微型语言政策：对上海一所聋人高中的建议	4. 上海方言保护的微语言规划
7. 上海某医疗中心的微型语言政策	8. 新疆微观语言规划	
8. 大学微观语言规划	9. 少数民族群体双语小学的微观语言政策	
9. 银行微观语言规划	10. 云南西部一所小学的微观语言政策	
10. 旅行社的微观语言规划	11. 新疆小学的微观语言政策	
11. 上海一所一流大学的微观语言规划	12. 西藏农村小学微观语言规划	
12. 北京国际学校的微观语言政策	**意大利**	
13. 语言中心的英语能力发展	13. 移民学生的语言政策：揭示中学本地环境中的主要问题	

独立的	相互依存的	更似宏观的
14. 中医院微观语言规划		
中国香港特区		
15. 微观语言规划		
印度尼西亚		
16. 旅游企业集团微观语言政策与规划		
日本		
17. 日本警察局的微观语言规划		
沙特阿拉伯		
18. 大学英语语言中心的微观语言规划		
19. 沙特阿拉伯金融组织的微观语言规划政策		
中国台湾地区	**中国台湾地区**	
20. 幼儿园的微观语言政策	14. 小学微观语言政策	
21. 早期双语教育的微观语言政策		
泰国	**泰国**	
22. 为大学制定微观语言政策	15. 泰国南部方言在乡村学校的保存	

语言竞争模型与语言政策评估[*]

托尔斯滕·坦普林　著

王　辉　叶羽婵　译

赵守辉　审

文献来源: Templin, Torsten. 2020. Language Competition Modeling and Language Policy Evaluation. *Language Problems and Language Planning* 44(1), 45—65.

导读: 这篇文章试图提出一个语言竞争的数学模型以评估不同的语言政策的效果,为长期的、动态发展的语言政策提供指引。

首先,文章对以往语言竞争模型的相关研究进行梳理和综述,指出现有模型往往使用缺乏社会语言学意义的参数,难以对抽象的语言声望或地位作具体描述。因此,研究者在此基础上提出并建立以代际语言传播、学校语言教育、成人语言学习与人口迁移四要素为核心内容的新模型。其中,模型参数可以根据已有社会语言学实证数据进行估算。其次,文章以巴斯克自治社区为例进行模型演示,包括对数据来源的说明和模型参数的设置、语言构成的分析和预测以及语言政策的个案预测。该模型涉及语言竞争的动因及其如何影响语言构成演化,因而比起基于增长率的简单预测更具说服力和科学性。最后,文章进行归纳总结并提出未来研究可以通过扩展模型以分析更复杂的现实情况。

值得一提的是,文章提出的语言竞争模型吸收了经济学理念进行语言政策的成本收益分析。它既可以描绘过去,又可以预测未来,从动态的研究视角出发,为语言政策评估提供一个可参考的坐标系。

---

[*] 托尔斯滕·坦普林(Torsten Templin),博士,曾任柏林洪堡大学助理研究员,现任某上市公司数据科学家,拥有数学、经济学、哲学等多学科背景,曾联合主编《语言政策和语言正义:经济、哲学和社会语言学视角》。——编者注

摘要：本文提出了一个用于分析语言政策对语言竞争影响的框架。其核心是语言竞争模型，该模型考虑到社会语言构成演变的四个关键因素：代际语言传播、正规语言教育、成人语言学习与人口迁移。与以往文献采用的大多数模型不同，此模型运行的参数可以通过社会语言学实证数据来估算。它可以重建过去，并模拟未来的动态发展。语言策略模型可以根据模型参数的变化得以建构。因此，通过该模型得出的预测结果可以用来比较不同语言政策的效果。本文将以西班牙巴斯克自治社区内的巴斯克语和西班牙语来说明该模型的应用。

关键词：语言竞争模式；弱势语言；语言政策评价

一、引言

在多语言国家或地区，政府公共部门需要对现存的语言多样性进行应对和管理。从某种程度上来说，即使在某些看似是单一语言的环境中，这样的语言政策也是必要的。政府部门在与公众沟通时必须使用某些特定语言，其中至少要有一种语言用于公共管理，而实际能应用于路标及纸币的语言种类也非常有限。语言政策能够决定（公立）学校的教学语言以及为学生开设的外语种类。人口迁移则是语言政策的另一个关键应用领域。在许多国家，一定的官方语言熟练程度是迁入的先决条件。因此，政府部门应该仔细筛选并设计语言策略，且必须考虑它们对不同社会语言群体的影响。这就体现出评估的重要性，"就像任何其他政策一样，语言政策可以（也应该）被评估"（Gazzola 2014: 1）。

以往文献对"语言政策"的界定多种多样。约翰逊对语言政策的不同界定方法曾做了比较清晰的概述（Johnson 2013, Chapter 1）。本文将采用格兰提出的定义，即语言政策是"一种系统的、理性的、基于理论的社会层面的活动，它以增加总体福利为着眼点，试图改变语言环境。这种活动通常由官方机构或其代理执行，其目标对象为生活在其管辖范围内的部分或全部人口"（Grin 1999: 18）。本文重点考虑旨在提高弱势语言地位的语言政策，例如确保弱势语言群体能够使用他们的母语获得公共服务，以及通过学习规划等措施使弱势语言得以保持。

（一）语言政策评估

与任何公共政策一样，语言政策也有其潜在的优点和缺点。例如，假设存在这样一项政策，允许公民在获得公共服务时可以同时使用优势语言和弱势语言，而不仅仅局限于优势语言。该政策的显著优势在于，以该弱势语言为母语的群体可以直接使用他们的母语获得公共服务。而该政策显著缺陷则是成本：比如必须要使用两种语言编制文件，再比如必须要培训工作人员使用弱势语言提供服务。此外还可能存在一个缺陷，即该政策出台后可能使次弱势语言群体又产生被忽视的感觉。在评估一项政策或比较不同的政策选择时，必须评估当前以及未来潜在的优缺点。预测语言政策的未来影响是一项艰难而复杂的任务，这是因为受当前趋势和政策本身的影响，政策的受益人数往往会随着时间的推移而改变。因此，笔者认为，为了更好地考量语言政策的现实影响，必须将语言动态发展纳入考虑范围。这一点可以通过创建语言动态模型来实现，下一章将对此进行论述。

（二）语言竞争模型

语言竞争模型是用来分析互动语言演变的数学模型。本文关注的是在特定区域内使用两种语言的人群数量及分布的演变。以往的文献中存在各类模型，其中大多数是以生物学、（统计）物理学和经济学模型为原型启发所建构的。这反映了语言竞争与生物物种间的交互作用或与互动粒子的复杂系统有着共同特征。从经济学的角度来看，语言竞争可以被定义为在特定的语言环境中效用最大化的个体语言相关决策的综合结果。现有的模型是确定性的或概率的；宏观的或微观的；基于微分方程的或基于计算机模拟的；只考虑两种语言的单语者，或者多语和双语者；忽略了语言群体的地理分布的或明确描述了语言地理扩散的。现有模型已洞察到语言进化、变化和衰退的动态发展。此外，还有几种模型，其中得到良好校准的可以模拟和再现已考察过的实证数据。笔者将在第二章更详细地概述相关模型。关于各种建模方法的概述可以参考卡斯特利亚诺、福尔图纳托和洛雷托（Castellano, Fortunato, and Loreto 2009），龚涛、帅兰、张梦翰（2014）以及约翰（John 2016）。

（三）语言竞争模型与政策评价相结合

语言竞争模型自诞生以来就伴随着这样一种期待：这些模型"可能对语言保护项目的设计和评估有用"（Abrams & Strogatz, 2003: 900）。一些学者甚至明确对旨在促进弱势语言保护的国家干预行动进行建模，如米内特和王士元（2008），坦普林、赛德尔、维克斯特伦和费希廷格（Templin, Seidel, Wickström, and Feichtinger 2016）。此类干预通常可以归结为提高弱势语言的声望或地位。由于地位是模型中的一种独立数值参数，因此推导出的政策建议通常是相当笼统和抽象的。在不同版本的模型中可以发现的一个典型结论是：如果弱势语言的地位高于一定的阈值，那么这种语言就可以生存下去。但即便提供了阈值的具体数值，问题仍然在于这个数值在实践中到底意味着什么。语言竞争模型必须建立在具有明确社会语言学意义的参数上，才能用于超越一般和抽象陈述的政策评估。此外，这些参数应该是在实地中可被测量的。费尔南多、瓦利耶尔维和戈尔茨坦（Fernando, Valijärvi, and Goldstein 2010）已经指出了这一点，本文将在第二章展开讨论。

　　本文提出了一个较为简单、宏观的模型。该模型建立在五个影响语言动态的关键因素基础上——家庭构成、代际语言传播、语言教育、成人语言学习和人口迁移，并且只使用从实证数据获得的参数。该模型描述了这些因素的变化，即语言环境的变化，如何随着时间的推移影响社会的语言构成。由于语言政策可以引起这些因素的变化，因此该模型可以用来研究政策对语言构成的后续影响，以及它们未来的收益和成本。

　　本文剩余行文结构如下：第二章将对语言竞争模型进行建构和描述；第三章阐述了该模型在西班牙巴斯克自治社区内西班牙语和巴斯克语的应用；第四章对未来研究进行了展望，特别是聚焦基于语言竞争模型的有益扩展，并试图得出一些结论。

二、语言竞争模型

　　本文提出的模型符合肇始于艾布拉姆斯和斯特罗加茨（Abrams and Strogatz 2003）以及维克斯特伦（Wickström 2005）提出的语言竞争建模传统。艾布拉姆斯和斯特罗加茨（Abrams and Strogatz 2003）指出，两种语言在争夺单语使用者。一种语言的使用者越多，它的地位越高，它吸引的人也就越多。此时，语言使用人数量变化是通过微分方程描述的。而维克斯特伦（Wickström 2005）的研究表明，语言动态主要受家庭构成和代际语言传播的驱动。两个成年人组成夫妻，生养孩子，并决定将哪种语言传递给后代。这一决定基于两个理由：他们从传播范围广的语言中获得实惠，以及从传播他们情感上依恋的语言中获得效用。这两种模型在后续得到了进一步研究。米内特和王士元（Minett and Wang 2008）提出了适用于双语使用者的新版艾布拉姆斯 / 斯特罗加茨模型。此外，他们扩展后的模型里，使用单语的成年人可以通过学习第二语言成为双语使用者（横向语言传播）。与"地位"这一变量因素一样，学习第二语言的动机随着使用该语言的人数的增加而增强。坦普林等人（Templin *et al.* 2016）对维克斯特伦模型又进行了进一步扩展性研究。他们认为弱势语言的地位是模型中的一个随着时间的推移而下降的变量因子。这种地位下降可以通过国家对地位规划措施的投资来抵消。本文在参考并结合维克斯特伦（Wickström 2005）和米内特、王士元（Minett and Wang 2008）模型元素的基础上，得出对任何（现代）社会的语言动态来说五个至关重要的因素：（1）夫妻 / 家庭的构成；（2）代际语言传播；（3）正规学校教育中的语言学习；（4）包括人口迁移在内的成年人的语言学习；（5）人口迁移。

正如引言中所提到的，主流的语言竞争模型都受到物理学、生物学和经济学模型的启发。大多数模型都有一个或多个数值参数，这些参数往往缺乏明确的社会语言学意义，但对于模型的产出结果具有重要影响。在某些情况下，从社会语言学视角出发，模型参数只能得到模糊且宽泛的解释。一个典例便是语言地位或声望。尽管这个参数能对应"社会语言学"这一概念，但它必然不能映射这个概念的复杂性，这是因为它在模型中被归结为一个单一数字。正如费尔南多等人指出的，"有声望价值的语言特征是什么，比如 1.2，两种有声望价值的语言差异所对应的社会文化条件是什么，分别是 1.2 和 1.3"（Fernando *et al.* 2010: 50）。因此，多数模型都必定导致一种在形式上的相关性：如果 A 增加，那么 B 也增加。费尔南多等人（Fernando *et al.* 2010）提供了一个模型，其中至少理论上说参数都是可实地测量的，只是不幸在实践中测量某些参数并不是那么容易的。另一个值得注意的例外是萨布林和贝朗格（Sabourin and Bélanger 2015）以及最近霍尔和科尔贝尔（Houle and Corbeil 2017）采用的研究方法。萨布林和贝朗格（Sabourin and Bélanger 2015）没有直接参考现有语言竞争模型文献，而是受定量和定性的社会语言学研究启发，纯粹基于已有的经验数据，提出了一个微观模拟模型来分析加拿大的语言动态。作者分析了加拿大语言构成未来可能出现的不同情景。此模型虽然正确强调了人口迁移的作用，但没有直接明确地将教育因素包含在内，尽管教育"可能成为政府介入语言领域的唯一且最重要的渠道"（Grin, 2003: 17）。此外，他们只考虑代际之间的语言传播中母亲的作用，而没有像维克斯特伦（Wickström 2005）或其他学者那样考虑可能存在的混合家庭。这一宏观模型纯粹是基于从社会语言学实证数据中获得的参数。而就某些国家而言，建立模型所需的所有数据都已经具备，如第 3 章（对巴斯克自治社区的西班牙语和巴斯克语的研究）所示。

（一）背景和符号

本文将背景设置为有两种语言的国家或地区，一种是地位高的优势语言 H，另一种是地位低的劣势语言 L。根据个体的语库来分组，可以分成三种类型：H 单语者、L 单语者和双语者。由于只考虑语言 H 和 L，模型中划分出来的单语者可能通晓其他语言。H 单语者甚至可能会一些基础的 L 语，但不足以将其定位为双语者。当这个模型应用到现实生活场景时，我们经常依赖于自报的数据。因此，只有能够很好地理解和使用两种语言的人才能算作双语者。参见下面讨论的巴斯克例子。

以下将对贯穿整篇论文的符号作一个说明。N_H 表示 H 语成年单语者的数量，N_L 表示 L 语成年单语者的数量，N_B 表示成年双语者的数量。成年人口总数为 $N=N_H+N_L+N_B$。

人口 H 单语者人数占总人数的比例为 X_H，即 $X_H=N_H/N$。定义 X_L 和 X_B 采用类似方式。

（二）构建模型

语言竞争模型用数学公式描述 N_H、N_L 及 N_B 等语言的人口组成，作为上述五个过程的结果，是如何随着时间的变化而变化的。模型以年为单位计算时间 t，其中 $N(t)$ 为当时的总体人口规模，而 $N_R(t)$ 为当时拥有 R 语库的总人数，$R=H, L, B$。

模型可以一步步来建立。从一个简单的人口模式开始：用 λ 表示年出生率，用 μ 表示年死亡率，假定所有语库组的出生率和死亡率是相同的。该模型广泛适用于不同语言群体和家庭类型中区分死亡率和出生率的情况。t+1 年年初的人口规模等于前一年 t 年年初的人口规模加上当年的所有出生人口，再减去当年的所有死亡人口。数学公式可表达为 $N(t+1)=N(t)+\lambda N(t)=\mu N(t)=(1+\lambda-\mu)N(t)$。

1. 家庭构成

F 型夫妻／家庭有六种可能性：HH（两个 H 单语者）、HB（一个 H 单语者和一个双语者）、LL、LB、BB 和 HL。[①] 家庭构成的概念是随机搜索和匹配过程的结果。一般认为两个成年人用共同语言才能进行交流。因此，HL 类型的家庭被排除在外。家庭类型的分布取决于社会的语言构成情况和弱势语言群体的地理集聚。根据莫里尔的研究（2016），语言聚集程度可以通过隔离指数来衡量，该指数衡量的是双语者在一个普通双语者所在地理区域的比例。无语言聚集度可以用 $C=0$ 表示，全语言聚集度用 $C=L$ 表示。$\psi(F; C, X_H, X_L)$ 可以表示 F 型家庭所占的比例，给定聚集度 C 和以 X_H 和 X_L 为代表的全部人口的相对语言构成。由于所有分数加起来等于 1，所以双语者的分数 $X_B=1-X_H+X_L$。附录中提供了 $\psi(F; C, X_H, X_L)$ 的家庭类型分布公式。当 $C=0$，即没有聚集度时，我们得出的公式和维克斯特伦（2005）一样。

2. 代际语言传播

假设家庭可以实现父母把他们使用的所有语言传递给孩子，那么父母不使用的语言就无法在家庭环境中传播。因此，在 HH 或 LL 家庭中长大的孩子只能成为 H 或 L 单语者。$q_R(F)$，$R=H, L, B$ 和 $F=HH, LL, HB, LB, BB$ 表示抚养孩子时使用 R 语库 F 型家庭的比例。$q_R(F) \cdot \psi(F; C, X_H, X_L)$ 表示来自 F 型家庭且在 R 语言环境中长大的孩子的比例。

3. 学校语言学习和成人语言学习

学校语言学习通过参数 $s_{R1, R2}$ 来呈现，其中 R_1 和 R_2 可以赋值为 H、L 或 B。参数

---

① 如果按个人分类数量 n=3。而按家庭类型分，数量则是 n(n-1)/2，所以这里是 6 种。

$s_{R1,R2}$ 指以 R_1 为语库入学而以 R_2 为语库毕业的学生比例。假设儿童不会忘却优势语言 H。此外，我们也可以假设由于优势语言的主导性，所有儿童都可以在离校之际掌握 H 语。这两种假设都使模型更简单。如有充分且恰当的经验数据，该模型还可以捕捉到劣势语言使用者对于不学习 H 语或学习成效差的现象。本文出于简化考虑，只详述 $s_{H,B}$、$s_{L,B}$ 和 $s_{B,H}$。

成人语言学习由参数 $a_{H,B}$（H 单语者学习 L 语而成为双语者）表示。假定所有的成年人都使用占主导地位的语言 H，这里就不再考虑学习 H 语的 L 单语者。如果人口中有相应数量的 L 语成年单语者，我们就必须引入第二个参数 $a_{L,B}$（学习 H 语的 L 单语者）。成年人语言能力的丧失可以用参数 $a_{B,H}$ 和 $a_{B,L}$ 来描述。

4. 人口迁移

具有 R 语库、在 t 年迁移的绝对人数以 $M_R(t)$ 表示。迁移总人数为 $M(t) := M_H(t) + M_L(t) + M_B(t)$。值得一提的是，原则上来说 $M_R(t)$ 可能是负数，表示 R 语者的净移出。包括迁移的总体人口规模 N 是根据 $N(t+1) = (1+\lambda-\mu)N(t) + M(t)$ 来变化的。最后的语言竞争模型包含了所有的五个过程，可以用以下差分方程来描述：

$$N_R(t+1) = (1-\mu)\left[(1-a_{R,B})N_R(t) + a_{B,R}N_B(t)\right]$$
$$+ \lambda N(t)\Sigma\left[(1-s_{R,B})\right]q_R(F) + s_{B,R}q_B(F)\psi(F) + M_R(t) \qquad (1)$$

R H, L 和 $\psi(F)$ $\psi(F; C, X_H(t), X_L(t))$。假设 t 年年初的语言构成是 $N_H(t)$, $N_L(t)$，那么这些方程得出 $t+1$ 年年初 H 或 L 单语者的数量 $N_R(t+1)$。右手边的第一个数字代表在 t 年年初只会一种语言的成年人数量，他们没有在一年内死亡，也没有成为双语者。第二个总和代表出生、家庭内的语言传播和学校的语言教育。最后一个总和代表 t 年 H 或 L 语单语迁移人数。

三、模型演示：以巴斯克自治社区为例

本节将着眼于巴斯克自治社区（BAC），来说明如何将该模型应用于真实的案例场景。需要注意的是，本文并没有对巴斯克自治社区的社会语言学现实情况进行深入分析。某些模型参数使用了相当粗略的估算。本节的目的旨在让读者了解如何使用可用数据来建立具体案例的模型，以及如何使用该模型建立对未来的预测或为未来发展生成不同的模拟场景。

巴斯克自治社区是巴斯克地区（Euskal Herria）的一部分，该地历史上曾使用过巴斯克语。尽管大约有三分之一的人口说巴斯克语，但它还是巴斯克自治社区内的一种弱势语言，而其优势语言是西班牙语（卡斯蒂利亚语）。巴斯克自治社区境内两种语言

都具有官方地位，即公民有权通晓和使用两种语言。此外，西班牙宪法（1978）规定，所有西班牙公民都有责任通晓西班牙语，参见扎比德和塞诺兹（Zalbide and Cenoz 2008）。因此，在巴斯克自治社区几乎没有巴斯克单语者，因为基本上每个人都会说西班牙语，使用巴斯克语的群体通常也就是双语者。

（一）数据和模型参数

以下所用的大部分数据来自社会语言学调查[①]和2001年人口普查。社会语言学调查从1991年开始，每五年进行一次。该调查覆盖了巴斯克地区16岁及以上的居民，约180万人，使用的是结构化封闭式问卷。本文从社会语言学调查中选取了1991年、1996年、2001年、2006年、2011年和2016年的巴斯克自治社区语言构成数据。2001年的人口普查包括公民的语言知识、母语和家庭语言等相关的自述数据。以2001年为参考年，即模型参数根据2001年前后的数据进行估算。本文选择2001年有两个原因：首先，要估算所有不同的模型参数，需要各种充分的数据，而1991—2016年间的大部分年份只有部分相关数据可用。其次，相比之下，大部分参数可以从2001年前后的研究中估算出来。所以使用的所有数据最好来自一个时间点，而不要使用超过20年的数据。

1. 语言构成

我们将自己的（自述）语言能力限制在两种主要语言上：西班牙语和巴斯克语。社会语言学调查对完全双语者、被动双语者和非巴斯克语者进行了区分。完全双语者精通双语，能够使用和理解两种语言，被动双语者"尽管说得不好，但能理解巴斯克语"（Basque Government 2008: 17）。由于此模型只区分单语者和双语者，所以完全双语者可以归类为双语者，而被动双语者则归为西班牙单语者。鉴于这种对双语者和西班牙单语者的简化分类，我们得到了表1所示的数据。

表1　1991—2016年16岁及以上巴斯克自治社区群体的语言构成
（基于社会语言学调查年的语言技能自我报告数据）

年份	1991	1996	2001	2006	2011	2016
西班牙单语者	75.9%	72.3%	70.6%	69.9%	68.0%	66.1%
双语者	24.1%	27.7%	29.4%	30.1%	32.0%	33.9%

[①]　参见 Basque Government (2008), Basque Government (2013) and Gobierno Vasco, Gobierno de Navarra, and Euskararen erakunde publikoa-Office public de la langue basque (2016). 前四项社会语言学调查的数据可通过巴斯克地区语言指标系统（EAS）在线获取，请参阅 http://www1.euskadi.net/euskara_adierazleak/indice.apl。

2. 人口动态和人口迁移

在 20 世纪 90 年代，人口规模有所减少。但进入新千年后，人口再一次有略微增长（见图 1）。这是由出生率、死亡率和迁移人数的变化导致的。根据尤斯塔特 (2014) 统计，1991 年至 2010 年间，每年的出生率从每 1000 人有 7.7 个婴儿增加到 9.7 个婴儿。为使本节的说明简洁明了，我们假设出生率不变，并以 2001 年为参考年份。2001 年的出生率为 8.5，因此，我们可以将 λ 设为 0.0085，也可以类似地将死亡率设为 μ=0.0088。

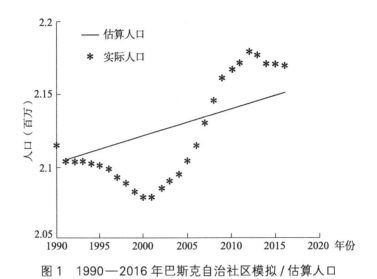

图 1　1990—2016 年巴斯克自治社区模拟 / 估算人口
（固定出生、死亡和人口迁移率）与实际人口对比

巴斯克自治社区人口迁入及迁出的历史悠久。根据人口普查数据，2001 年，27% 的巴斯克自治社区人口出生在巴斯克自治社区境外。在 20 世纪 90 年代，人口迁出数量超过迁入数量，导致净迁移率为负（1990 年为 -2.3‰）。自 2000 年以来，该迁移率一直为正。净迁移率在 2007 年达到峰值（约 8‰），而 2012 年又几乎为零，参见巴斯克统计机构尤斯塔特（Eustat 2014）。假设该模型相对外部迁移流是恒定的，即迁移人数占人口规模的比例是恒定的，这个比例用 ν 来表示。同样，我们使用的是 2001 年的增长率（ν=0.0012），略高于 20 年期间的平均净迁移率。

3. 语言聚集度

为估算语言聚集程度，本文再次使用巴斯克地区语言指标系统（EAS）在线提供的社会语言学调查数据。其中可以找到 250 个城市的语言构成数据，以 2001 年为参照年，由此估算隔离指数为 0.476。

4. 代际语言传播

建立这个模型必须将 $q_R(F)$ 具体化为所有以 R 语库抚养孩子成长的 F 型家庭的比例——F 指所有的家庭类型，R 指所有可能存在的语言。因此其中包括了三种语言（L-巴斯克语单语者，H-西班牙语单语者和 B-双语者）和三种相关的家庭类型（HH、HB 和 BB）。表 2 中的数据来自（Gobierno Vasco 2008: 53），一项基于 2001 年人口普查的关于巴斯克语在巴斯克自治社区传播的研究。

表 2　基于 2001 年人口普查数据的语言传播
（根据父母的语言能力或语库显示了孩子的母语情况）

R/F	HH	HB	BB
L	1.7%	35.1%	88%
H	94.8%	34.8%	5.1%
B	3.5%	30.1%	6.9%

表 2 中的一些数字可能令人惊讶。例如，在所有父母都只会说西班牙语的家庭中，1.7% 的家庭（只）用巴斯克语抚养孩子。部分原因可以用我们对西班牙单语者的定义来解释。在这群只会西班牙语的人当中，一些人自述对巴斯克语有被动的了解（见上文）。他们可能也对巴斯克语有一些口头和笔头能力，但不是完全双语者。所以未来的研究应该对语言技能进行更加精细的分类。

5. 学校教育

在巴斯克自治社区有三种基本的学校教学模式：

A 模式：西班牙语教学，巴斯克语作为第二教学语言

B 模式：两种语言同时作为教学语言

D 模式：巴斯克语教学，西班牙语作为第二教学语言

随着时间的推移，这三种模式都发生了巨大的变化。在 20 世纪 80 年代初，几乎 80% 的学生就读于 A 模式和 X 模式学校（完全没有巴斯克语）。2006 年，只有不到 25% 的学生就读于 A 模式学校，其余学生就读于 B 模式和 D 模式学校。为了估算与教育相关的模型参数（即 $s_{H,B}$、$s_{L,B}$ 和 $s_{B,H}$），我们不仅需要入学数据，还需要在校期间学生语言成绩方面的数据。这些数据来源于 ISEI-IVEI（2005）。本研究以 B 模式和 D 模式学校义务教育结束时学生的巴斯克语水平为研究对象，调查巴斯克地区的学生是否达到 B2 水平。一项先导测试表明，即使是最好的 A 模式学校学生在巴斯克语方面也没有达到 B2 水平。因此，最终研究只测试了 B 和 D 模式的学校。我们假设没有 A 模式的学生以双语者的身份离校。此研究中，B 模式学校 32.6% 的学生和 D 模式学校

68% 的学生达到了 B2 水平。如果家里不说巴斯克语，那么 B 模式学生达到 B2 水平比例为 26.6%，D 模式学生比例为 47.5%。如果在家庭中使用巴斯克语，那么在 B 模式学校中学生达到 B2 水平比例为 47.5%，在 D 模式学校中则为 74.1%。此外，95.7% 的 B 模式学生在家不使用巴斯克语，而在 D 模式学校中这一比例仅为 63.2%。

根据参考年 2001 年不同模型学校的入学数据[①]，假设在 A 模型学校中，我们发现没有学生在家里使用巴斯克语，那么粗略估计可以得出：大约 20% 在家不说巴斯克语的学生（H 型儿童）在离开学校时达到巴斯克语 B2 水平（因此可以算作双语者 $\rightarrow s_{H,B} \approx 0.2$）。同样可以得出 $s_{L,B} = s_{B,B} \approx 0.76$ 和 $s_{L,H} s_{B,H} \approx 0.24$。

6. 成人语言学习

估算成年西班牙单语者学习巴斯克语的比率（$a_{H,B}$）很难。如果要得到更准确的估算，必须考虑成人语言技能和语言学习努力程度的纵向数据，但据了解目前没有这样现成的数据。由于本节的主要目的是让读者了解如何将理论模型应用于真实的生活场景，所以在此我们只作一个粗略估算。

"在巴斯克自治社区，巴斯克语成人教学可以通过两种截然不同的途径进行，一是通过教育部官方语言学校，二是通过 HABE 支持下的 euskaltegi（巴斯克语言学校）网络教学"（Gardner, 2002，附录）。根据加德纳（Gardner 2002）统计的数据，1999—2000 年间大约有 5000 人在官方语言学校学习巴斯克语，而同一年超过 40000 人参加了巴斯克语言学校学习。将这些数字与同期西班牙单语者的总数（约 126 万）进行比较，可以估算出这一学年大约有 3.5% 的西班牙单语者参加了巴斯克语课程的学习。在此我们计算 B2 人数时，只考虑达到 B2 水平的人。如果某人达到了 C1 或 C2，那么我们认为他／她之前就已经是双语者了。根据巴斯克政府文件（Gobierno Vasco 2003），我们可以发现在 1993—2002 年间，大约 14.6% 的巴斯克语言学校学生达到了 B2 水平。因此，可以估算出 $a_{H,B} = 0.146 \cdot 45000/1260000 \approx 0.005$。也就是说，每年约有 0.5% 的完全 H 单语者会通过成人语言学习成为双语者。

（二）分析和预测

确定所有模型参数后便可以运行模型了，此时可以观察模型结果是否与 20 年的实证数据相匹配，也可以在此基础上对未来作出预测。本数值模型的计算元年是 1991 年。所有用于计算预测的模型都是该初始年份的语言构成和上述指定的模型参数。从图 2 中可以看出，尽管模型参数的估算通常比较粗糙，但预测结果与实证数据十分

---

① Model A: ≈ 37%; model B: ≈ 10%; model D: ≈ 43%。

吻合。此外，预测还表明，在未来 20 年里，使用巴斯克语的人数将继续增加。如果这一趋势得以继续发展，那么到 2040 年，大约 40% 的巴斯克自治社区人口将会成为双语者。

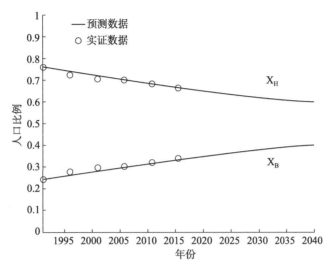

图 2   巴斯克自治社区语言动态预测与实证数据的比较

相比之下，如果我们纯粹根据 1991—2016 年所观察到的双语人口平均增长情况进行简单预测，得出的结论是：截至 2040 年，双语人口约为 48%。如果类似的预测只是基于 2001 年的已有数据，那么估算出的双语者数量会更多。然而，这样的预测与随后的 2006 年、2011 年和 2016 年的数据不符。而且预测还表明，到 2030 年，双语者的数量将超过西班牙语单语者的数量。该模型比基于增长率的简单预测能获得更好的结论，因为它捕捉到了语言竞争的不同方面，也能关注到这些方面如何影响语言构成的演化。此外，与简单的预测不同，语言动态模型允许建立语言政策模型。

值得注意的是，虽然模型以 1991 年的语言构成为起点，并充分预测了随后几年（1996—2016 年）的组成，但大多数模型参数是从 2001 年左右的数据估算出来的。假设这些参数是根据 1991 年的数据估算的，那么预测结果就会大不相同，而且可能不会那么准确。遗憾的是，由于没有得到 1991 年所需的所有相关数据，在此我们无法比较这两种情况下的预测结果。

预测数据（实线）是基于 1991 年的语言构成数据以及参考年 2001 年模型参数的多种估算得出的。图中的圆圈表示 1991 年、1996 年、2001 年、2006 年、2011 年和2016 年西班牙单语者和双语者的实际份额。

本模型可以检测模型参数的典型性变化如何影响模型产生的预测结果，这一点在

表3和图3得以充分说明。表3展示了单个参数的变化如何改变模型产生的预测数据与我们已有的实证数据（1991、1995、2001、2006、2011和2016年）之间的距离。这里可以采用一个简单的二次距离度量：

$$dist = 100 \cdot \sqrt{\sum_{t=1991}^{2016} (X_H(t)) - X_H, emp(t))^2}$$

其中$X_H(t)$是H单语者在t年的预测分数，$X_{H,emp}(t)$是观察分数。原始参数集距离为1.93。从表3中可以看出，正如我们所期望的，与优势语言组（$s_{H,B}$和a_{HB}）相关的参数影响力最大。第三章第一节简单的数值例子，已经证明了成人语言学习（a_{HB}）的重要性。表3还表明，其他参数的变化不会对预测产生巨大影响，类似的一些变化甚至会产生比用原来参数估算更好的结果。

表3   单参数（1991—2016）变化后实际观测值与预测值之间的距离。
原始参数集距离为1.93。最后一个例子（$a_{H,B}=0.6$）如图3所示。

原始参数	修改后参数	距离
$q_H(HB) = 0.348, q_B(HB) = 0.301$	$q_B(HB) = 0.5, q_H(HB) = 0.149$	1.82
$C = 0.47$	$C = 0.6$	1.84
$S_{L,B} = 0.76, S_{L,H} = 0.24$	$S_{L,B} = 0.9, S_{L,H} = 0.1$	2.27
$S_{H,B} = 0.2$	$S_{H,B} = 0.3$	3.16
$a_{H,B} = 0.005$	$a_{H,B} = 0.006$	3.57

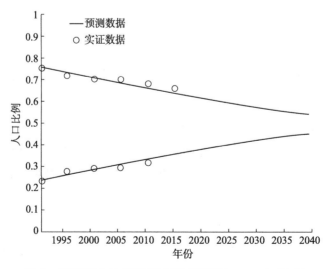

图3   巴斯克自治社区语言动态预测与$a_{H,B}$=0.6% 时
经验数据的比较所有其他参数如上所示

（三）动态语言政策分析

为说明该模型的应用如何支持语言政策分析，本研究考虑一种特定的语言政策。假设以 2001 年作为参考年，政策制定者考虑推出一个新的电视频道，以扩大公共广播服务的范围。这个新频道将为巴斯克自治社区的儿童和年轻人提供巴斯克语课程。[①]假设每年固定成本为 500 万欧元。[②]以 20 年时间和 5% 的折现率计算，那么得出的整体贴现成本约为 6500 万欧元。这些成本必须与使用巴斯克语的儿童通过观看母语频道能获得的利益进行权衡。虽然使用巴斯克语的成年人自身可能无法成为新频道的目标消费者，但仍然会因新频道提高了巴斯克语在年轻一代中的地位而仍然觉得存在这样一个频道是物有所值。因此，在巴斯克自治社区中使用巴斯克语的人越多，也能为我们对该政策在社会层面上的整体效益提供更高预期。在静态分析中，政策制定者不得不基于 2001 年巴斯克语使用者的数量做出决策，他们可能认为这个数量与该计划的成本相比太低了。但是在上述预测中，使用巴斯克语的人数随着时间的推移而增加，而且这一增长随着新频道的引入可能会变得更加强劲。它可以促进双语家庭（模式中 q_L 和 q_B 的增加）中巴斯克语的成功传播或通过学校教育（模式中的 $S_{B,H}$）降低巴斯克语使用者数量萎缩。本文所提出的语言动力模型，可以用来估算巴斯克语使用者增长数量的长期变化。受益者越多，也意味着收益越有可能超过该计划的成本。因此，动态分析使政策制定者能够基于一项政策的成本和收益进行更现实地估算，从而作出决策。

四、结论和展望

本文提出了一个分析语言政策措施效果的新框架。这个框架的运作是由两方面原因促动的。一方面，传统的政策评估方法没有考虑到受政策措施影响的人口语言构成的变化。因此，它们有可能夸大或低估一项政策措施的实际利益和 / 或成本。另一方面，现有的旨在描述语言构成变化的语言动力模型，对于分析具体的语言政策措施的作用有限。为了方便在特定语境下以动态的方式评估特定的政策措施，本文提出了一个新语言竞争模型。

本模型将对人口语言构成变化至关重要的五个过程性因素考虑在内：人口动态（出生、死亡和迁移）、家庭构成、语言传播、语言教育和成人语言学习。与以往文献中的大多数语言动力模型不同，本文提出的模型基于模型参数，这些参数可以从

[①]　2008 年，ETB 3 频道开始播出。2001 年引入 ETB 3 类似的频道，可以作为一个任意但现实的例子。
[②]　由于没有 ETB3 单独的预算信息，本文从 EiTB2007 年和 2009 年的预算信息中推算。

实证数据中估算出来。模型的参数估算和应用以巴斯克自治社区的巴斯克语和西班牙语为例进行说明。本文还对自 1990 年以来，西班牙单语者和双语者的（相对）数量进行了为期 50 年的预测。尽管参数来源于单个年份（2000—2001 年）的数据，而且随着时间的推移保持不变，但 1990—2016 年语言使用人数的预测数据与实证数据十分吻合。为检验该模型在巴斯克案例以外的效度，还需对其他情况进一步做实证研究。

该模型可用于评估特定语言政策措施的长期效果。语言政策可以作为相关模型参数的变量纳入模型框架中。因此，该模型可以为竞争性政策选项进行语言构成的演变预测，并为政策制定者选择和设计语言政策提供支持。静态分析可能导致低估或高估政策的成本和效益，但动态分析却能使决策者以更现实的方式估计成本和效益。

本文旨在表明，语言政策评估可以受益于对语言动态的考虑。本文可视为动态语言政策分析的研究起点，为后续研究提供参考。未来研究可以通过扩展基础模型，以更真实地描述复杂的现实情况。例如，可以考虑不同的年龄群体、同领地内的不同区域或两个以上不同的语言群体。这样的扩展研究将使模型更加真实，但也更难处理。上述所有扩展，需要更多关于语言知识、使用和传播的实证数据。但在多数情况下，本文提出的基本模型所需的必要数据甚至都没有办法得到。因此，本文认为我们所讨论的动态方法的优势在于，为了在类似人口普查的这样调查研究中获得跟语言相关的更详尽数据，它可以作为一个额外的增强机制。

基金项目

本研究受 613344 号中国基金协议（MIME 项目）下的欧盟第七框架计划支持。

附录

考虑这样一种情况：人口规模为 N，且 N 很大。假设一半人口为女性，而且两性的语库分布相同。那么 $N_R/2$ 是 R 语库的女性人数。语库分布可以表示为 $X_H=N_H/N$，$X_L=N_L/N$ 和 $X_H=N_H/N$，$X_L=N_L/N$。

家庭构成可以概念化为一个重复随机选择配对的过程。我们可以先假设一对夫妻由女性 Y 和男性 Z 组成。一对特定的夫妻被选中的概率取决于语言使用人数以及语言的聚集度。高聚集度的情况下，例如 $C=1$ 时，H 单语者只会遇到 H 单语者，而 L 单语

者只会遇到 L 单语者。当 $C=0$ 时，相遇概率只取决于语言组的规模。在这两个边界之间，我们简单地使用线性插值。首先，我们推导出相关的条件概率。就条件概率而言，$C=0$ 表示 Y 和 Z 的随机独立性。R，$R' \in \{L, B\}$，可得：

$$P[Z=H|Y=H]=C+(1-C)P[Z=H]=C+(1-C)X_H \tag{2}$$

$$P[Z=R|Y=H]=(1-C)P[Z=R]=(1-C)X_R \tag{3}$$

假设两者都使用弱势语言，那么情况会变得更加复杂。当 $C=0$ 时，$P[Z=R|Y=R']=P[Z=R]=X_R$。当 $C=1$ 时，$P[Z=R|Y=R']=P[Z=R]/P[Z=L, B]=X_R/(1-X_H)$。线性插值为：

$$P[Z=R|Y=R']=X_R(1+C\frac{X_H}{1-X_H}) \tag{4}$$

接下来可以使用 $P[Y=R_1, Z=R_2]=P[Y=R_1]P[Z=R_2|Y=R_1]$ 以及 $P[Y=R_1]=X_{R1}, R_1R_2$，其中 R_1 和 R_2 可以是 H、L 或 B 三种语库中的任意一种。注意一种家庭类型 R_1R_2（$R_1 \neq R_2$），是由 $Y=R_1, Z=R_2$ 或 $Y=R_2, Z=R_1$ 得出的（此家庭类型不考虑家长性别）。因此，获得由一对夫妻 R_1R_2 型家庭的可能性 $P[R_1R_2]$，可以表示为：当 $R_1=L'_2$ 时，$P[Y=R_1, Z=R_2]$；当 R_1/R_2 时，$2P[Y=R_1, Z=R_2]$。

所有 $N/2$ 夫妻都是依次随机选择的。RR' 型夫妻预期总数为 $N/2 \cdot P[R_1R_2]$，因此 R_1R_2 预期比例为 $P[R_1R_2]$。假设除 HL 以外所有类型的夫妻可以组成家庭。正如上述所言，假设夫妻双方能够互相顺畅沟通，就可以排除是 HL 家庭。因此，此时 $N/2$ 夫妻中有 $N(1-C)X_HX_L$ 为 HL 家庭。将 HL 夫妻再次分开，重新进行随机选择配对，可以得到新的夫妻类型，即 HH、LL 和 HL。这个过程一直重复直到只剩下 HH 和 LL。通过这种方法，HL 类一半 $N(1-C)X_HX_L$ 的夫妻将转变为 HH 型夫妻，而其他一半会成为 LL 型夫妻。由此可以得到以下家庭类型分布：

$$\psi(HH; C, X)=(C+(1-C)X_H)X_H+(1-C)X_HX_L \tag{5}$$

$$\psi(HB; C, X)=2(1-C)X_HX_B \tag{6}$$

$$\psi(LL; C, X)=(1+C\frac{X_H}{1-X_H})X_L^2+(1-C)X_HX_L \tag{7}$$

$$\psi(LB; C, X)=2(1+C\frac{X_H}{1-X_H})X_LX_B \tag{8}$$

$$\psi(BB; C, X)=(1+C\frac{X_H}{1-X_H})X_B^2 \tag{9}$$

注意，根据大数定律（假设数字 N 很大），R_1R_2 类型的夫妻实际数量近似于预期数量。

参考文献

Abrams, D. M., & Strogatz, S. H. (2003). Linguistics: Modelling the dynamics of language death. *Nature, 424*(6951), 900–900.

Basque Government. (2008). *Fourth Sociolinguistic Survey* 2006 (Tech. Rep.). Vitoria-Gasteiz.

Basque Government. (2013). *Fifth Sociolinguistic Survey* 2011 (Tech. Rep.). Vitoria-Gasteiz.

Cassels Johnson, D. (2013). *Language Policy*. New York: Palgrave Macmillan.

Castellano, C., Fortunato, S., & Loreto, V. (2009). Statistical physics of social dynamics. *Reviews of modern physics*, 81(2), 591.

Eustat. (2014). *Panorámica Demográfica* 2014 (Tech. Rep.). Donostia-San Sebastian: Instituto Vasco de Estadística.

Fernando, C., Valijavi, R.-L., & Goldstein, R. A. (2010). A model of the mechanisms of language extinction and revitalization strategies to save endangered languages. *Human biology*, 82(1), 47–75.

Gardner, N. (2002). Language policy for Basque in education. *Submission to the Education and Lifelong Learning Committee of the National Assembly of Wales*.

Gazzola, M. (2014). *The Evaluation of Language Regimes: Theory and application to multilingual patent organisations* (Vol. 3). Amsterdam: John Benjamins Publishing Company.

Gobierno Vasco. (2003). *Bases para una mayor eficacia y mejora de la calidad de la euskaldunización y alfabetización de adultos* (Tech. Rep.). Vitoria-Gasteiz.

Gobierno Vasco. (2008). *Transmisión intergeneracional del euskera en la CAV*. Vitoria-Gasteiz: Servicio Central de Publicaciones del Gobierno Vasco.

Gobierno Vasco, Gobierno de Navarra, & Euskararen erakunde publikoa-Office public de la langue basque. (2016). *Vi encuesta sociolingüística: Comunidad autónoma de euskadi* (Tech. Rep.). Donostia-San Sebastián.

Gong, T., Shuai, L., & Zhang, M. (2014). Modelling language evolution: Examples and predictions. *Physics of Life Reviews*, 11(2), 280–302.

Grin, F. (1999). Economics. In J. A. Fishman (Ed.), *Handbook of Language and Ethnic Identity* (pp. 9–24). Oxford: Oxford University Press.

Grin, F. (2003). Language planning and economics. *Current issues in language planning*, 4(1), 1–66.

Houle, R., & Corbeil, J.-P. (2017). *Language Projections for Canada, 2011 to 2036* (Tech. Rep.). Ottawa: Statistics Canada.

ISEI-IVEI. (2005). *Level B2 in Basque at the end of obligatory education* (Tech. Rep.). Bilbao.

John, A. (2016). Dynamic Models of Language Evolution: The Economic Perspective. In V. Ginsburgh & S. Weber (Eds.), *The Palgrave Handbook Economics and Language* (pp. 61–

100). New York: Palgrave Macmillan.

Minett, J. W., &Wang, W. S. (2008). Modelling endangered languages: The effects of bilingualism and social structure. *Lingua*, 118(1), 19−45.

Morrill, R. L. (2016). On the measure of geographic segregation. *Geography research forum*, *11*, 25−36. Retrieved 2016-02-22, from http://raphael.geography.ad.bgu.ac.il/ojs/index.php/ GRF/article/view/91.

Sabourin, P., & Bélanger, A. (2015). Microsimulation of Language Dynamics in a Multilingual Region with High Immigration. *International Journal of Microsimulation*, 8(1), 67−96.

Templin, T., Seidel, A.,Wickstrom, B.-A., & Feichtinger, G. (2016). Optimal language policy for the preservation of a minority language. *Mathematical Social Sciences* (81), 8−21.

Wickstrom, B.-A. (2005). Can Bilingualism be Dynamically Stable?: A Simple Model of Language Choice. *Rationality and Society*, 17, 81−115.

Zalbide, M., & Cenoz, J. (2008). Bilingual education in the Basque Autonomous Community: Achievements and challenges. *Language, Culture and Curriculum*, 21(1), 5−20.

三、研究方法探讨

德国教育英语化的公共讨论[*]

——一项批评话语分析研究

乌苏拉·兰弗斯　著

张璟玮　译

赵蓉晖　审

文献来源: Lanvers, Ursula. 2018. Public debates of the Englishization of education in Germany: A critical discourse analysis. *European Journal of Language Policy* 10(1), 39—76.

导读：这篇文章旨在分析德国的平面媒体如何讨论教育领域的"英语化"这一主题。文中调查覆盖了 2000 年初至 2017 年初间，德国所有教育部门关于"英语化"的新闻报道。文章用语料库语言学和批判话语分析的方法对这些新闻报道文本开展了定性和定量分析。

研究发现，德国的媒体话语是支持德国教育体系英语化的主力。这与德国学术界讨论后得出的"支持德国教育系统的外语多样性"这一结论大相径庭。媒体话语和学术话语之间的矛盾让兼顾两者的政策制定者通常以负面形象出现在媒体报道中。在这种情境下，政策制定者制定一项调和欧洲教育目标、全球公民身份和权力、联邦州的文化主权、各个教育部门、父母和学生的偏好等不同利益的外语教育政策就更加困难。

该文不仅呈现了德国社会各层级主体（国家、联邦州、教育机构、学校教职员、家长、学生等）对教育系统中"英语作为外语或教学语言"等争论，还展现了语料库语言学和批评话语分析等语言学研究方法在学术调研中的应用，为我国的语言教育政策研究提供了一定的理论及方法参考。

---

[*] 乌苏拉·兰弗斯（Ursula Lanvers），博士，英国约克大学高级讲师。研究方向为语言教育政策、二语习得和全球英语。在 *European Journal of Language Policy*、*International Journal of Applied Linguistics*、*International Journal of Bilingualism*、*Language Learning Journal*、*Nordic journal of English studies*、*System*、*The Linguist*、*The Modern Language Journal* 等多种期刊发表过学术论文。——编者注

　　摘要：在德国，英语作为外语和教学语言，以各种形式日益频繁地融入内容与语言的整合教学中，德国的"英语热"浪潮应运而生（Wächter and Maiworm 2014）。这一现象也被称作"英语化"。然而，德国的英语教学在进度、方式和程度等方面仍然存在很多争议。本文旨在研究德国的平面媒体就德国教育领域的"英语化"这一主题进行了怎样的讨论。研究内容涉及宏观意义上各个阶段教育体系（初等教育至高等教育）的调查。本文利用 Nexis 数据库建立了一个包含 156 篇德语新闻的数据集。所有新闻皆源自 2000 年 2 月 1 日至 2017 年 3 月 23 日间的全国性及区域性报刊，均是关于英语在德国教育系统中的争议与讨论。本文采用语料库语言学（频数、索引）和主题话语分析的方法展开文本分析。经对不同教育部门、不同报刊来源（区域性的、不同联邦州）的讨论比较后得出结论。文章的讨论部分围绕各类教育部门对教育英语化的争论而展开。数据分析主要依据以下三个方面：（一）有争议的语言教育管辖权（特别是十六个联邦州对教育政策的管辖权，又称"文化主权"）；（二）机构（学校、大学）、个人（教职员工、学生）、国家内部与国际间的紧张关系（例如促进欧洲各国在高等教育标准互相衔接的"博洛尼亚"进程，欧洲"母语＋两门外语"的语言技能目标）；（三）对德语采取"保护主义""实用主义""国际主义"的态度之争。

关键词：英语化；德国教育体系；语言学习；德国联邦州；话语分析

一、引言

　　外语历来是德国教育体系特别关注的内容。近二十年间，随着英语作为国际通用语的传播，对此问题的关注度在显著增强。总体而言，德国对教育国际化的挑战作出了相对积极的反应。在非高等教育阶段，这一特征在以英语作为外语的学校更为明显；在高等教育阶段，以英语作为教学媒介的大学课程数量也高于欧盟均值。这些国际学习项目自 2000 年以来迅速增加，主要吸引国际学生，但也不完全是国际学生（Earls 2013; Wächter and Maiworm 2014）。

　　"英语化"一词通常指某些使用多种语言的国家或地区以英语作为通用语。"英语化"的表现形式包括：以英语作为教学语言（Kirkpatrick 2011）、在内容和语言的整合教学中以英语为工具，或以英语取代其他外语。近二十年里，德国所有教育领域的外语学习、内容和语言的整合教学、教学语言都经历了英语化。至少 95% 的小学生和 87% 的中学生修习英语课（Statistisches Bundesamt 2010; 2016）。随着英语的普及，学生学习其他外语的积极性有所下降（Busse 2017）。

2001 年，德国经历了"国际学生评估项目冲击"（PISA shock）。这表明当时德国各个教育阶段的教育成果都低于预期。这样的冲击使德国希望通过仿效一些评估结果更好的国家，学习他们在教育领域的措施，以提高自己国家学生的评估得分（Gruber 2006）。至此之后，德国教育政策有了较广的国际视野和较高的英语化程度。

然而，教育中英语比重的增加有时可能会微妙地影响其他领域，如学校政策、课程设计、人员配备、员工的工作满意度（Mapesela and Hay 2006）。英语化在此应做更广义的理解。

下文简要介绍德国教育系统（详细信息可参考 Quetz 2010; Walkenhorst 2005）和不同教育领域、不同州的外语政策。随后的章节揭示了不同领域对英语化的实证研究和概念研究，并总结学术文献中对教育英语化的主要关注点。实证研究部分展示研究数据、方法和研究结果。结论回归到不同利益主体（父母、教师、学生、政治家）、学校、州和国家的既得利益问题上。这项批评话语分析研究了媒体所揭示的，在发展多语制、保护德语、确保国际竞争力和改善学校形象等问题上，不同利益主体间的紧张关系。结果表明，当媒体得到了广泛的关注和争论时，一些利益主体能够获得更有利的传播影响力。

二、德国的教育体系和外语教学

德国宪法没有规定必须将德语作为教学语言。在德国的一些边境地区，有些小语种也被视作教学语言。德国一共有十六个联邦州，每个联邦州①都对教育具有宪法管辖权（文化主权），使得教育系统和教育政策具有多样性（Quetz 2010: 170）。

德国的小学学制通常是 4 年。在此期间，英语是最常教的外语。德法边境附近的学校则一般提供法语课程。2007 年，巴登-符腾堡州（位于德法边境的一个联邦州）的一对父母在一起官司中胜诉，为他们的孩子就读的小学争取到了以英语（而非法语）为外语的权利（Quetz 2010）。所有联邦州的小学都提供外语课程，但并不是都从一年级开始正式启动。目前修习外语课的小学生比例为 66%，低于欧盟 82% 的平均水平（Eurostat 2015），但其中 95% 的小学生将英语作为外语课程。有些联邦州从小学一年级起提供外语课程，一些联邦州从三年级起提供外语课程，每周的外语课程数量各不相同。不同联邦州的课程强调的学习目标也可能不尽相同（Drese 2007）。

---

① 联邦州的常用缩写：http://www.giga.de/extra/ratgeber/specials/abkuerzungen-der-bundeslaender-in-deutschland-tabelle/。

小学毕业后，学生可以去以下这些学校：[①]

普通中学（提供基础的综合教育，有 14.2% 的学生进入该类学校，提供一种外语必修课）；

实科中学（提供扩展的综合教育，有 27.7% 的学生进入该类学校，提供一种外语必修课，多数提供第二外语）；

文理中学（提供深度的综合教育，有 36.7% 的学生进入该类学校，提供第一和第二外语必修课）；

一贯制学校（一所至少结合了上述两种类型的综合性学校，有 12.5% 的学生进入该类学校，外语的要求取决于在校就读的多数学生的情况）（所有数据参见 KMK 2014：37）。

所有教育部门将英语作为教学语言，且应用至内容和语言的整合教学中。德国有 60% 的高中生学习两门外语，高于欧盟平均水平（Eurostat 2017）。义务教育于中学第一阶段（大部分联邦州为五年级至九年级或十年级）末结束。中学第二阶段旨在为获得高等教育资格做准备。2008 年，因法语教学比例的下降及内容和语言整合教学的比例增加，中学第二阶段中 68% 的外语教学是英语教学（Quetz 2010）。在中学，法语教学比例从 2012 年的 4.2% 下降到 2017 年的 3.4%（参见欧盟统计局 2012 年和 2017 年的数据）。小学和中学的外语课程都是按照欧洲共同语言参考标准制定的。

有两个机构负责确保各联邦州之间的系统、资格认证和课程的公平性和可转移性。德国各州文化部长联席会议（KMK, www.kmk.org）负责协调 16 个联邦州的学校教育政策。在 1964 年举行的第一次各州文化部长关于外语学习的联席会议（汉堡协定）上，部长们一致同意无论是否教授其他语言，所有小学生都应接受一定程度的英语教育。另外，2001 年的汉堡协定修订版中规定，德国从三年级起引入第一语言的教学，从六年级起允许教授第二外语，从八年级起教授第三外语。2013 年，德国各州文化部长联席会议鼓励英语融入内容与语言的整合教学，并从七年级至九年级/十年级起开设外语必修课（实际上基本自五年级起实行）。在外语必修课中，每周最少要有三节硬性规定时长为 45 分钟的课程。第二外语是文理中学的必修课，文理中学也一直提供第三外语课程，但往往只在文理中学的专业科目（例如人文学科）中要求必修。

德国作为内容与语言整合教学法的先驱（Coyle 2007; KMK 2014: 275），在过去的几十年里，先后在文理中学及其他中小学中迅速提高了内容与语言整合教学课程的

---

① 各联邦州可能对这些学校使用不同的命名（例如，在巴伐利亚州，普通中学称作 "Hauptschule"，在萨克森-安哈尔特州，文理中学称作 "Gymnasium"）。

开设数量。在所有的联邦州中，内容与语言整合教学不能取代传统外语课程的开设，只能和传统的外语课程一并提供（KMK 2014: 127）。各州文教部长联席会议承认英语在内容与语言整合教学中的主导地位，但也强调开发其他语言的重要作用（KMK 2013）。内容与语言整合教学课程的最新概览（KMK 2013）表明了课程日渐攀升的热度。同时也显示出，尽管英语占主导地位，但内容与语言整合教学也提供法语、意大利语、西班牙语和其他九种少数族裔使用的语言作为教学语言。在中学阶段，地理和历史是最常以外语进行教学的科目；而小学阶段的科目则是音乐、艺术和体育。

在高等教育阶段，德国的教育和研究部旨在确保高等教育领域（职业教育和高等教育）的教育政策、制度和资格认证的平等。2013 年，国家和联邦州就德国大学国际化的战略达成一致，但德国副校长委员会（Hochschulrektorenkonferenz 2013）没有就英语教学语言政策达成一致。然而，德国对欧洲学分转换系统的适应促进了国际化，从而鼓励了英语作为教学语言的发展。2014 年，德国的大学提供 284 个以英语为教学语言的联合学位（KMK 2014: 277）。学前教育机构和高等教育机构几乎可以自由决定其教学语言的相关政策。

总之，德国外语政策是在欧盟政策、国家利益、联邦州、个别团体甚至学生父母之间复杂且相互竞争的司法管辖区中进行协商的，父母可能会为孩子上英语课的权利提起诉讼。最近，各州文教部长联席会议的干预体现了一种中央集权的趋势，尤其反映在高等教育部门。教师呼吁在所有联邦州的教育部门实行更统一的外语政策（Ehlich 2016）。

下一节将简要概述德国教育体系中对英语化问题的学术性讨论，并对各教育部门进行分类介绍。相关讨论将与后文中公共媒体文本中发现的讨论一并展开。

三、政策相关的实证研究

（一）初等教育

德国关于学前和小学外语学习的学术研究集中在创新教学法或神经语言学领域，而非对语言政策的研究。在政策方面，联邦州倾向于以国际化和全球化为由以推介引进或扩展外语教育或第一语言的教学（Drese 2007: 11）——这些举措必然有利于英语的发展。那些熟悉英国小学语言教学的人会发现德国存在学习资源贫乏、忽视读写能力和日常交流能力的培养、课程设置松散、与中学课程的过渡不合理（Mindt 2016）以及师资不足（Drese 2007）等问题。相关学习成果评估研究表明：（1）越早开始语言学习并不一定会收获更好的学习效果（Jaekel *el al.* 2017）；（2）在初等教育阶段的语言教学中，参照加拿大的沉浸式教学模式比其他模式更有效；（3）每周至少保证三节课的教授，第一语言才具备附加价值（Kersten 2010）。如果讨论语言选择的问题，英语显然更具可取性（Drese 2007: 11），在一定程度上，第一外语被视作为英语的同义词/第一外语等同于英语（Harbich 2009）。

（二）中等教育

有关中学阶段的研究主要集中于初等教育过渡、教育方法和评估方面（见 Keßler 2006）。以下综述聚焦于政策和语言选择相关的问题。中学阶段流行的内容与语言整合教学法不仅是因其系统优势（不需要在课表上额外安排时间），而且也与学生在小学阶段已经培养了一定的英语能力以及学生日常接触英语机会增多有关。涉及内容与语言整合教学的考量则涉及对教学内容的好坏把控，学生和老师也需要有一定的英语水平才能保证教学水准（Fischer and Gladrow, 2010）。

实证研究表明，内容与语言整合教学的学习者在内容学习方面的进步至少与非整合学习学习者齐平（Nold *et al.* 2008）。然而，因为整合学习中常见的操作是预先筛选学习者，所以应审慎考量该结论。尽管如此，一些人依然认为内容与语言的整合教学是未来对中学教学和中学教师培训的途径（Rischawy 2014）。

在中学阶段的外语教学中，英语占主导地位的相关研究成果很少，但 Busse（2017）指出，英语主导的外语教学在学生对其他外语的态度上有负面影响。高中阶段英语在外语课程中占比的稳步上升也反映了这一现象（Eurostat 2017）。

尽管存在着要求多样化的呼声，但内容与语言整合教学越来越被视为中学阶段一种成功的教学方法，英语的主导地位也被接受。大学层面已经兴起了学生及教员对英语作为教学语言在内容与语言整合教学中相关的实证研究。但在中学层面，教师和学生的声音还未被听到（Kippel 2003）。

（三）高等教育

英语作为教学语言（被称为"国际项目"，Gundermann 2014）取代英语作为外语（EFL）这一趋势在高等教育中表现得最为显著（Dearden 2014）。在教育的英语化问题中，英语教学语言是迄今为止研究最多也最具争议的问题——也被视为对所有利益相关者（学生、员工、大学管理）的挑战。继瑞典和荷兰之后，德国是第三大提供以英语作为教学语言课程的国家（英语作为教学语言的课程和参与人数的比例均最高，Grundermann 2014: 5）。大学推出英语教学语言课程的主要原因之一是为了吸引国际学生，但本国学生也会选择这些课程，因为与英语为第一语言的国家相比，他们的学习成本要低得多，而且可以从英语教育中受益（Hellmann and Pätzold 2005）。德国英语教学的硕士项目的国际化组合（Gundermann 2014）进一步证明了这些项目可以达到国际化。大部分英语教学语言的项目是硕士项目，但9%的学士学位项目和27%的博士学位项目也通过用英语作为教学语言的方式（DAAD 2014）提供，学术课程和英语教学语言课程之间几乎没有明显重叠。总而言之，德国人口下降导致高等教育入学率下降（Wächter 2003），而对实现高校国际化和课程国际化的愿景，以及1999年博洛尼亚协议中同意在欧盟内采用类似学位体系的实施办法，都促成了高等教育的英语化。

英语为教学语言的实证研究强调学生的国际认同感（Erling and Hilgendorf 2006）。尽管学生可能会提出没有选择教学语言的自由，或抱怨以（语言使用的）宽度换（思维的）深度（Wilkinson 2013），但学生对英语作为教学语言的积极描述仍占主导地位。在德国，研究公众对英语教学语言项目意见的实证研究很少（参见 Dearden 2014 的综述）。迄今为止，研究发现，人们的态度喜忧参半。数据表明，教师对以英语为教学语言表示担忧，认为该项目尚缺乏系统培训，也需付出额外的工作和成本（Wilkinson 2013），而且教师们对自己的英语能力（Gundermann 2014）也表示担忧，担心以英语为教学语言可能会"稀释"学术内容（Ehlich 2000），教师和学生的德语学术词汇（Schumann 2007）或职业词汇（Smit 2010）可能会发展不足。尤其是考虑到德语作为学术语言的丰富历史（Fischer & Minks 2010)，德国学者直言德语将丧失作为学术语言的权威地位，相应地也担心德语在学术领域失去阵地。2007年，学者们创建了德语作为学术语言的专门兴趣小组，旨在促进学术界整体开展多语实践，且要求本科生以德语为教学语言，外国学生尽可能使用德语。在欧洲和欧洲以外，非英语的学术语言权威丧失是一个争议性的话题（Doiz *et al.* 2013; Phillipson 2015)。包括（1）德国高等教育机构英语化的速度;（2）作为学术语言，迄今为止德语一直与英语具有同等的地位;（3）德国学者的英语水平略低于北欧小国（Ammon 2001），学界对德语的保护立场，比如创立德语作为学术语言的专门兴趣小组，并不出人意料（Ammon 2001, 2010)。

（四）抵制英语化的教学愿景和解决方案

各州文教部长联席会议将语言教育和多语主义作为欧洲教育和一体化的基石（KMK 2013），给予了高度重视，并得到了许多语言教师的呼应（Jackisch 2014; Quetz 2010, Vollmer 2000)。但随着其他外语逐渐被通用语言取代，多语主义受到了英语主导地位的威胁。以下将简述一些解决这一困境的教育学观念。萨特（Sarter 2002）主张将英语作为小学的第一外语，原因如下：（1）孩子生活环境中的英语词汇具有普遍性；（2）父母的愿望；（3）经济需求；（4）保证在中学阶段可以得到进步。但同时也承认开始学习其他语言（如法语）的原因可能是：（1）地理上接近法国；（2）经济需求；（3）更早学习一门与母语结构差异更大的语言所具备的优势。因为越困难的语言更应该越早地开始学习，以促进类母语模式的学习。德弗洛里奥-汉森（De Florio-Hansen）也认为，尽管学习英语是无法避免的（2007: 2），作为第一外语的法语为学习者更好地学习其他语言做好了准备，并为学习者的整体发展提供了更好机会（而不是依赖工具性动机学习英语）。沃德（Wode 2001）主张在德国外语教学中实行分级制度，以保障外语教学的多样性。他认为学习语言的顺序应该首先是全球语言（英语、汉语、西班牙语），然后是中等规模的语言，最后是与当地／区域相关的语言。目前一个备受争议的模式是接受英语的主导地位，在早期获得的英语技能的基础上建立多语种学习（英语是"语言的门户"，Schröder 2009），利用英语知识来促进第三语言的学习，并用于对语言意识、学习策略和跨文化交际能力的培养。

欧盟内部的德语和英语之争也是欧洲一体化和英语作为主导地位面临的另一个困境：由于英语学习比重的迅速提高，即使英国脱欧之后，欧盟内预计能流利说德语和英语的公民数量也大致相等（Ginsburgh *et al*, 2016: 16）。德语努力争取与其使用规模相适应的认可，这种情况可能会激起对该语言的保护感。例如在 2013 年，时任德国总统约阿希姆·高克（Joachim Gauck）提议"使英语同时作为事实上和法律上的欧盟通用语言"（Bundespräsident 2013），这项提议引起了民众的愤怒。

总之，德国的教育系统以惊人的速度接受了英语化。英语在所有领域和学校类型中的主导地位被视为绝对的"不需要被证明是合理的"（Quetz 2010: 172），机构和学习者经常将英语技能视为国际竞争市场中的必要条件。

然而，我们也注意到了批判的立场（尤其是在高等教育阶段），例如对外语多样性的担忧以及对德语的保护主义立场。

四、研究目的

德国语言教育的英语化似乎处于实用主义、保护主义和欧洲议程交汇的十字路口，不同的利益相关者似乎对不同的议程感兴趣，从而表现为诸如中央集权和各联邦州文化主权之间的紧张关系，以及主张更大规模英语教学的父母和联邦州政策间的紧张关系等。

由于以下几个原因，教育作为英语化的一个领域可能格外有争议：在某种程度上，几乎全民都是受英语化影响的利益相关者（例如过去或现在的学生、父母）。此外，语言可以作为民族团结的关键工具，并在教育中作为标准、传统和规范的支持者。后者在德国尤为重要，因为英语化可能被视作德语作为教学和学术语言的光荣传统的威胁。

英语化也可能与已被明确定义的教育中的优先事项相冲突，这里指欧洲公民身份和多语制，因为英语对其他外语构成威胁，使后者的影响力下降。正如上述评论所表明的，不同的利益群体都会影响外语政策，但迄今为止，我们对他们在英语化存在争议的各方面立场知之甚少。

（一）研究问题

1. 教育领域的英语化在公共媒体中是如何表现的？涵盖不同教育部门的文本中出现了哪些正面或负面的主题？

2. 国家性报刊或地区性报刊的此类表述有何不同？如何不同？

3. 利益相关者是被如何代表的？相关教育部门的表述是否由其覆盖范围决定？

（二）研究方法

本节说明建立和分析文本语料库的过程。

（三）研究数据

Nexis 是一个包含已出版的新闻报纸数据库，允许以特定语言（英语、德语、法语、荷兰语、西班牙语、阿拉伯语、葡萄牙语）和特定出版时间来搜索特定术语。该数据库被认为是用于抓取商业出版文本的综合数据库（Hewson 2003）。

因此，本研究于 2017 年 4 月 23 日使用以下搜索词对 Nexis 进行了六次搜索：

"Englisch"［英语］和 "Fremdsprache"［外语］

"Englisch"［英语］与 "Unterricht"［课程］

"Sprachpolitik"［语言政策］

"Englischunterricht"［英语教学］与 "Schule"［学校］

"Englisch"［英语］与 "Hochschule"［高等院校］

"Englisch"［英语］与 "Universität"［综合性大学］

检索的范围被精确限定于 2000 年 2 月 1 日至 2017 年 3 月 22 日期间以德语发表的文章。此次检索共计涉及 539 篇文章，但其中 70% 的文章是重复的。采用不同的检索词可搜索到相同的文章，所以重复的文章被剔除。同时还剔除了 20% 来自瑞士新闻出版物的文章。一段时间以来，瑞士国内持续着关于"将英语作为第一外语进行教学还是作为国家语言进行教学"的争论。此外，检索结果中还有一小部分文本是偏题的（约 10%），最后留下 186 篇文章。这些文章经详细阅读后都确定是与德国教育系统中的英语化相关的切题线索。另有 22 篇也因与主题不符被剔除，它们要么没有涉及德国，要么讨论的是英语在社会中而并非在教育中的兴起现象，要么在其他方面偏离本研究的主题。经筛选保留下来的 156 篇文章的语料库列于附录一，所有数据皆确定相关。然而，在 Nexis 涵盖的范围内数据可能会不够全面，本文作者对此承担责任，因为在进一步搜索相关字符串时仍存在得到更多额外数据的可能。

这项研究的主要局限之一是它仅限于印刷出版的项目，线上社交媒体（以及网站和博客）均被排除在外。和学校有关的文本还需要根据学校层次分类为小学和中学，以及报纸所属的地理范围是国家性的还是地区性的来进行进一步细分。学前教育、高等教育以及业余教育领域相关的文本数量较少。本文将文本数据集分为以下七类：

地区性报纸上关于小学英语的报道（55 篇）

地区性报纸上关于中学英语的报道（37 篇）

关于学前教育英语的报道（24 篇，其中 6 篇来自全国性报纸）

全国性报纸上关于中学英语的报道（18 篇）

全国性报纸上关于小学英语的报道（13 篇）

关于高等教育（继续教育、高等教育）英语的报道（6 篇，其中 2 篇覆盖全国范围）

关于成人学习者业余教育英语的报道（4 篇来自地区性报纸）

（四）理论框架

本文采用批评话语分析（CDA）的理论框架，该理论假设语言和社区之间存在互动：语言可以构建社区，但也被社区约束（Fenton-Smith 2007）。批评话语分析假设所有话语都对所讨论的特定问题的社会性质持一种立场。在这种情况下的教育政策，它们是以有权改变此问题的人的角度来制定，还是从接受人的角度来制定（Van Dijk 1998）？在这个框架内，主题分析和语料库语言学是既定的方法。它们以互补的方式应用于本研究中。语料库语言学方法允许对词汇使用和不同文本语料库中使用的关键词的内涵意义进行定量分析。关于主题分析，本研究使用了 Van Dijk 分析"全球话语结构"的方法（Van Dijk 1980: 5），这与话语的意义而非风格有关。Van Dijk（1980）认为这反映了读者的认知参与：我们倾向于记住文本中的内容，而非关注它是如何产出的。主题分析，特别是在比较不同语料库和文本类型的主题时，可用以洞察文本中的隐含立场（Hunston 2002）。因此，无论是方法论方面还是和主题方面，本研究与公共媒体（例如：De Jong 2013）或社交媒体（Hogan-Brun 2006; Phyak 2015）中关于语言学习和语言政策话语的意识形态批评研究是一致的。

（五）语料库语言学

AntConc 3.4 软件用于对每个语料库开展一系列分析。首先，比较各个语料库中选中关键字的频率（频数和百分比）。然后分析词语所在索引行（即单词/短语及其上下文）负面或正面的内涵含义。文件视图用于在上下文中定位此类关键字的示例引用。

（六）主题分析

接下来，研究人员对主题进行归纳编码（Charmaz 2006）。两个编码员都同意使用 37 个编码，并将其大致分为正面、负面和中立主题三类（见表 2）。50% 的文本是双盲编码，两个编码员之间的一致性为 95%，针对有差异的编码，双方协商后达成一致。语料库分析和主题分析的结果都根据教育部门之间的差异，并依据全国性报道和区域性报道两种分类进行了解释。

五、研究结果

本节首先介绍语料库语言学分析的结果，之后是主题分析的结果。最大的语料库是涉及学校英语的地区性报道数据。由于语料库的大小不同，编码和关键词出现的频率均以原始频数和百分比两种方式给出。

（一）语料库语言学的分析：关键词

关键词根据以下围绕德国英语化的主题进行选择，* 是通配符（表示该词后可以搭配任何词），括号中是翻译。

1. 政策/政治（"Landesregierung*"［德国州政府 *］、"Kultusminister*"［德国州政府的文教部长 *］、"politi*"［政策 *］）

2. 利益相关者（"eltern*"［父母 *］、"lehrer*"［老师 *］、"schüler*"［学生 *］、"student*"［学生 *］）

3. 国际维度（"PISA"［国际学生能力评估计划］、"Bologna"［博洛尼亚进程］、"international*"［国际化 *］、"Europ*"［欧洲 *］）

4. 外语（"Französisch*"［法语］、"Englisch*［英语］"、"fremdprach*"［外语 *］、" bilingual*"［双语 *］、"pedagog*"［教育者 *］）

5. 问题 / 困难（"problem*"［问题 *］、"schwierig*"［困难 *］）

6. 英语化理念（"wissenschaft*"［科学 *］、"beruf*"［专业 *］）

表 1 显示了不同语料库的大小和语料库中关键词的频率和所占比例。

表 1　文本语料库和关键词频率

	全国性报纸-初等教育部门	全国性报纸-中等教育部门/学校	区域性报纸-初等教育部门	区域性报纸-中等教育部门	高等教育部门	学前教育部门	成人业余教育部门	总计
文本总数	12	18	55	37	6	24	4	156
词总数	7933	19136	22450	14799	3149	9058	2203	78728
文本中出现的频数和频次：								
德国州政府的文教部长 *	7	21	17	9	3	—	—	
	0.088%	**0.10%**	0.076%	0.06%	0.095%			
德国州政府 *	3	1	3	2	—	—	—	
	0.038%	0.005%	0.013%					
政策 *	—	22	4	22	—	—	—	
		0.114%	0.017%	**0.148%**				
父母 *	6	38%	30	16	—	38	2	
	0.076%	0.199	0.134%	0.1%		**0.42%**	0.090%	
教师 *	37	51	153	49	6	22	3	
	0.46%	0.266%	**0.68%**	0.331%	0.190%	0.24%	0.136 £	
中小学学生 *	38	93	133	209	24	6	6	
	0.478%	0.486%	0.651%	**1.141%**	0.762%	0.0662%	0.272%	
大学生 *	—	3	—	4	7	—	—	
		0.0156%		0.027%	**0.222%**			
教育学 *	10	5	12	8	—	5	—	
	0.126%	0.026%	0.053%	0.054%		0.055%		
科学 *	15	62	7	20	22	10	—	
	0.190%	0.32%	0.031%	0.135%	**0.70%**	0.11%		
法语 *	38	48	20	35	1	4	1	
	0.48%	0.25%	0.089%	0.23%	0.031%	0.044%	0.045%	
英语 *	155	328	440	257	41	178	35	
	1.95%	1.71%	1.96%	1.74%	1.30%	**1.97%**	1.59%	

续表

	全国性报纸-初等教育部门	全国性报纸-中等教育部门/学校	区域性报纸-初等教育部门	区域性报纸-中等教育部门	高等教育部门	学前教育部门	成人业余教育部门	总计
双语 *	23	5	22	109	4	10	—	
	0.29%	0.026%	0.098%	**0.734%**	0.127%	0.11%		
外语 *	55	98	139	93	14	47	6	
	0.688%	0.512%	0.619%	0.628%	0.44%	0.518%	0.272%	
博洛尼亚进程 *	—	1			2			
		0.005%			**0.090%**			
国际学生能力评估计划 *	—	3	2	1	—	3	—	
		0.016%	0.009%	0.007%		**0.033%**		
国际化 *	2	19	4	9	21	1	1	
	0.025%	0.099%	0.018%	0.060%	**0.67%**	0.011%	0.045%	
全球化 *	15	15	3	2	—	—	—	
	0.190%	0.078%	0.013%	0.013%				
欧洲 *	7	47	3	4	3	6		
	0.088%	**0.245%**	0.013%	0.027%	0.095%	0.066%		
职业 *	2	22	6	17	18	2	—	
	0.025%	0.11%	0.026%	0.115%	**0.57%**	0.022%		
问题 *	3	10	14	3	1	5	4	
	0.038%	0.052%	0.062%	0.02%	0.031%	0.055%	**0.181%**	
困难 *	2	8	7	3	—	2		
	0.025%	**0.041%**	0.031%	0.02%		0.022%		

注：每个关键词在语料库中出现的频数和频次如表中所示。粗体标示的数据是该关键词在相应的语料库中的最高频次。

研究人员分析了上述关键词的搭配词以检验它们更可能出现在何种语境中，并考察其搭配模式在不同语料库间的不同。以下是对分析结果的介绍。每个主题中都附示例引文，以说明其正面或负面（偶尔是中立）的含义。

与政策相关的词（"德国州政府的文教部长 *""德国州政府 *""政策 *"）更多地出现在全国性报刊的文本中，主要带有负面含义：

希宁（Hirning）谈到优柔寡断的州政府时说道："如果 6 个月后小学阶段的语言政策还摇摆不定，就无法进行任何有效的改革。"（《斯图加特信息报》，2006 年 5 月 15 日）

除非一个联邦州被描绘成双语政策的先驱：

北莱茵–威斯特法伦州的保守党–自由党联合政府已从 2008/2009 学年起（在小学）引入了必修的英语课程。（《世界报》，2008 年 8 月 29 日）

在国家层面，有关外语政策的报道经常是负面的：

"欧洲语言年已经结束：针对外语学习的新草案在哪里？"（《柏林报》，2002 年 1 月 2 日）

与利益相关者（教师、父母、学生、儿童）相关的词语在与小学阶段相关的文本中出现最多，不出所料"父母"在学前文本中出现最多。关于教师的报告喜忧参半，报告中虽常涉及优秀的教学法，但同时也有对英语能力的担忧：

"一些小学中只有一两名老师可以与孩子们使用流利的英语进行有意义的工作"，朗（Lang）遗憾地说。（《阿尔博特报》，2009 年 3 月 6 日）

提及父母和学生的报道多是正面的，父母通常被描述为推动英语教学的动力：

该计划是应家长的愿望提出的。通常外语课程只从 3 年级或 4 年级开始，所以新计划弥合了幼儿园和小学高年级之间英语课程的差距——家长们对此非常不满。（《法兰克福评论报》，2003 年 4 月 4 日）

儿童英语课程的灵感源自学生父母。（《法兰克福评论报》，2005 年 7 月 13 日）

学生被描绘成享受创新教学法的样子：

在这里，学生们用心和手来学习。（《法兰克福评论报》，12 月 17 日）

如果报道中的父母被刻画成担忧的形象，那通常是因为英语教得不够（早）。父母被形容为"越早越好"这一信念的拥护者。

许多父母担心，那些像过去那样直到五年级才开始学习第一个英语词汇的人，以后会在全球就业市场上被无可救药地抛在后面。（《明镜周刊》，2001 年 11 月 26 日）

与国际维度相关的词（"欧洲 *""国际 *""全球 *"）几乎只出现在全国性报刊的文本中，且没有发现"欧洲"一词的负面含义：

德语的未来在于在一个多语的欧洲和多语的德国中站稳脚跟。（《世界报》，2000 年 3 月 11 日）

"博洛尼亚进程"和"国际学生能力评估计划"两个词的出现频率极低。如果提到"国际学生能力评估计划"，总与具有负面含义的词一起出现（例如"休克""坏结果"），并用作提早引入英语的理由：

自"国际学生评估计划冲击"出现以来流行这样一谚语：学得越早，学得越好，因此学生们应尽可能地多多学习！（《莱茵邮报》，2009 年 1 月 27 日）

在学前和小学的文本中，与外语、外语教学法、语言教学等关键词的相关报道都非常正面：

同样地母语似乎也从外语中受益，即使课程在最初几年只使用第二语言。(《时代周报》线上版，2015 年 1 月 18 日）

"双语 *"在地区性论文和中学报道中的主题化程度最高，且通常采取正面或中立的立场：

学生是（双语教学）的最大获益者，但不仅是他们，学校还希望通过双语教学来提升自身形象。(《斯图加特信息报》，2016 年 5 月 15 日）

同样，英语最常出现在对特定小学 / 学前机构的（新）双语教学的报道中，而且在这些报告中没有负面含义。

有关英语和法语的争论（详见上文）最常出现在与主要语言相关的报道中。

德国内陆 2000 多所小学的学生用英语说"早上好"和"再见"，但沿法国边境180 公里的 470 所学校却教学生用法语说"您好夫人"和"再见先生"。父母们则准备用法律手段制止这种所谓的"问题"。(《法兰克福评论报》，2005 年 7 月 13 日）

一般来说，对语言多样性的讨论多集中于全国性报纸中：

巴登-符腾堡州政府在边境附近的高中开设法语必修课的计划遇到越来越大的阻力。(《日报》，2007 年 3 月 16 日）

暗示困难的词语（"困难 *""问题 *"）最常出现在与成人业余教育有关的报道中。然而，更详细的分析表明，这些术语出现在否定的语境中，驳斥了成年后学习语言很困难这一观点：

借助于日常生活中的话题，学习语言对成年人来说也不是问题。(《莱茵邮报》，2011 年 9 月 11 日）

这同样适用于解决年轻学习者面临的所谓的困难：

歌曲和押韵使原本困难的单词发音变得更容易了。(《法兰克福评论报》，2003 年12 月 23 日）

科学研究数据，如认知语言学也可以用来驳斥儿童在外语学习中存在的问题，例如：

"孩子们可以毫不费力地同时学习多种语言"，马克斯·普朗克心理语言学研究所所长沃尔夫冈·克莱因解释道。(《明镜周刊》，2001 年 11 月 26 日）

"问题 / 困难"一词常出现于缺乏研究证据和缺乏整合型教育政策的语境。

"问题是，到目前为止还未评估出小学三、四年级的学生对英语的接受程度"，校长说道，因此无法预计我们将获得怎样的效果。(《莱茵邮报》，2009 年 1 月 27 日）

问题在于教师尚未对一年级的教学做好足够的培训和准备。(《莱茵邮报》，2009

年1月27日）

最后，"专业能力进阶/发展"通常被视作英语化中的理论，在高等教育相关的报道文本中被引用最多：

掌握的语言技能越多，职业前景就越好。[……]任何进入就业市场的人都应该精通英语——当代的通用语。（《世界报》，2003年11月22日）

总之，关于语料库语言学的分析发现以下趋势：

正面的描述：

• 地方层面的利益相关者（父母、教师、学生）
• 英语适合幼儿学习（越年轻＝学得越好）
• 创新教学法促进新形式的英语教育
• 对政策制定者和影响者的负面描述
• 英语作为第一外语的地位不容置疑，且几乎没有证据证明外语学习的多样性。

这些结果将继续以主题分析的方法展开三维分析（中立、正面或负面）。

（二）主题分析

使用归纳编码，编码系统由两个编码器共同设计，并在与数据不断比较的过程中具体化（表2）。

表2　主题分析编码

中立主题	编码	负面主题	编码	正面主题	编码
英语学习事件的相关报道	N1	语言和内容整合教学以及英语教学语言所面临的教学挑战	NE1	英语的重要性	P1
高校对新计划中"以英语作为教学语言"的报道	N2	教师的额外工作（例如：语言和内容整合教学以及英语教学语言）	NE2	学生同时从不同的外语中获益	P2
文理中学双语模式的报道	N3	英语对德语的破坏	NE3	语言学习的认知和社会效益	P3
实科中学双语模式的报道	N4	德语的领域和威望减少	NE4	创新教学法	P4
其他中学双语模式的报道	N5	教职员工英语能力欠缺	NE5	专业英语的重要性	P5
初等教育和学前阶段双语模式的报道	N6	学生面临的挑战（英语能力不佳，工作更多）	NE6	学生需求	P6
外语学习的多样性（除英语之外的外语）	N7	学生混淆不同的第二语言	NE7	父母要求	P7

中立主题	编码	负面主题	编码	正面主题	编码
		小学英语在中学阶段造成问题	NE8	内容国际化	P8
		争议：法语与英语	NE9	学生团体国际化	P9
		英语压制其他外语	NE10	学生英语好	P10
		呼吁不同的第一外语到英语	NE11	英语对德语的正面影响	P11
		各联邦州之间的问题	NE12	小学英语是中学双语课程的基础	P12
		组织挑战（人员配备、时间表、课程）	NE13	国际资格认证	P13
		机构的额外费用	NE14	机构宣传和简介	P14
				政客要求更多的双语教学	P15
				教学机构对英语的需求	P16

（三）高等教育

标有"中立"的编码大多出现在特定机构对新双语 / 英语教学语言政策的报道（因此往往有正面倾向）。例如，负面编码包括对工作人员的培训很少、额外的工作量、成本、英语比其他外语的主导地位等。正面编码则包括英语化的基础前提环境（如国际化、专业优势）和良好的教学实践等相关议题。考虑到语料库与文本篇幅的差异，本研究对文本中的任何主题都进行了一次计算（不计算同一文本重复的主题）。表 3 中介绍了每个语料库的代码频数和频次。

表 3　不同语料库中的编码频率

编码	地区性报纸：初等教育部门	全国性报纸：初等教育部门	全国性报纸：中等教育部门	地区性报纸：中等教育部门	学前教育部门	高等教育部门	业余教育部门
中立编码							
N1	10			4	4		2
	3%			2%	2%		
N2						5	
N3				18			
				10%			
N4			1	12			

编码	地区性报纸：初等教育部门	全国性报纸：初等教育部门	全国性报纸：中等教育部门	地区性报纸：中等教育部门	学前教育部门	高等教育部门	业余教育部门
			1%	7%			
N5				2			
				1%			
N6	44	11	3	1	19		
	15%	13%	3%	1%	12%		
N7			7	11			
			8%	6%			
负面编码							
NE1	21	6	2	5	5	1	
	6%	6%	2%	3%	3%		
NE2	10	3	1	2			
	3%	3%	1%	1%			
NE3	3	1	3		2	1	
	1%	1%	3%		1%		
NE4	1	1	3			2	
		1%	3%				
NE5	5	3	4	2		2	
	2%	3%	5%	1%			
NE6	16	7	4	9		1	
	5%	8%	5%	5%			
NE7	7	1	1	7	1		
	2%	1%	1%	4%	1%		
NE8	9	1	1				
	3%	1%	1%				
NE9		1	2				
		1%	2%				
NE10	3	3	4				

编码	地区性报纸：初等教育部门	全国性报纸：初等教育部门	全国性报纸：中等教育部门	地区性报纸：中等教育部门	学前教育部门	高等教育部门	业余教育部门
	1%	3%	5%				
NE11		1	1				
		1%	1%				
NE12	1			1			
				1%			
NE13	22	5	5	11	11		
	7%	5%	6%	6%	7%		
NE14	3	1			9	1	
	1%	1%			6%		
正面编码							
P1	4	5	8	8	8	3	
	1%	5%	10%	4%	6%		
P2	3	5	6	11			
	1%	5%	7%	6%			
P3	24	5	4	4	16		3
	8%	5%	5%	2%	11%		
P4	44	8	8	31	21		4
	16%	9%	10%	17%	14%		
P5	2	3	4	7	2	6	
		3%	5%	4%	2%		
P6	16	5		8	1	4	2
	5%	5%		4%	1%		
P7	13	1	4	2	9		2
	4%	1%	5%	1%	6%		
P8						2	
P9			1			2	
			1%				

编码	地区性报纸：初等教育部门	全国性报纸：初等教育部门	全国性报纸：中等教育部门	地区性报纸：中等教育部门	学前教育部门	高等教育部门	业余教育部门
P10	25	3	3	10	9		
	8%	3%	3%	5%	6%		
P11	2			2			
					1%		
P12	8	1	1	4			
	3%	1%	1%	2%			
P13	1		1	2		1	
			1%	1%			
P14	2			3	12		
				2%	8%		
P15	5	5		1	3		
	2%	5%			2%		
P16	4	1		4	9	2	1
	1%	1%		2%	6%		
	298	87	84	182	150	34	15

注：频数下方是每个语料库对应编码的频次。百分比计算时四舍五入到个位，因此并不是每项总计都是100%。鉴于语料库规模较小，高等教育和业余教育的文本没有计算百分比。

以下是对部分新闻主题分析的结果，并提供了所需的相应范例。

（四）初等教育部门：来自全国性报刊的报道文本

在这个语料库中，约一半编码具有正面意义，约35%是负面意义，诸如识字率低、进行内容与语言整合教学时压缩教学内容、人员配备及时间限制等给年轻学习者带来的挑战受到了更多的关注。尽管如此，学习的便利性和创新的教学实践也颇具前景。相比于区域性报道，全国性的报道更关注在父母和学生的需求下，英语作为国际通用语的重要性，以及对学习其他语言所带来益处的讨论。简言之，（全国性报刊的报道）英语化的正面和负面讨论的范围远远大于相应的区域性语料库。

（五）中学部门：来自区域性报刊的报道文本

与初等教育的区域性语料库一样，许多报道文本推广教育部门关于内容与语言整合教学的新内容或英语作为教学语言的新政策。其中，具有正面意义的主题占54%，其中包括大力弘扬内容与语言整合教学法（17%），也强调了学习其他外语的正面影响（6%）。最常见的负面意义主题是学习其他外语的挑战（6%），涉及学生在学习不同外语时容易产生混淆，导致不良的学习结果。

（六）中学部门：来自全国性报刊的报道文本

全国性语料库的特点是包含更广泛的议题和更热烈的问题讨论（35%）。同时，全国性报刊的报道批判性更强。在全球化进程的推动下，全国性报刊的报道更深入地讨论英语化带来的教学法方面的挑战。

（七）学前教育部门

关于学前英语教育的报道以正面意义的主题为主（三分之二）。创新教学法（14%）、认知益处和"越年轻越好"的儿童外语学习规律（11%）是引用最多的论点。

韦尔曼解释道："毫无疑问，七岁时习得新语言的能力已经大大降低了。"（《日报》，2000年8月13日）

教育部门似乎热衷于将宣传用于塑造个体形象（12%），以及对机构的挑战这类负面话题（如寻找优秀的教师）（约18%）。父母和学生被描述成（为孩子）谋求英语教育的形象：

幼儿园园长巴尔贝尔·曼瑟-维尔茨（Bärbel Menthe-Wirtz）说："父母们对儿童英语课程的提议非常热情"。（《法兰克福评论报》，2009年2月11日）

（八）学前教育部门：来自区域性报刊的报道文本

几乎所有的文本都报道了学校中的一种新双语模式，即学校将媒体作为宣传平台。其中约50%是正面意义的主题，包括强调英语的重要性（16%）和创新教育的重要性。

金杰，一个只会说英语不会说德语的布袋木偶，现在小学一年级"任教"。这个小精灵为学生学习世界第一语言提供了趣味的学习方法。（《莱茵邮报》，2009年1月16日）

认知益处和对学生学习的便利性也是值得注意的主题：

此外，语言也促进了分析和逻辑思维。研究表明，长远来看，（学习语言）能增强人的感知和处理事务的能力。（《主峰报》，2012 年 12 月 20 日）

负面意义的主题约有 30%，主要关于教学方面的挑战，例如能力较差的学生面临的学习困难（《莱茵邮报》，2009 年 2 月 7 日）或教师需负担的额外工作（《莱茵邮报》，2006 年 9 月 14 日）。

鉴于涉及高等教育和业余教育的报道文本数量较少，其相关趋势仅供参考。

（九）高等教育部门

大学英语教育相关的报道中，几乎没有负面意义的主题和内容。但人们仍旧关注学校教职人员英语不好、德语威望和使用的流失、教育部门的成本以及学生面临的相关问题。高等教育阶段语料库中的报道集中在论证英语作为教学语言的合理性，其中讨论最多的是英语对专业发展的重要性（约 18%），其次是关于学生需求的讨论（12%），再次是对英语普遍性和国际化重要性的讨论。

（十）继续教育部门

所有的编码都持正面（例如强调英语作为通用语言的作用）或中立立场，主要涉及创新教育方法，但也提到了老年学习者的社会福利。

对老年人而言，学习一门新语言不仅是极好的"大脑慢跑"（大脑训练），同时这些语言知识往往也是必要的。（《莱茵邮报》，2011 年 9 月 17 日）

总之，相比于区域性报刊的报道文本，全国性报刊的报道文本引用了更多负面意义的主题。这些文本的讨论范围较广，包括支持或反对英语化、对学生压力的担忧、对时间安排、人员配备等组织性挑战的担忧，以及对外语学习多样性与对德语不利影响的担忧等。欧洲一体化的教育愿景，以及将英语作为进一步语言学习的工具的观点也时有出现，但占比很少。

区域性报刊重点报道了新的教学法对英语化的促进作用。学校通常利用这些报道进行我推销。主题分析和语料库分析的结果证明，"越年轻越好"这一外语学习主义是报道中的突出主题。

德国媒体对德国教育中英语化的报道很少涉及诸如德语使用域萎缩、外语学习多样性等相关主题，这与德国学界关于英语化的讨论形成了鲜明对比。此外，诸如"英语是外语学习的大门""欧洲母语＋两门外语"的目标，以及欧洲教育和国际公民权等概念也鲜少出现，只有寥寥数篇正统性文章涉及这些话题（《时代周报》，2000 年 10 月 1 日和 2016 年 10 月 27 日的报道）。

六、结语

本研究采用批评话语分析方法，假定话题从来不是完全中立的，尤其是本研究中涉及的这类颇具争议性的话题。研究表明，一方面，教育中关于英语化的描述在某种程度上受媒体的目标读者群限制，以对学校英语化活动进行正面报道的区域新闻为例，同类文章的重要目标读者群之一便是上学期间有过类似英语化体验的父母。另一方面，文字对英语化的表述起到了塑造和重构的作用，从而影响利益相关者的观点，譬如（"专题"文章中）对英语化（部分）详细且深入的讨论可作为例证（例如 Aachener Zeitung 2009 年 3 月 28 日在《时代周报》上的文章）。总体而言，我们观察到关于英语化的学术话语和媒体话语之间存在明显差异。学术话语侧重于外语教育，相关研究致力于推进欧洲公民的身份认同以及多语制发展，其研究关注外语学习的多样性，并提出了相关教学方案，如把英语作为实现多语制的工具。相比之下，媒体话语几乎不关心多样性问题，他们讨论的问题往往集中于英语教学质量或数量的欠缺上。而在学习外语原因的话题上，媒体话语则更关注实用性好处，比如外语在全球化和就业市场中的优势——这也是支持将英语等同于外语学习的根本原因。

那么，在这些文章中，哪些利益相关者被刻画成为最热衷于"英语热"（Van Parijs 2011: 21）的人呢？答案是父母，他们不仅被描述为"越年轻越好"这一主义的拥护者，也被塑造为鼓励孩子为其职业发展而学习英语技能的形象。无独有偶，学校（小学和中学）被塑造成通过英语实现教育国际化和欧洲一体化的推动者。但媒体文章中并未提及学习者对英语的依赖会降低其多语言能力的问题。就算有文章提到父母对英语化存疑，那也是对英语化的实施方面存在担忧（如学校教师培训、课程以及师资匮乏等问题），并非针对英语化本身。媒体将"英语资源不足"描述成父母担心的主要问题。地方性媒体文章的普遍特点之一是对英语化的积极描述，通过这种方式，作为主要目标读者群的父母就能"恰好"发现支持加强英语化的观点。相比之下，国家主流媒体发表的文章更多涉及概念性问题，例如德语主要地位的丧失或语言的多样性问题，但这些文章的主题并不是很鲜明。至于学生和教师，他们被描述成英语化的支持者，或至少能较好地适应"英语热"这一浪潮。然而，在英语作为教学语言这一问题上存在例外，有人对教师教学质量和英语水平提出了担忧。此外，虽然欧盟公开支持"要通过英语课为其他的外语学习奠定基础"（Eurydice 2006: 76），但其主张兼顾英语主导地位和外语多样性的教学愿景（如使用英语作为通往各种语言的门户）却几乎从未受到人们的重视。

在所有利益相关者中，对政策制定者的报道最为负面。他们要么被描绘成无动于衷，要么坚持外语的多样性以抑制"英语热"，进而违背了父母的意愿。因此，媒体对政客和官僚们的负面报道很常见。然而，决策者面临着一项艰巨任务（即调和欧洲教育目标、全球公民身份和权力、联邦州的文化主权、各个教育部门、父母和学生的偏好等不同利益）的情况下，无论采取怎样的政策导向，都会引起一些利益相关者的不满。一般来说，不同利益相关者的偏好反映了德国内部的需求冲突。一方面，人们认为英语化对国家经济和政治未来极为重要，甚至对英语持怀疑态度的学者也同意这一观点（Ammon 2001）；另一方面，德语作为世界语言和学术语言有着使德国人引以为豪的传统，并为所有的涌入人口（包括所有伊拉斯谟项目的学生）提供了大量的德语课程资源（Earls 2013）。在高等教育阶段，所有国际学生必须在一定程度上参与德语学习，一些以英语教授的课程也设计为"从英语到德语"模式，然后逐步过渡到由德语进行课后辅导。厄尔斯（Earls 2013）认为，德国对此类英语教学语言课程的显著热情是一种在国际趋势（即英语化）的伪装下，提升国家利益的方式（在这种情况下通过强化德语学习以达到目标）。同时，我们注意到，文化部长联席会议（而非个别联邦州）最近采取了积极的措施以达到外语政策的集中化。无论是德国国家层面抑或是联邦州层面的外语政策制定者，都对以英语能力保护欧盟的多语制及语言的多样性有着明显的兴趣。全球化可能推动德国走向英语化，但最近的政策措施表明，政策制定者试图利用英语化作为迈向多语主义的工具，将国际化作为提升德语的工具。这一现象与我们在媒体语料库中发现政界与学界对英语化的立场是一致的：两者都在探索如何最大化利用英语实现他们的目标。与之相反，父母（以及少数情况下的学生们）被描述为对英语化持消极被动立场，亟须与（目前觉知到的）全球需求齐头并进。显然，这些利益相关者之间更为透明的对话有助于形成共同的积极立场。

2005年，希尔根多夫（Hilgendorf）认为德语可能逐渐从卡丘（Kachru）提出的"三圈理论"中的"扩展圈"向"外圈"发展，即将英语视作国际通用语，转为在教育、治理、文化等领域中习惯于使用英语。目前，几乎没有迹象表明德国正在朝这个方向发展。例如，我们不能将高等教育中英语化的（高阶）状态与放弃德语作为德国高等教育中主要学术语言的意愿混为一谈。在高等教育领域将德语作为外语进行教学的倾向、ADAWIS（号召德语作为教学语言的组织）的活动、学生学习多种外语的高比例，以及对多语主义的强烈的教育关注，都将削弱英语的主导地位。德国高等教育机构对国际学生收费的限制（Wilkinson 2013）也可能会遏制不断增加的英语作为教学语言的课程数量。如果德国高等教育机构确实利用英语化作为提升国际化学习经验的方式，这无论对本国还是国际学生来说，都是一个国家在"利用英语达到多语主义"的愿景下，在"母语＋两门外语"的欧洲目标下，以及"从英语到德语"的教育语言计划下，应对全球挑战的又一个例子。目前面临的挑战是如何让所有利益相关者意识到这些问题。

　　本文还存在一些不足之处。目前仅仅分析了德国在售的印刷媒体的文本，未来的研究可能会涉及在线媒体（包括利益相关者自己制作的文本，如妈妈网、学生网站、教师论坛等）是如何讨论英语化这一现象的，尤其应重视目前缺乏的涉及教育部门中教师和学生的实证研究。

参考文献

ADAWIS. *Arbeitskreis Deutsch als Wissenschaftssprache*. Available at: http://www.adawis.de/ (accessed 7 June 2017).

Ammon, U. (2010) 'Über Deutsch als Wissenschaftssprache', *Forschung und Lehre* 6: 400–4.

Ammon, U. (ed.) (2001) *The Dominance of English as a Language of Science. Effects on Other Languages and Language Communities*. Berlin: de Gruyter.

Bundespräsident (2013) *Rede zur Perspektiven der Europälschen Idee*. Available at: http://www.bundespraesident.de/SharedDocs/Reden/DE/Joachim-Gauck/Reden/2013/02/130222-Europa.html (accessed 7 June 2017).

Busse, V. (2017) 'Plurilingualism in Europe. Exploring Attitudes Towards English and other European Languages Among Adolescents in Bulgaria, Netherlands and Germany', *Modern Language Journal* 101(3): 548–65.

Charmaz, K. (2006) *Constructing Grounded Theory*. London: Sage.

Coyle, D. (2007) 'Content and language integrated learning: towards a connected research agenda for CLIL pedagogies', *International Journal of Bilingual Education and Bilingualism* 10: 543–62.

DAAD (Deutscher Akademischer Austauschdienst) (2014) *Hochschulsystem, und nternationalisierung*. Available at: https://www.daad.de/laenderinformationen/mauritius/land/de/6969-berblick-hochschulsystem-und-internationalisierung/ (accessed 7 June 2017).

De Florio-Hansen, I. (2007) *Abholen, Aufbauen, Ankommen–Überlegungen zum Franzischunterricht nach dem Frühbeginn Englisch*, http://scholar.googleusercontent.com/scholar?q=cache:b6FfNrKz5jgJ:scholar.google.com/+Grundschule+%22welche+Fremdsprache%22andhl=deandas_sdt=0,5 (accessed 7 June 2017).

De Jong, E.J. (2013) 'Policy Discourse and US Language in Education Policies', *Peabody Journal of Education* 88(1): 98–111.

Dearden, J. (2014) 'English as a Medium of Instruction: A Growing Global Phenomenon',

British Council. Available at: www.britishcouncil.org/education/ihe/knowledgecentre/ english-language-higher-education/report-english-medium-instruction (accessed 7 June 2017).

Doiz, A., Lasagabaster, D. and Sierra, J.M. (2013) *English-Medium Instruction at University Worldwide: Challenges and Ways Forward*. Bristol: Multilingual Matters.

Drese, K. (2007) 'Einschätzung der Sprechleistung von Lernern im Englischunterricht der Grundschule', PhD submitted to the University of Giessen. Available at: http://docplayer. org/10839775-Einschaetzung-der-sprechleistung-von-lernern-imenglischunterricht-der-grundschule.html (accessed 7 June 2017).

Earls, C.W. (2013). 'Setting the Catherine Wheel in Motion: An Exploration of "Englishization" in the German Higher Education System', *Language Problems and Language Planning* 37(2): 125–50.

Ehlich, K. (2000) 'Deutsch als Wissenschaftssprache für das 21. Jahrhundert', *German as a Foreign Language* 1. Available at: http://www.gfl-journal.de/1-2000/ehlich.html (accessed 7 June 2017).

Ehlich, K. (2016) 'Ein Gesamtsprachencurriculum für die Deutsche Schule des Frühen 21. Jahrhunderts: Erforderliche Ziele, Absehbare Risiken', *Sprachliche Bildung-Grundlagen und Handlungsfelder* 1: 248–372.

Erling, E.J. and Hilgendorf, S.K. (2006) 'Language Policies in the Context of German Higher Education', *Language Policy* 5(3): 267–93.

Eurostat (2012) *Key Data on Teaching Languages at Schools in Europe*, http://eacea. ec.europa. eu/education/eurydice/documents/key_data_series/143EN.pdf (accessed 4 April 2017).

Eurostat (2015) *Foreign Language Skills Statistics*. Available at: http://ec.europa.eu/eurostat/ statistics-explained/index.php/Foreign_language_skills_statistics (accessed 7 June 2017).

Eurostat (2017) *Foreign Language Learning Statistics*. Available at: http://ec.europa.eu/ eurostat/statistics-explained/index.php/Foreign_language_learning_statistics (accessed 7 June 2017).

Eurydice (2006) *Content and Language Integrated Learning at School in Europe*. European Commission Survey. Available at: http://www.indire.it/lucabas/lkmw_file/eurydice/CLIL_ EN.pdf (accessed 7 June 2017).

Fenton-Smith, B. (2007) 'Diplomatic Condolences: Ideological Positioning in the Death of Yasser Arafat', *Discourse and Society* 18(6): 697–718.

Fischer, H. and Gladrow, C. (2010) *Thema: Könen Schülerinnen und Schüler mit deutschem und englischem Material im Sachfach Biologie bilingual arbeiten?* Evaluationsbericht Europaschule. Mornewegschule Darmstadt. Schuljahr 2010/11. Available at: https://www. schulen.tu-darmstadt.de/morneweg/cssm/pdf/Evaluation_ES_2010_2011.pdf (accessed 7 June 2017).

Fischer, L. and Minks, K.H. (2010) *Die Internationale Positionierung der Geisteswissen-schaften in Deutschland*. Hannover: HIS Hochschul-Informations-System GmbH.

Ginsburgh, V., Moreno-Ternero, J.D. and Weber, S. (2017) 'Ranking Languages in the

European Union: Before and After Brexit', *European Economic Review* 93: 139–51.

Gruber, K.H. (2006) 'The German "PISA-Shock": Some Aspects of the Extraordinary Impact of the OECD's PISA Study on the German Education System', in H. Ertl (ed.), *Cross-National Attraction in Education: Accounts from England and Germany*. Oxford: Symposium Books, 195–208.

Gundermann, S. (2014) *English-Medium Instruction: Modelling the Role of the Native Speaker in a Lingua Franca Context*. Freiburg: Universitätsbibliothek Albert-Ludwigs-Universität. Available at: https://www.freidok.uni-freiburg.de/fedora/objects/freidok:9795/datastreams/ FILE1/content (accessed 7 June 2017).

Hamburger Abkommen (1964) *Abkommen zwischen den Ländern der Bundesrepublik zur Vereinheitlichung auf dem Gebiete des Schulwesens*. Available at: https://web. archive.org/web/20121015152131/http://www.kmk.org/fileadmin/veroeffentlichungen_ beschluesse/1964/1964_10_28_Hamburger_Abkommen.pdf (accessed 7 June 2017).

Hamburger Abkommen (2001) *Weiterentwicklung des Schulwesens in Deutschland seit Abschluss des Abkommens zwischen den Ländern der Bundesrepublik zur Verein-heitlichung auf dem Gebiete des Schulwesens vom 28.10.1964 i.d.F. vom 14.10.1971*. Available at: https://www.kmk.org/fileadmin/veroeffentlichungen_beschluesse/2001/2001_05_10- Weiterentwicklung-Schulwesens.pdf (accessed 7 June 2017).

Harbich, M. (2009) *Englisch (Unterricht) ab Klasse 1 (in NRW)–Begründungsmuster und Empirische Befunde zur Wirksamkeit frühen Fremdsprachenunterrichts*. Münster: Grin.

Hellmann, J. and Pätzold, M. (2005) 'Internationale Studiengänge: Wer Braucht so Etwas? Überlegungen zu einem Trend, der sich Fortsetzen wird', in M. Motz (ed.) *Englisch oder Deutsch in Internationalen Studiengängen*, 17–30.

Hewson, C. (2003) *Internet Research Methods: A Practical Guide for the Social and Behavioural Sciences*. Thousand Oaks, CA: Sage.

Hilgendorf, S.K. (2005) '"Brain Gain statt [instead of] Brain Drain": The Role of English in German Education', *World Englishes* 24(1): 53–67.

Hochschulrektorenkonferenz (2013) *Zur Internationalisierung der Curricula*. Available at: https://www.hrk.de/positionen/beschluss/detail/zur-internationalisierung-dercurricula/ (accessed 7 June 2017).

Hogan-Brun, G. (2006) 'At the Interface of Language Ideology and Practice: The Public Discourse Surrounding the 2004 Education Reform in Latvia', *Language Policy* 5(3): 315–35.

Hunston, S. (2002) *Corpora in Applied Linguistics*. Stuttgart: Ernst Klett. Jaekel, N., Schurig, M., Florian, M. and Ritter, M. (2017) 'From Early Starters to Late Finishers? A Longitudinal Study of Early Foreign Language Learning in School', *Language Learning* 67(3): 631–64.

Jakisch, J. (2014) 'Lehrerperspektiven auf Englischunterricht und Mehrsprachigkeit', *Zeitschrift für Interkulturellen Fremdsprachenunterricht* 19(1): 201–15.

Kersten, K. (2010) 'DOs and DONT's bei der Einrichtung Immersiver Schulprogramme', in C.M. Bongartz and J. Rymarczyk (eds), *Languages Across the Curriculum*. Frankfurt: Lang, 71–92.

Keβler, J.U. (2006) *Englischerwerb im Anfangsunterricht Diagnostizieren: Linguistische Profilanalysen am Übergang von der Primarstufe in die Sekundarstufe I*. Tübingen: Gunter Narr.

Kippel, F. (2003) 'New Prospects or Imminent Danger? – The Impact of English Medium Instruction on Education in Germany', *Prospect* 18(1): 68–81.

Kirkpatrick, T.A. (2011) *Internationalization or Englishization: Medium of Instruction in Today's Universities*. Centre for Governance and Citizenship, Hong Kong Institute of Education.

KMK (Kultusminister Konferenz) (2013) *Konzepte für den Bilingualen Unterricht-Erfahrungsbericht und Vorschläe zur Weiterentwicklung*. Available at: https://www.kmk.org/fileadmin/Dateien/ veroeffentlichungen_beschluesse/2013/201_10_17-Konzepte-bilingualer-Unterricht.pdf (accessed 7 June 2017).

KMK (Kultusminister Konferenz) (2014) *Das Bildungswesen in der Bundesrepublik Deutschland* 2013/2014. Darstellung der Kompetenzen, Strukturen und bildungspolitischen Entwicklungen für den Informationsaustausch in Europa. Available at: https://www.kmk.org/fileadmin/ Dateien/pdf/Eurydice/Bildungswesen-dt-pdfs/sekundarbereich.pdf.

Mapesela, M. and Hay, D.H. (2006) 'The Effect of Change and Transformation on Academic Staff and Job Satisfaction: A Case of a South African University', *Higher Education*, 52(4): 711–47.

Mindt, D. (2016) Stellungnahme Prof Dr Mindt. 'Warum brauchen wir ein neues Lehrwerk für den Englischunterricht der Primarstufe?'. Paper given at Parlamentsausschuss für Bildung, Jugend und Familie, 26 February 2016. Berlin. Vorgang 0182: Frühes Fremdsprachenlernen an der Grundschule – Erfahrungen und Konsequenzen.

Nold, G., Hartig, J., Hinz, S. and Rossa, H. (2008) 'Klassen mit bilingualem Sachfachunterricht. Englisch als Arbeitssprache', in *DESI-Konsortium*. Available at: http://www.pedocs.de/ volltexte/2010/3163/pdf/Nold_Hartig_Hinz_Rossa_Sachfachunterricht_Englisch_als_ Arbeitssprache_2008_D_A.pdf (accessed 7 April 2017).

Phillipson, R. (2015) 'English as Threat or Opportunity in European Higher Education', in S. Dimova, A.K. Hultgren and C. Jensen (eds), *English-medium Instruction in Higher Education in Europe*. Berlin: de Gruyter, 19–42.

Phyak, P. (2015). 'Countering Language Ideologies: Language Policing in the Ideospace of Facebook', *Language Policy* 14(4): 377–95.

Quetz, J. (2010) 'Auf dem Weg zur Fremdsprachlichen Monokultur? Fremdsprachen an den Schulen der Bundesrepublik Deutschland', *Sociolinguistics* 24(1): 170–86.

Rischawy, N. (2014) 'Der bilinguale Sachfachunterricht als zukunftsweisendes Konzept für professionelle Lehrerbildung und den Unterricht in der Sekundarstufe I und II', in H. Böttger and B. Nussinger (eds), *Zwischen den Sprachen*. Eichstätt: Eichstaett Academic Press, 97–104.

Sarter, H. (2002) 'Fremdsprachen in der Grundschule', in *Grundschule*. Baden-Württemberg: Ministerium für Kultus, Jugend und Sport, 18–25. Available at:https://www.ph-karlsruhe.de/ fileadmin/user_upload/dozenten/schlemminger/introduction_a_la_didactique/00_BW_Min_ fremdspr-gs.pdf#page=20 (accessed 7 April 2017).

Schröder, K. (2009) 'Englisch als *Gateway to Languages*', in C. Fäcke (ed.), *Sprachbe-gegnung und Sprachkontakt in europäischer Dimension*. Frankfurt: Lang, 69–85.

Schumann, A. (2007) 'Die Internationalisierung der deutschen Hochschulen: Entwicklungen und Probleme', in A. Knapp and A. Schumann (eds), *Mehrsprachigkeit und Multikulturalität im Studium*. Frankfurt: Lang, 15–28.

Smit, U. (2010) *English as a Lingua Franca in Higher Education: A Longitudinal Study of Classroom Discourse*. Vol. 2. Berlin: de Gruyter.

Statistisches Bundesamt (2010) *Schulstatistik*. Available at: https://www.destatis.de/DE/ PresseService/Presse/Pressemitteilungen/zdw/2010/PD10_040_ p002.html (accessed 7 April 2017).

Statistisches Bundesamt (2016) *Schulen auf einen Blick*. Available at: https://www.destatis. de/DE/Publikationen/Thematisch/BildungForschungKultur/Schulen/BroschuereSchulenBli ck0110018169004. html (accessed 7 June 2017).

Van Dijk, T.A. (1980) *Macrostructures: An interdisciplinary study of global structures in discourse, interaction, and cognition*. Hillsday New Jersey: Lawrence Erlbaum Associates.

Van Dijk, T.A. (1993) 'Principles of Critical Discourse Analysis', *Discourse and Society* 4(2):249–83.

Van Dijk, T.A. (1998) *Ideology: A Multidisciplinary Approach*. Thousand Oaks: Sage.

Van Parijs (2011) *Linguistic Justice for Europe and the World*. Oxford: Oxford University Press.

Vollmer, H.J. (2000) 'Englisch als Basis für Mehrsprachigkeit?', in K. Aguado and A. Hu (eds), *Mehrsprachigkeit und Mehrkulturalität*. Berlin: Pädagogischer Zeitschriftenverlag, 75–88.

Wächter, B. (2003) 'An introduction: Internationalisation at home in context', *Journal of studies in international education* 7(1): 5–11.

Wächter, B. (2015) 'Teaching in English on the Rise in European Higher Education', *International Higher Education* 52: 3–4.

Wächter, B. and Maiworm, F. (eds) (2014) *English-taught Programmes in European Higher Education: The State of Play in 2014*. Bonn: Lemmens Medien.

Walkenhorst, H. (2005) 'Europeanisation of the German Education System', *German Politics* 14(4): 470–86.

Wilkinson, R. (2013) 'English-medium Instruction at a Dutch University: Challenges and Pitfalls', in A. Doiz, D. Lasagabaster and J.M. Sierra (eds), *English-medium Instruction at Universities: Global Challenges,* Bristol: Multilingual Matters, 3–26.

Wodak, R. (1995). *Critical Linguistics and Critical Discourse Analysis. Language and Ideology.* Antwerp: International Pragmatics Association.

Wode, H. (2001) 'Mehrsprachigkeit durch bilinguale Unterrichtsformen: Regionalsprachen als Zweitsprachen Synopsis'. Vortrag EUREG-Lingua Conference, Cottbus, 11 May 2001. Available at: http://www.fa-pritzwalk.brandenburg.de/sixcms/media.php/lbm1.a.2159.de/ Regionalsprachen_Zweitsprachen.pdf (accessed 7 April 2017).

附录：数据文本主体

标题	日期	出版物	栏目（适用于全国性报刊）或联邦州州名（适用区域性报刊）	字数
全国性报刊：关于初等教育领域的文章				
"我正在打球"（译者注：将德语固定搭配打球与英语语法正在进行式混用成 I am ball spieling）	2004-05-04	明镜周刊	教育	1337
第一外语有助于第二外语（的学习）	2009-04-07	明镜周刊在线	专题栏目	387
从一年级起开设的外语课程	2009-06-22	世界报	家庭事务	781
一年级以上的英语	2009-02-01	世界报	教育	979
手忙脚乱的英语教学	2001-11-26	明镜周刊	教育	843
儿童从早期课程中受益	2009-04-08	每日镜报	知识	97
用蹩脚的英语说	2003-03-13	明镜周刊在线	每日一句	289
外语必修	2008-08-29	世界报	家庭事务	860
北威州时事	2005-07-06	日报	教育	93
德语知识起决定作用	2006-03-01	世界报	家庭事务	495
口吃的艺术	2008-03-31	明镜周刊	教育	1551
母语似乎从外语中受益	2015-11-18	时代周报在线	知识	1621
全国性报刊：关于中等教育领域/学校的文章				
德语还能挽救吗？	2000-10-01	时代周报	专题栏目	3589
德语有未来	2000-03-11	世界报	专题栏目	1767
对于很多父母来说只有英语	2013-12-20	斯图加特信息报	时事	888
英语还是法语？	2007-01-23	世界报	家庭事务	348
巴登州人不想学法语	2007-03-16	日报	家庭事务	423
反对的话；顶嘴，顶撞	2004-09-28	法兰克福评论报	评论	552
一种语言占领了教室	2007-07-28	斯图加特评论报	政治	575
父母：改革给教育途径造成困难	2004-05-12	斯图加特日报	地域新闻	374
必修与选修	2003-11-22	世界报	评论	1515
言语上使用多种语言的能力	2002-01-02	柏林报	专栏副刊	1362
未来是说英语的	2001-10-25	明星周刊	经济	2556
与德国相比	2016-10-28	世界报在线	政治	272

标题	日期	出版物	栏目（适用于全国性报刊）或联邦州州名（适用区域性报刊）	字数
英语水平相当不好	2013-11-05	世界报在线	经济	823
你说英语吗？	2016-10-27	时代周报	教育	2227
喜悦与悲伤	2016-10-29	阿尔使者报	新闻	720
你说英语吗？	2015-02-14	时代周报	金融	1353
远离喷壶（译者注：不需要像喷壶洒水一样面面俱到）	2016-10-25	每日镜报	知识	1164
在全国范围内试行早期外语教学	2017-01-04	民主德国报	意见	640
关于高等教育和职业领域的文章				
贬义：德语是简单绝妙的	2015-01-05	时代周报	评论	1314
葡萄酒经济只在英语里。葡萄酒行业只以英语表达	2014-03-29	维斯巴登日报	区域新闻	177
孤独的顶端	2014-03-29	法兰克福评论报	（德）黑森州	784
职业生涯的外语	2016-02-04	莱茵河邮报	（德）北莱茵-威斯特伐利亚州	242
外语知识非常重要	2016-02-05	亚琛日报	（德）北莱茵-威斯特伐利亚州	576
大胆（说）英语	2014-01-17	德国西南新闻报	（德）巴登-符腾堡州	730
区域性报刊：关于中等教育领域的文章				
专门为实科中学学生而设的英语	2015-02-13	莱茵河邮报	（德）北莱茵-威斯特伐利亚州	528
文理中学毕业考试使用两种语言	2008-10-22	莱茵河邮报	（德）北莱茵-威斯特伐利亚州	1310
初中生物用英语（教学）	2009-06-08	斯图加特日报	（德）巴登-符腾堡州	605
歌德高中	2007-01-12	法兰克福评论报	（德）巴登-符腾堡州	432
赫尔曼-布泽尔学校引入双语教学	2009-05-30	斯图加特日报	（德）巴登-符腾堡州	654
有时候的词汇沙拉	2006-05-15	斯图加特日报	（德）巴登-符腾堡州	1143
英语 No.1	2009-05-15	斯图加特信息报	（德）巴登-符腾堡州	537
Main Taunus 中学	2003-03-05	法兰克福评论报	（德）黑森州	301
竞争而不是争论	2007-07-25	斯图加特日报	（德）巴登-符腾堡州	441
Gerhard-Hauptmann 中学	2007-01-23	法兰克福评论报	（德）黑森州	232
英语授课的专业课	2005-12-20	法兰克福评论报	（德）黑森州	141
（用）英语（授课的）地理课	2005-06-30	斯图加特日报	（德）巴登-符腾堡州	564
Peter Petersen 中学	2004-01-21	法兰克福评论报	（德）黑森州	208
英语排在第五位	2003-02-12	法兰克福评论报	（德）黑森州	265

续表

标题	日期	出版物	栏目（适用于全国性报刊）或联邦州州名（适用区域性报刊）	字数
用英语的 Geography 代替德语的 Erdkunde（来表述"地理学"）	2003-09-23	斯图加特日报	（德）巴登-符腾堡州	498
还是有更多课程使用英语（教学）	2006-05-04	莱茵报	（德）北莱茵-威斯特伐利亚州	339
带着 Lego 进入决赛	2009-07-01	亚琛日报	（德）北莱茵-威斯特伐利亚州	308
民德／东德制造	2016-10-29	中德意志报	（德）萨克森-安哈尔特州	526
英语不仅仅是莎士比亚	2014-02-27	亚琛日报	（德）北莱茵-威斯特伐利亚州	561
特殊学校代替英国交换	2013-11-06	莱茵河邮报	（德）北莱茵-威斯特伐利亚州	534
是俄国人的错？	2013-01-03	莱茵河邮报	（德）萨克森-安哈尔特州	806
实科中学的双语学习	2016-11-03	中德意志报	（德）北莱茵-威斯特伐利亚州	493
以双语（能力）中学毕业	2016-02-23	法兰克福新报	（德）黑森州	602
让我们说英语！	2013-09-13	科隆日报	（德）北莱茵-威斯特伐利亚州	194
在职业领域有更好的机会	2016-07-29	黑森林邮差报	（德）巴登-符腾堡州	273
语言学家发现不同的结构	2015-02-11	纽伦堡报	BY=Bayern（德）巴伐利亚（德）巴伐利亚（知识）	1033
苏格兰的学校合作伙伴／合伙人	2016-09-22	萨克森报	（德）萨克森-安哈尔特州	731
新高中通知	2017-02-03	纽伦堡报	（德）巴伐利亚	192
（针对）Otto-Hahn 高中学生（设立）的双语课程（OHG=Otto-Hahn-Gymnasium）	2012-11-17	莱茵河邮报	（德）北莱茵-威斯特伐利亚州	101
生动易懂与贴近生活	2012-11-02	美茵巅峰报	（德）黑森州	501
市立高中推行全日制	2017-02-08	亚琛新闻	（德）北莱茵-威斯特伐利亚州	581
英语引领世界	2014-11-29	斯图加特信息报	（德）巴登-符腾堡州	499
Marie-Curie 高中设有双语毕业班	2016-06-01	Neuss Grevenbroicher Zeitung	（德）北莱茵-威斯特伐利亚州	436
有语言天赋的女学生们	2016-01-14	时论报	（德）莱茵兰-普法尔茨州	251
用英语授课的历史与生物课	2012-09-03	莱茵报	（德）北莱茵-威斯特伐利亚州	479
篮球运动中的英式欢呼	2016-02-03	时论报	（德）莱茵兰-普法尔茨州	415
适应两种语言	2012-05-15	科隆日报	（德）北莱茵-威斯特伐利亚州	467
区域性报刊：关于初等教育领域的文章				
Senk ju för lörning（谢谢！）	2016-02-26	每日镜报-柏林	（德）柏林	575

标题	日期	出版物	栏目（适用于全国性报刊）或联邦州州名（适用区域性报刊）	字数
早上好！女士	2003-09-05	法新社	（德）巴登-符腾堡州	640
一年级学生学习英语	2005-07-13	法兰克福评论报	（德）黑森州	340
如今哈利波特在英语（训练）营	2008-09-28	莱茵河邮报	（德）北莱茵-威斯特伐利亚州	292
高中教师反对英语	2008-08-12	莱茵河邮报	（德）北莱茵-威斯特伐利亚州	252
孩子们写信到英国贝里克郡	2008-08-19	莱茵河邮报	（德）北莱茵-威斯特伐利亚州	519
日程表上的英语	2009-03-28	亚琛日报	（德）北莱茵-威斯特伐利亚州	820
让孩子从小就熟悉英语	2009-01-27	莱茵河邮报	（德）北莱茵-威斯特伐利亚州	290
Ginger 只想说英语	2009-01-23	莱茵河邮报	（德）北莱茵-威斯特伐利亚州	515
第一句英语	2009-03-07	莱茵河邮报	（德）北莱茵-威斯特伐利亚州	526
失败还是良好的准备工作？	2009-03-06	阿尔使者报	（德）黑森州	763
娃娃式简易英语	2008-08-28	莱茵河邮报	（德）北莱茵-威斯特伐利亚州	542
Good morning（英语：早上好）guten Morgen（德语：早上好）	2009-01-27	广闻报	（德）北莱茵-威斯特伐利亚州	595
从优等到不及格	2009-01-31	斯图加特信息报	（德）巴登-符腾堡州	774
（适用于）初级班学生（的）英语	2000-05-16	柏林报	（德）柏林	498
和特鲁迪一起（学），英语是很简单的	2009-06-11	广闻报	（德）北莱茵-威斯特伐利亚州	502
协会批评小学英语	2009-03-24	斯图加特信息报	（德）巴登-符腾堡州	246
小学生应该学习外语	2004-03-29	广闻报	（德）莱茵兰-普法尔茨州	680
（适用于）初入学学生（的）英语	2009-03-09	莱茵河邮报	（德）北莱茵-威斯特伐利亚州	436
英语授课	2009-08-31	斯图加特日报	（德）巴登-符腾堡州	653
德国社会民主党反对延迟启动	2002-07-27	广闻报	（德）北莱茵-威斯特伐利亚州	293
几乎不说德语了	2003-12-17	法兰克福评论报	（德）黑森州	422
让我们用英语交谈吧！	2006-09-16	莱茵河邮报	（德）北莱茵-威斯特伐利亚州	555
早上好，Mole 先生	2009-02-10	莱茵河邮报	（德）北莱茵-威斯特伐利亚州	450
（适用于）一年级（的）英语	2009-01-26	莱茵河邮报	（德）北莱茵-威斯特伐利亚州	561
争议点：英语	2009-01-27	莱茵河邮报	（德）北莱茵-威斯特伐利亚州	497
先是说话，而后唱歌	2003-04-27	广闻报	（德）北莱茵-威斯特伐利亚州	559
从一年级开始的英语	2003-04-04	法兰克福评论报	（德）黑森州	392
所有小学的英语	2006-09-26	广闻报	（德）北莱茵-威斯特伐利亚州	77
一年级学生懂英语	2001-01-19	利希滕贝格日报	（德）柏林	107

标题	日期	出版物	栏目（适用于全国性报刊）或联邦州州名（适用区域性报刊）	字数
一年级学生以游戏的方式学习	2009-01-14	莱茵河邮报	（德）北莱茵-威斯特伐利亚州	108
一年级英语	2009-02-07	莱茵河邮报	（德）北莱茵-威斯特伐利亚州	497
用英语说 Tütü	2006-09-14	莱茵河邮报	（德）北莱茵-威斯特伐利亚州	367
英语老师通知	2009-03-14	莱茵河邮报	（德）北莱茵-威斯特伐利亚州	152
从今天起在北威州……	2009-01-26	莱茵河邮报	（德）北莱茵-威斯特伐利亚州	77
谁偷走了鼠标？	2009-02-28	广闻报	（德）北莱茵-威斯特伐利亚州	343
一年级学生以英语的"早上好"开始一天的学习	2003-09-05	斯图加特日报	（德）巴登-符腾堡州	588
随着果酱的来临，词汇量也随之而来	2007-03-17	斯图加特日报	（德）巴登-符腾堡州	390
高中教师反对英语	2008-08-12	莱茵河邮报	（德）北莱茵-威斯特伐利亚州	252
双语骑士故事书来啦！	2009-03-31	莱茵河邮报	（德）北莱茵-威斯特伐利亚州	309
一年级学生唱英语（歌）	2009-02-07	莱茵河邮报	（德）北莱茵-威斯特伐利亚州	444
从一开始就是两种语言	2009-10-02	法兰克福评论报	（德）黑森州	492
从德语的苹果到英语的苹果	2005-03-03	法兰克福评论报	（德）黑森州	672
日程表上的英语	2009-03-29	亚琛日报	（德）北莱茵-威斯特伐利亚州	820
被测试的英语/处于测试中的英语	2016-12-29	黑森林邮差报	（德）巴登-符腾堡州	618
一年级英语	2015-07-01	萨克森报	（德）萨克森-安哈尔特州	750
是的！我们可以	2014-07-24	盖恩豪瑟日报	（德）黑森州	409
用上所有的感官	2014-07-26	盖恩豪瑟日报	（德）黑森州	220
现在贝拉可以和亨利聊天了	2012-06-19	科隆日报	（德）北莱茵-威斯特伐利亚州	743
英语课对一年级学生没有任何好处	2014-10-06	斯图加特日报	（德）巴登-符腾堡州	153
敷衍的英语课	2016-02-26	每日镜报-柏林	（德）柏林（意见）	204
和 Eddy 一起学英语	2012-04-05	Kreis Anzeiger Hessen	（德）黑森州	442
有些人使用甚至不存在的词语	2000-11-06	柏林报	（德）柏林	727
"Gruffalo"得分	2013-06-29	中德意志报	（德）萨克森-安哈尔特州	514
无意识学习	2012-12-13	美茵巅峰报	（德）黑森州	510
关于学前教育领域的文章				
基民盟希望在幼儿园就已设有英语课	2015-10-03	莱茵河邮报	（德）北莱茵-威斯特伐利亚州	285

标题	日期	出版物	栏目（适用于全国性报刊）或联邦州州名（适用区域性报刊）	字数
幼儿们学习英语	2013-12-13	科隆评论报	（德）北莱茵-威斯特伐利亚州	114
（为取得好成绩而承受的）成绩压力是被厌恶的	2009-02-11	法兰克福评论报	（德）黑森州	538
极好的老师	2009-10-01	亚琛日报	（德）北莱茵-威斯特伐利亚州	574
儿童服务学习俱乐部	2004-03-30	法兰克福评论报	（德）黑森州	567
（接纳学龄前儿童的半日制）游戏学校，幼儿园	2007-09-21	莱茵河邮报	（德）北莱茵-威斯特伐利亚州	471
（适用于）托儿所儿童（的）英语	2000-08-23	日报	（德）柏林	504
早期语言学习	2008-12-22	广闻报	（德）北莱茵-威斯特伐利亚州	208
孩子们想要交流	2008-08-29	法兰克福评论报	国家新闻	362
在托儿所学习英语	2006-02-28	法兰克福评论报	（德）黑森州	400
在策伦多夫是独一无二的	2001-10-12	世界报-柏林	（德）柏林	383
瓦尔德堡学习英语	2006-11-07	莱茵河邮报	（德）北莱茵-威斯特伐利亚州	455
（玩一样地）轻而易举学英语	2016-03-11	法兰克福新报	（德）黑森州	132
托儿所里的英语	2013-09-12	亚琛日报	（德）北莱茵-威斯特伐利亚州	752
（适合）儿童（学的）英语	2013-08-30	莱茵河邮报	（德）北莱茵-威斯特伐利亚州	406
我们是幸运儿	2015-02-04	中德意志报	（德）萨克森-安哈尔特州	636
35个新的幼儿园入学名额	2012-11-17	广闻报-波恩	（德）北莱茵-威斯特伐利亚州	528
小男孩/小家伙也会说英语	2013-09-12	中德意志报	（德）萨克森-安哈尔特州	638
孩子们学习英语和西班牙语	2012-03-08	莱茵河邮报	（德）北莱茵-威斯特伐利亚州	154
孩子们学习英语	2011-07-22	中德意志报	（德）萨克森-安哈尔特州	283
以游戏的方式探索外语	2005-11-24	斯图加特日报	（德）巴登-符腾堡州	492
边用力点头边说"yes"	2005-08-06	广闻报	（德）北莱茵-威斯特伐利亚州	628
以游戏的方式学习	2002-12-09	信息技术业务	/	200
幼儿园里的多语种/多语幼儿园	2006-02-26	法兰克福评论报	知识	350
成人休闲式语言学习				
老年人学习英语	2011-11-17	莱茵河邮报	（德）北莱茵-威斯特伐利亚州	466
（每个）人几乎到处都需要它	2015-03-13	中德意志报	（德）萨克森-安哈尔特州	1003
合租公寓氛围下的咖啡	2008-12-10	Main-Taunus-Kurier	（德）黑森州	472
陶努斯地区的语言假期	2017-02-17	Usinger Neue Presse	（德）黑森州	465

国际组织成员国语言意识形态探讨[*]

——基于联合国一般性辩论的语料（1970—2016）

莉萨·麦肯蒂–阿塔利尼斯　罗谢尔·维西　著

马　嫣　译

张治国　审

文献来源：McEnteeAtalianis, Lisa and Rachelle Vessey. 2020. Mapping the language ideologies of organizational members: a corpus linguistic investigation of the United Nations' General Debates (1970–2016). *Language Policy* 19(4), 549—573.

导读：这篇文章基于联合国一般性辩论语料库，研究了近46年来成员国在不同时期提出的语言问题以及反映的语言意识形态。通过对主题词搭配、词簇和索引行的观察，作者试图探讨语言问题是否成为成员国关注的焦点，成员国提出的语言问题是否与联合国秘书处相关的语言政策倡议或改革一致，以期在联合国语言政策的大背景下探索语言意识形态的历时变化和成员国之间的差异。将语料库语言学的方法和超国家组织的语言政策研究相结合是本文的一大亮点。

　　研究不仅观察到了显性的语言意识形态，包括对不同语言、语言问题、语言实践和多语制的讨论以及它们如何随时间变化而变化，同时也揭示了成员国对语言问题的忽视。研究发现，语言和语言问题不是联合国一般性辩论的关注焦点，部分成员国提出的一些语言问题也往往难以进入联合国的议程内。因此，作者认为，联合国多年来在实施和维持多语制方面的困难，其根源在于核心成员国在语

---

[*] 莉萨·麦肯蒂-阿塔利尼斯（Lisa McEntee-Atalianis），伦敦大学伯贝克学院应用语言学高级讲师。研究涉及应用语言学多个领域，包括语言病理学、手语/聋人研究和社会语言学等。近期研究主要集中在微观和宏观语言层面的"身份"问题，以及超国家或国际组织中的机构语言政策和规划研究。

罗谢尔·维西（Rachelle Vessey），伦敦大学伯克贝学院应用语言学与传播学讲师。曾在多个国际知名期刊上发表关于语言意识形态、民族主义、语料库语言学和话语分析方面的文章。2016年出版专著《语言与加拿大媒体：代表、意识形态和政策》。——编者注

言问题上缺乏积极性。

为了实现真正的变革，作者建议联合国需要更积极地调适成员国的语言意识形态，机构语言政策需要在不同层次的成员间纳入一致的价值观，并且更密切地关注成员的语言意识形态及其不关心语言问题的原因。

摘要： 超国家组织和国际组织长期以来在实施多语政策时经常遇到困难，部分原因是其成员国在语言问题上缺乏积极性（McEntee-Atalianis 2022；Kruse and Ammon 2018）。本文旨在强调国际机构语言政策中语言意识形态调查的重要性，尤其是机构中重要成员所持的语言意识形态分析。本文以联合国为研究对象，以其一般性辩论语料库（Mikhaylov *et al.* 2017）为数据来源，探讨 46 年来语言问题是否（以及如何）成为联合国成员国某些审议和工作的焦点，以及就这些语言问题的讨论是否与联合国的语言政策保持一致。本文利用语料库语言学描述了联合国不同时期的语言意识形态景观和语言政策话语，发现近 50 年来联合国对语言问题的讨论甚少。本文指出，国际组织较少探讨语言问题或语言政策，对这一现象的关注与对语言问题本身的探索是同样重要的。如果国际组织希望改变其语言政策，或重视其语言政策的实施，那么它们就应该更密切地关注其成员国的语言意识形态，并分析它们公开忽视语言问题的原因。

关键词： 语料库语言学；语言意识形态；多语制；超国家/国际组织；联合国

一、引言

诺伊斯图普尼（Neustupný 1994: 50）有一个著名的观点："任何语言规划行为都应该从考虑话语中出现的语言问题开始，直至该问题在话语中消失，规划过程才可以被视为是完整的"。本文认为，我们不仅应该考量语言问题如何在话语中出现，也应关注语言问题如何在话语中消失。虽然对语言问题进行积极讨论可能会引起我们对相关议题的关注，但缺乏讨论（或者更准确地说，与语言问题无关的讨论）也可能会把我们的注意力从相关的语言问题上转移开。为何有些语言问题是讨论的焦点，而另一些则不是，这通常是语言意识形态的结果，即在社区成员中建立并共享的关于语言的信念。这些通常被认为是理所当然的，是一种常识（Boudreau and Dubois 2007: 104）。语言意识形态会自然凸显或忽略语言问题的重要性，并使人们自然而然地觉得某些语言优先于其他语言。然而，语言意识形态也可以在讨论和辩论中明确地（即元语言地）表达出来，特别是在具有不同语言意识形态的个人和社区之间（Blommaert 1999；

Coupland and Jaworski 2004）。正如伍拉德（Woolard 1998:9）所指出的那样："在语言实践中，在关于语言本身明确的讨论（即元语言或元语用话语）中，以及在通过更含蓄的元语用学对语言使用进行控制的过程中，都能发现意识形态。"语言意识形态以及随之而来的对语言问题的讨论或缄默会带来一个结果，即一些语言政策产生了效果，而另一些则没有。

语言政策的概念是多层次和复杂的，斯波斯基（Spolsky 2004）就此提出了一个被广泛引用的模型。该模型包括三个相互关联的内容：语言管理、语言意识形态和语言实践。在本文中，我们认为，由于语言意识形态决定了语言管理的程度和语言实践的方式，因此语言政策是否被接受取决于语言意识形态。以联合国为例，我们认为，该组织多年来在实施和维持多语政策方面困难重重，其根源在于成员国对语言问题缺乏积极性。我们的研究结果表明，联合国如果想实现真正的语言政策变革，则需要更加积极地了解其成员国的语言意识形态，并高度关注与自己组织有关的相互交织的权力关系。

个体是否有能力实施或影响机构的语言政策，这不仅取决于该成员在组织中的相应地位及权力，而且还取决于所在组织（尤其是组织的某一层面）盛行的语言意识形态。正如菲茨西蒙斯-杜兰（Fitzsimmons-Doolan 2019）所指出的那样，机构语言意识形态的形成与很多因素有关。她指出，这些语言意识形态散见于机构不同级别的语言政策文本中。因此，这不仅是语言制定和实施过程中简单的"自下而上"或"自上而下"的能动性问题，也是反映一个组织成员的意识形态与不同决策者的意识形态在多大程度上能够合拍的问题，以便该组织能有效地实施其语言政策。

本文的目的不仅在于强调语言意识形态在机构语言政策中的重要性，还在于审视语言意识形态的功能，尤其是对机构成员的作用。我们追踪了语言问题是否以及如何在46年中成为联合国成员国的审议和工作内容，并确定这些问题是否与联合国秘书处（即联合国的执行机构）提出的语言政策倡议或变化相一致（即自上而下）。[①]

更具体地说，我们提出以下研究问题：

1. 在过去46年的联合国一般性辩论中，语言问题是否成为成员国审议过程中的焦点？

2. 如果是，具体是哪些语言问题？这些问题与联合国秘书处实施的语言政策倡议或变化保持一致抑或互相冲突？

本文研究路径如下：首先回顾有关语言意识形态和语言政策的相关文献（"语言

[①] 秘书处是由秘书长领导的联合国执行机构。它的作用是为联合国决策机构制定议程（在纽约，这包括：联合国大会、经济及社会理事会和安全理事会），并执行成员国审议的决定。秘书处分为不同职能的部门（办公室）。多语问题主要由大会和会议管理部负责，由副秘书长以"多语种协调人"的身份进行管理。成员国为多语种使用提供财政支持，政策的任何改变都必须得到成员国的批准。

意识形态和语言政策"部分）；然后介绍超国家组织，特别是联合国的语言政策背景
（"语言政策与规划和超国家组织或国际组织"部分）；接下来介绍研究的数据和方法，
之后讨论研究的结果。最后，我们强调语言意识形态在机构语言政策与规划的设计和
实施中的重要性。

二、语言意识形态和语言政策

西尔弗斯坦有关语言意识形态的论述已有 40 多年，但仍有许多研究人员继续引
用其对语言意识形态的定义——"语言使用者对某一特定语言的各种信念，并认为该
语言在结构和使用上都存在合理性或正当性"（Silverstein 1979: 193）。然而，这一定
义引发了一个问题，即语言意识形态是否可以通过定义来明确表达。伍拉德（Woolard
1998: 3）给出的定义是：语言意识形态就是反映现实社会中人类与语言之间关系的各
种表征，它们可以是显性的，也可以是隐性的。这个定义包含了更多的表述内容，因
为语言意识形态可以通过一系列不同的方式表现为显性或隐性，如显性的语言实践
和隐性的元语用学（Woolard 1998: 9；参见 Coupland and Jaworski 2004: 36）。事实
上，她强调了"语言意识形态的表现形式"（Woolard 1998: 9）存在"无法调和的矛
盾"，这一观点贯穿于她所撰写的各种编著的章节里。在她的一本编著中，有一位名
叫斯派图尔尼克（Spitulnik 1998: 164）的作者提出，语言意识形态可以是"观念性
的"或"概念性的"，同时也可以是"过程性的"和"基于实践的"，即语言意识形
态"隐含于实践中，体现于活生生的各种关系中，显现于某些特定的有意表达中，如
元语言话语"。本文主要关注联合国各成员国语言意识形态的显性表达（包括会议代表
的"陈述"和"讨论"两部分）和隐性表达；但同时也根据各成员国在联合国年度一
般性辩论中所扮演的角色、所起的作用以及所产生的意义来分析他们在一段时间内所
陈述内容或保持沉默行为的过程性特点和总结性特点。而且，虽然我们关注的是各成
员国的语言表达，但我们还要注意的是，这些发言未必客观和真实。正如万鲁汶（van
Leeuwen 2004: 111）所指出的，代表的发言陈述还时常会添加一些诸如评价、目的和
合法性等之类的成分。换句话说，这些发言具有语言意识形态性。此外，我们虽然重
点关注各成员国的发言，但这并不意味着我们对不同语言所隐含的语言意识形态不敏
感。例如，我们对联合国一般性辩论中所使用的不同语言给予了不同的关注度。

由于语言意识形态研究起源于美国语言人类学，因此绝大多数有关语言意识形态
的研究都采用了传统上与该领域相关的研究方法（如民族志法）。然而，最近关于语
言意识形态的研究却采用了语料库的方法（如 Ajsic and McGroarty 2015; Fitzsimmons-

Doolan 2014, 2019; Subtirelu 2013; Vessey 2016）。语料库方法要求研究人员通过获得和处理大数据来识别元语言表征的大趋势、小趋势和零趋势（所有这些现象都被认作语言意识形态的表现；Vessey 2016）。如本文"研究结果"部分所示，当国际组织某些特定个体或成员国的话语模式与他们本国当前语言政策的变化相一致时，他们的言语陈述和沉默态度也说明了他们的能动性。

语言意识形态是语言政策的重要考量因素，它是斯波斯基（Spolsky 2009）所提语言政策三成分理论的三大支柱之一。他认为："对语言政策和语言管理来说，最重要的语言信仰是人们赋予某些特定的语言和语言变体一定的价值和地位"（Spolsky 2009: 4）。在本文中，我们主要关注这些语言信仰是如何支撑有关语言本身的讨论。例如，某些语言优先于其他语言，语言的表达（积极或消极）或多语制（例如，通过提及语言地位、角色或实践），缺乏对某些语言问题或特定语言的讨论，以及这些讨论是如何随着时间的推移而变化和发展的。换言之，对特定语言的讨论（以及缺乏对其他语言的讨论），可能表明了这些语言在该组织内或其他地方的地位或职能。关于不同语言和多语的讨论，也可能进一步包含隐性或显性的评价。在这两种情况下，国际组织内有关语言的价值、地位、作用和实践的阐释和讨论，尤其适用于理解特定级别成员国对联合国语言政策的支持程度。我们认为，这种支持可能会影响政策（改革）的接受和采纳。

根据瓦茨（Watts 1999: 68）的观点，"语言意识形态具有政治性，因为社区的构建在机制上需要依赖各种社会原则，而语言意识形态是这些社会原则整体中的一部分"。的确如此，里森托（Ricento 2006: 9）也指出，语言意识形态"对语言政策和实践具有实际影响，并在很大程度上界定了语言规划和政策制定领域中哪些是可能的，哪些是不可能的"。然而，我们再补充如下观点：语言意识形态对语言政策和实践的影响取决于相关个体的能动性。如上所述，菲茨西蒙斯-杜兰（Fitzsimmons-Doolan 2019）指出，在同一个国际组织中，不同的部门具有不同的语言意识形态。所以，我们建议，在考虑这些语言意识形态时，还需要与权力问题结合起来，而权力往往与具体的角色和地位相关。由于不同的国际组织具有不同的组织结构，因此，我们需要对国际组织成员国在该机构中的地位以及该机构各部门所使用的文本类型保持较高的敏感度，这对于任何国际组织语言政策的研究，尤其是对国际组织语言意识形态的研究，似乎都是至关重要的。这一动态似乎与斯波斯基（Spolsky 2019: 335）最近的学术观点不谋而合，即"无权的语言提倡者和有权的语言管理者"在语言政策和语言管理中都能发挥其各自的作用。因此，我们认为，在联合国任何人想要影响该机构的语言政策实施都会受到以下两个因素的制约：一是此人在该机构中的角色，二是该机构盛行的某一特定的语言意识形态。

三、语言政策与规划和超国家组织或国际组织

尽管超国家组织（国际组织）采用不同的语言政策，[①] 但多语制往往被视为是有益的，它可以支持平等和民主原则。然而，相关研究（如 Ammon 2006, 2012; Cogo and Jenkins 2010; Gazzola 2006, 2016; Koskinen 2013; Lenaerts 2001; McEntee Atalianis 2006, 2015; Piron 1980; Quell 1997; van Els 2005; Wright 2009）以及这些组织的内部审查（如 JIU/REP/2011/4，见下文）都显示，长期以来，国际组织对语种的提供和使用正在不断减少，多语制这一语言政策在实施方面也存在诸多困难。许多多语组织的行政部门都面临着一个难题——如何平衡相互竞争甚至有时相互矛盾的要求，即如何为不同群体公平地提供他们所代表的语言，如何提高沟通效率以及降低在内部和外部业务中使用多语所带来的高成本。因此，在许多情况下，交流是通过通用语进行的，通常为英语（McEntee Atalanis 2022）。

学者们认为（Barbier 2018; Fidrmuc and Ginsburgh 2007; Gazzola *et al.* 2019; Kruse and Ammon 2018; Krzyzanowski and Wodak 2010; McEntee-Atalianis 2015, 2016; Phillipson 2003, 2008; van Parijs 2013; Xabier 2008），超国家组织（国际组织）需要通过一种权宜之计，在减少它们语种提供的同时，保护民主权利和语言多样性，以符合经济实用主义的趋势。因此，他们应该将国际组织的多语支持与发展目标结合起来，扩大机构内外利益相关者（包括公民）网络，并让这些利益相关者可以用他们自己能够理解的语言参与该网络。然而，这些呼吁在多大程度上符合这些国际组织成员国的语言意识形态？尽管有不少研究详细地探讨了超国家组织（国际组织）语言政策与规划的官方发展，而且，最近也有不少工作记录了国际组织不同的语言政策和语言实践，但是，目前学界对国际组织成员国语言信仰（即语言意识形态）的调查却十分有限（相关研究见 Kriszán and Erkkilä 2014）。

就联合国而言，在国际谈判和国际接触中语言的选择问题一直是外交官和秘书处议程中的一个内容。事实上，在联合国成立之前，国际联盟遵从普遍共识，只优先考虑英语和法语。然而，人们从一开始就认识到，联合国必须具有包容性，因此试图通过《联合国宪章》第 111 条，[②] 接纳第二次世界大战中战胜国的语言。其目的是建立起汉语、法语、俄语、英语和西班牙语共存的语言体系，即使联合国在语言实践中无法

---

① 例如，可比较联合国和欧盟各自制定的不同的语言政策。
② 《联合国宪章》第 111 条规定："汉语、法语、俄语、英语和西班牙语文本具有同等效力。"

使所有语言都运转。因此，当法语和英语在 1946 年成为大会的工作语言时，[①] 其他三种语言的"官方"地位实际上意味着需要为它们提供笔译和口译服务。随后几年，语言体系有所扩大（见表 1）：1948 年，西班牙语成为大会（非秘书处）的工作语言，1968年，俄语从官方语言提升为工作语言。1973 年，在阿拉伯国家的不断游说下，阿拉伯语成为大会的官方语言，汉语也成为大会的工作语言。虽然之后也有一些微小的改变，但自 1973 年以来，联合国的语言格局基本没有改变，近期支持多语制的倡议也可以追溯到那时（见 https://www.un.org/Depts/DGACM/multilingualism.shtml 有关多语制的相关决议、报告和活动）。

目前，联合国纽约总部支持六种官方语言和两种工作语言，联合国各机构使用不同的工作语言组合（例如，总部位于英国伦敦的国际海事组织使用英语、法语和西班牙语）。这些都记录在国际组织的官方政策中。然而，其他语言也在联合国的扩展业务和实地工作中得以使用。[②]

表 1 按时间顺序介绍联合国大会和安理会使用的语言和联合国其他语言倡议

1948	西班牙语	联合国大会工作语言
1968	西班牙语 俄语	安理会工作语言 联合国大会工作语言
1969	俄语	安理会工作语言
1973	阿拉伯语 汉语	联合国大会官方和工作语言 联合国大会工作语言
1974	汉语	安理会工作语言
1999	母语日（由孟加拉国提议，联合国教科文组织引入，定于每年 2 月 21 日）	

近年来，联合国秘书处一直在努力审查自己的语言实践，并尽量在联合国的内部工作以及外展业务（包括世界各地的工作站和办事处）中使用多语。随后，联合国开展了各种有关多语制的活动，并制定了比以前更详细的多语制决议。2011 年，秘书处对联合国的内部语言使用情况进行了全面检查，还任命了一名多语协调员。这项审查

---

① 工作语言是指用于内部业务和员工之间交流的语言。英语和法语是纽约总部秘书处的工作语言。联合国正式文件通过官方语言分发，在全体会议上提供这些语言的口译。一些官方语言也是各区域委员会的工作语言。

② 例如，联合国的 63 个区域信息中心（ICs）使用六种官方语言中的五种（不包括汉语），并于有需要时提供 97 种本地语言。在国家内部，联合国特派团也可能用当地语言提供信息和支持。

工作收集了联合国关于语言使用情况（以自我报告的方式）的数据，并公布在联合检查组报告 JIU/REP/2011/4 中。它详细描述了多语制如何以"零碎和分散的方式"出现在联合国（第四页），但指出英语具有普遍的霸权地位，而且，联合国在支持和使用各种官方语言和工作语言方面存在不平等现象。检查人员认为联合国需要对此进行改革。这些发现也得到了其他实证调查的验证（见 McEntee Atalanis 2015, 2016）。检查人员向联合国的立法机构和行政长官提出了 15 项建议，联合国大会于 2011 年 7 月 19 日正式通过一项决议（65/311），该决议采纳了其中多条建议，并作出了更多的承诺。

尽管这些建议中的大多数内容尚未得到解决，但部分建议得到现任秘书长安东尼奥·古特雷斯（António Guterres）的大力支持。例如，联合国除了在国际上要以多语形式促进世界和平、安全与发展外，还要在联合国的对内和对外工作中推动多语制的发展。然而，联合国由于财政紧张，资源短缺，再加上各部门自主权的增加，于是，"维持成本"（cost-neutrality）便成了联合国运行的一种压力。因此，联合国秘书处指出，我们必须提出各种"创造性方案"（联合国 2015），以便解决联合国在国际环境中进行政治和公共外交以及进行组织干预等工作时的多语使用问题。

虽然自上而下的语言政策（详情见上）表明了多语的重要性，但我们认为，如果没有国际组织成员国的支持，就无法改变目前倾向于使用通用语的现状。因此，我们探讨了联合国过去 46 年来，语言问题是否以及如何在联合国一般性辩论的审议和工作中占据主导地位。联合国一般性辩论是联合国大会年度会议上的论坛，各国高级代表在会上发表声明（约 15 分钟的"发言"），阐述其政府对当前世界政治问题的看法，特别是对该国有直接影响的问题，以及他们和其他成员国在过去一年中一直在努力解决的关键性问题。这些声明类似于各国国内政治中的年度国情咨文。如下节所述，我们将通过分析有关语言和非语言的讨论（涉及联合国内外的语言使用和支持，以及其他元语言评论）来"发现"语言意识形态（Ajsic and McGroarty 2015）。从历时角度看，本研究的目的是为了了解联合国成员国的语言意识形态是如何与联合国自上而下的语言政策相一致或相背离的。

四、数据和方法

本研究数据来自联合国一般性辩论语料库（UNGDC）（Mikhaylov *et al.* 2017），其中包含 1970 年至 2016 年间 7701 份一般性辩论声明（22070872 个词）。声明是从联合国大会一般性辩论和联合国文献信息系统（UNBIS）的专门网站上收集的，并在语料库中根据年份、会议（第一次会议于 1946 年举行）和国家进行整理。1970 年至

2014 年间，联合国成员国数量从 70 个增至 193 个，从而有更多的国家参加一般性辩论。不过，非成员国也可参加一般性辩论（例如罗马教廷和巴勒斯坦）。如果国家已不复存在，在语料库中它们的数据会与其合法继承国（如苏联和俄罗斯）联系起来，或以该国已知的最后名称（如德意志民主共和国）保存（Mikhaylov *et al.* 2017）。语料库包含来自 198 个国家的数据，每一个演讲平均包含 123 个句子和 2866 个词（字节）（Mikhaylov *et al.* 2017）。尽管这些演讲（发言）在被翻译成联合国官方语言之前，可能是用各种其他语言来进行的，但语料库仅以英语的官方版本为准。

在每年的会议中，各个国家代表的发言声明都有一个单独的文件，这意味着我们可以根据国家、历届会议和年份对语料库进行分析。该语料库包含了来自不同国家 46 年的数据，丰富的信息可让我们对这些发言进行历时变化和国家差异等方面的研究。这使我们不仅能聚焦上述研究重点，而且，还能结合联合国语言政策的大背景进行数据分析。

语料库语言学是一种将软件应用于自然产生的计算机可读文本的主体（"语料库"）的方法，可以用来调查话语模式（如 Baker 2006; Partington 2004; Stubbs 1996）和历时变化（即随时间发生的变化）（Partington 2010）。而这些模式需要根据某些具体语言单位的重复率来建构。于是，我们将词汇视为一种语言单位，然后根据与"语言"和"多语"相关词汇的使用情况来寻找话语模式。最后，我们使用词汇大师（WordSmith）程序（7.0 版）中的词表功能（Wordlist）和索引功能（Concord）来识别话语模式。

我们重点关注的是与主题相关的特定词语（即语言和多语），其中也包括联合国官方语言或工作语言的名称以及使用和支持使用多语的过程，具体词汇如下：多语或多语者（multilingual/multilinguals）、多语制（multilingualism）、语言（language/languages）、英语（English）、法语（French）、西班牙语（Spanish）、俄语（Russian）、汉语（Chinese）、阿拉伯语（Arabic）、笔译（translation）和口译（interpretation）。我们对每个搜索词汇都进行以下分析：首先，获得每个词的原始频率，然后搜索每个词的搭配（collocates）、词簇（clusters）和索引行（concordance lines）。搭配是指与节点词共现的词。在某些情况下，似乎可以证明两个词倾向于同时出现；在其他情况下，我们试图确定它们共现的强度。在后一种情况下，我们通过 LogDice 显著性检验来衡量节点词与搭配词间的关系强度。然后，我们根据它们与节点词的关系强度对搭配词列表进行排序，并只考虑最强的搭配词（即 LogDice 得分最高的搭配词，最低阈值为 7，表示强关联；Rychlý 2008）。我们还考虑了搭配词的位置是在节点词的左侧还是右侧，L1 表示有一个搭配词在节点左侧，R1 表示有一个搭配词在节点右侧。此外，我们在固定短语中以最少五个频率重复出现的两个或两个以上的词簇为一个单位，以节点词左右各

5 个单词为截取标准，这意味着节点词本身不一定是获得的词簇的一部分。最后，我们还分析了索引行，它显示了搜索词是如何在其原始上下文（或"共同文本"）中出现的。表 6 显示了"法语"和"语言"在原始文本中的索引行。请注意，完整的句子甚至完整的词并不总是包含在索引行中，索引行是根据节点词左边和右边的字符集来定义的。

虽然在大多数情况下我们都会分析词汇搭配、词簇和索引行现象，但如果该词出现频率较高，例如，"语言"作为单复数分别出现过 885 和 148 次，那么，该词的搭配和词簇分析是我们研究的重点，而索引行的分析只是为了探查其他发现而进行的。在一些词出现频率较少的情况下（如阿拉伯语只出现过 49 次），其搭配和词簇太少，我们无法进行深度分析。在这种情况下，我们为了建立话语模式就会详细查看索引行。

在对每个词进行单独分析后，我们会比较所有词汇搭配和词簇出现的趋势，以发现它们的相似点和差异。我们通过对个别语言的发现来进行比较，从而可确定初步研究结果，然后再对相关源文本做进一步的研究。鉴于联合国一般性辩论的发言具有高度结构化的特点，因此，它们的源文本都简短且内容丰富。此外，这些发言往往都包含几个互不相关的内容，因此，我们的搜索词可能与这些发言相关（即明显），也有可能不相关。这些发言文本的相同结构使得我们对其中相关内容摘录的识别和界定工作变得简单明了。然后，我们将这些摘录内容复制并重新输入到一个表格中，同时也包含其他的一些识别信息，如发言者的所属国家和发言日期，简短的说明性标注——用于表明发言摘录的主题，如通用语、对多语现象的积极表征、语言和联合国——对某一语言官方认可的呼吁、对联合国认可阿拉伯语为其官方语言行为的感谢、国际母语日。主题分析采用分阶段的方法来进行：首先是要熟悉发言摘录的内容；然后是发现新主题并确定其所属类别，并确保新主题具有明确的内容边界；最后是对发言摘录的主题进行标注（Braun *et al.* 2019）。为解决研究问题二（见上），我们将摘录的内容与表 1 中确定的关键政策变化和最近的改革呼吁（见上文中"语言政策与规划和超国家组织或国际组织"部分）进行比较。

总之，上文概述的研究方法能够确保我们从以下几个方面来探讨联合国一般性辩论中的语言意识形态。首先，我们可以通过以下几种渠道来找到显性的语言意识形态：分析各成员国元语言的讨论内容；关注各成员国对不同语言、语言问题和语言实践的评价性表征；注意这些表征是如何随着时间的变迁而变化的，而且要特别注意涉及如下两个内容的表征，一是涉及联合国的表征，二是涉及那些提出语言问题的成员国在联合国所担任某一角色的表征。其次，我们可以通过以下几种渠道来关注各成员国元语言讨论的缺失现象：观察零和总数；观察各成员国的历年发言（如刚果民主共和国在 2008 年提到了斯瓦希里语，但在 2009 年及其他年份中却未提及该语言）以及各成员国在不同问题上的观点或沉默态度（如刚果民主共和国提到斯瓦希里语，而坦桑尼亚却没有）。虽然元语言讨论缺失的现象并不能算作语言意识形态的内容，但它确实揭示了语言在何处、何时以及如何与这种现象相关，同时也揭示了这种现象是由谁（或不由谁）造成的，于是，我们就能更好地理解语言信仰或语言问题是如何成为众多社会原则中的一部分，而这些社会原则是联合国在发展过程中必须依赖的原则（参见 Watts 1999: 68）。

五、发现

词频统计结果表明，搜索词的使用并不均衡，它们也不是均匀地分布在整个语料库中（表 2）。在此，我们对涉及这些搜索词的研究发现表述如下：在下文的"多语制和语言"一节中，我们将呈现有关多语制和语言的调查结果；在"联合国官方语言和工作语言"一节中，我们将呈现有关联合国官方语言和工作语言的调查结果；在"笔译和口译"一节中，我们将呈现有关笔译和口译的调查结果；在"源文本摘录"一节中，我们将呈现有关源文本摘录主题分析的调查结果。

表 2　搜索词的频率和分布

单词	频率	源文本	源文本中的比例
笔译（translat*）	1263	1089	14.14
法语（French）	1177	644	8.36
汉语（Chinese）	1106	374	4.86
语言（language）	885	674	8.75
俄语（Russian）	808	420	5.45
口译（interpret*）	790	628	8.15
西班牙语（Spanish）	565	222	2.88
英语（English）	246	191	2.48
语言（languages）	148	129	1.68
阿拉伯语（Arabic）	49	42	0.55
多语（multilingual）	21	19	0.25
双语（bilingual）	8	8	0.10
多语制（multilingualism）	7	6	0.08
多语的（multilinguistic）	1	1	0.01

（一）多语制和语言

尽管联合国关于多语使用的决议（A/RES/71/328）早有讨论，并执行已久，但在调查文本中"多语的"（*multilingual*）和"多语制"（*multilingualism*）这两个术语的使用频率却非常低，仅出现在语料库的一小部分文本中。索引行表明，"多语的"（出现 21 次）倾向于用来指国家、社会、省或州和民族；而"多语制"（出现 7 次）的使用频率更低，但常与较为积极的词汇（如"促进"和"保留"）搭配使用。"多语的 *"一词凸显了其前缀"多"（*multi-*）（星号表示），所以它通常与其他含有"多"的单词搭配使用，例如，多信念（*multi-faith*）、多文化（*multicultural*）、多民族和多样化（*multi-ethnic and diversity*）。

同样，"语言"一词单数形式的出现频率远高于其复数形式，前者在 674 个文本中（占总文本的 9%）共出现 885 次，而后者则在 129 个文本中（占总文本的 2%）共出现 148 次。由于单一语言话题比多语话题得到更多的讨论，这在很大程度上说明单一语言话题比多语话题更受欢迎。事实上，我们对词簇和搭配的研究表明，在这些文本中"语言"一词的使用未必就是指某些特定的语言（如官方语言或国语）。相反，"语言"一词常用来比喻为某种"说话方式"，有时也指《联合国宪章》（详见表 3）。

表 3　与词语"语言"语境相关的最常见的词簇

XX 的语言（The language of）	150
语言或宗教（Language or religion）	52
XX 的语言（Language of the）	52
性别语言或者（Sex language or）	47
关于民族（As to race）	45
民族性别语言（Race sex language）	45
性别语言或宗教（Sex language or religion）	44
民族性别语言或（Race sex language or）	44
民族性别语言或宗教（Race sex language or religion）	43
关于差别（Distinction as to）	42

就"说话方式"而言，表 3 中最常见的词簇（即 *the language of*，共出现 150 次）通常不用来指代不同成员国的语言。相反，该词簇最常见的搭配直接显示在该词簇的右侧（R1），这表明了各成员国代表发言讨论中的不同言语风格，即外交语言（如词簇右侧出现"对话"（*dialogue*）搭配词 9 次，"外交"（*diplomacy*）搭配词 2 次），和平

语言（如词簇右侧出现"和平"（peace）搭配词 9 次，"和解"（reconciliation）搭配词 3 次），对抗语言（如词簇右侧出现"武力"（force）搭配词 6 次，"暴力"（violence）搭配词 5 次，"武器"（weapons）搭配词 4 次，"武装"（arms）搭配词 3 次，"对抗"（confrontation）搭配词 3 次）和理性语言（如词簇右侧出现"理由"（reason）搭配词 4 次，"事实"（facts）搭配词 2 次）（详见表 4）。

表 4　"the language of"的部分索引行

nguage of guns and bombs be replaced by	the language of	dialogue and negotiation be
tion of violence and our preference for	the language of	dialogue and logc and reas
the logic of war and confrontation into	the language of	dialogue and cooperation, a
tes, the United Nations has proved that	the language of	dialogue is the only means
way for peace and stability is through	the language of	dialogue, the rule of law,
outh African regime does not understand	the language of	dialogue, but rather that o
a peace that must always imply choosing	the language of	diplomacy, before choosing t
arter must be governed by realities. In	the language of	diplomacy, reality is only
ld be implemented by peaceful means, in	the language of	diplomatic negotiations and
tions for their peoples. We still speak	the language of	peace when, in fact, we are
retoria is really prepared to listen to	the language of	peace and reason. 16. The r
sident has begun his regime by speaking	the language of	peaceful change, we have ev

其余 10 大词簇中有 8 个涉及《联合国宪章》的互文引用，该宪章主张促进和鼓励"不分种族、性别、语言或宗教，尊重和遵守普遍人权和基本自由"的目标（第九章，第 55 条，第 3 段）。剩下的一组词簇是"XX 的语言（language of the）"（出现 52 次），通常是指联合国的一种语言（如"联合国"（United Nations）搭配词出现 11 次，"宪章"（Charter）搭配词出现 4 次）或某特定国家或民族的语言（如"冰岛人"（Icelandic people/s）搭配词出现 3 次，"英国人"（British）搭配词出现 1 次，"毛利人"（Maori）搭配词出现 1 次，"僧伽罗人"（Sinhalese）搭配词出现 1 次，"苏维埃"（soviet）搭配词出现 1 次）。

在词簇的完整列表中，我们除了能发现各成员国发言文本中的前 10 大词簇之外，还能发现其他的有关语言使用趋势的表述。例如，不断有人呼吁联合国需要寻找或使用一种共同语言或单一语言："共同语"（a common language，29 次）、"同一种语言"（the same language，25 次）、"唯一语言"（the only language，14 次）和"单一语言"（a *single language*，6 次）。另一类词簇则侧重于语言的地位，特别是语言的官方地位，如"官方语言"（*official language*，23 次），以及联合国内的语言地位，如"联合国语言"（*language of the United Nations*，11 次）。其他词簇涉及语言使用，如"使用"（*the use of*，12 次）、"说"（*to speak the*，8 次）、"理解语言"（*understand the language*，5 次）和"仍然说语言"（*still speak the language*，5 次），以及语言与文化，如"语言与文化"（*language and culture*，16 次）、"语言、文化与"（*language, culture and*，12 次）和"文化与语言"（*culture and language*，7 次）。不太常见的词簇集中在语言和国际背景，如"国际母语"（*international mother language*，6 次）、"世界中"（*in the world*，5 次）和"世界语言"（*language in the world*，5 次），以及语言和身份，如"我们的语言"（*language of ours*，5 次）、"在我们的语言中"（*in our language*，5 次）和"我们说的语言"（*we speak the*，5 次）。最后，一些词簇涉及特定语言，如葡萄牙语、法语、德语、英语、马其顿语和拉脱维亚语（见表 5）。值得注意的是，其中只有法语和英语是联合国的官方语言和工作语言。

表 5　与特定语言相关的词簇

词　　簇	频率
葡萄牙语（The Portuguese language）	29
法语（The French language）	8
德语（The German language）	6
英语（The English language）	6
马其顿语（The Macedonian language）	5
拉脱维亚语（The Latvian language）	5

对"母语"修饰语的考察同样具有启发性。它证实了在大多数情况下，有关语言的讨论是在一般意义上进行的，如"共同语"（*common language*，44 次）、"同一种语言"（*same language*，24 次）、"唯一语言"（*only language*，14 次）、"我们的语言"（*our language*，13 次）和"他们的语言"（*their language*，12 次），但偶尔也会讨论特定的语言，如"葡萄牙语"（*Portuguese language*，30 次）和"官方语言"（*official language*，23 次）。前 25 个具有统计意义的语言搭配（使用 LogDice）证实了先前的发现，诸如"性别"（*sex*）、"宗教"（*religion*）、"区别"（*distinction*）、"文化"（*culture*）、"种族"（*race*）、"民族"（*peoples*）、"种群"（*ethnicity*）、"个人的"

（one's）和"无关"（regardless）等搭配词是对《联合国宪章》的互文引用。"国家"（state/states）等搭配词与联合国和一般性辩论的语境有关，如"国家元首"（heads of state）、"国家和政府"（state and government）。其他搭配涉及一般性的语言讨论或语言地位，如"官方"（official）、"普通"（common）和"通俗"（plain），语言使用形式，如"口语"（speak）和"口头"（spoken），以及语言类别，如"本族语"（native）和"母语"（mother）。最后一组具有统计意义的搭配词包括"葡萄牙语""英语""拉脱维亚语"和"希伯来语"（Hebrew），这是成员国正在讨论的一些特定语言。值得注意的是，其中只有英语是联合国的官方语言。

（二）联合国官方语言和工作语言

如果我们回看表 2 中的频率和离散度数字，似乎成员国并没有对不同的官方语言进行同等程度的讨论。例如，"法语"一词的出现频率为 1177 次，是"阿拉伯语"一词出现频率（49 次）的 24 倍。在总文本中，有 8% 的文本出现了"法语"一词，而"阿拉伯语"一词只出现在 0.5% 的文本中。然而，进一步的定性分析（见下文）表明，这一发现并不像频率所显示的那样明确。

尽管"French（法语、法国的）"一词是讨论得最多的搜索词，这与联合国一般性辩论语料库的官方语言有关，但该词并非都指语言，它仅在 9 种情况下与语言进行搭配（见表 6）。

表 6　搜索词"*French*"（法语、法国的）和
"*language*"（语言）的索引行

st eminent scholars of the	French language, President Sengho
my voice. We who speak the	French language have particular r
which unite peoples of the	French language and culture, and
are bound together by the	French language and culture, with
es, making full use of the	French language skills she had ac
that share the use of the	French language: human rights and
to say a few words in the	French language, which brings tog
ernment of countries using	French as a common language will
ou-Ennedi-Tibesti, and the	French language has been banned i

我们仔细查看这些文本中的搭配、词簇和索引行后发现，联合国成员国也会以其

他方式对语言进行讨论（如"用法语发言"或"继续用法语说"或"说法语"）。"法语"（*French*）和"说"（*speak**）之间的搭配反映了当时的语言环境，它涉及法语国家（如"国家"或"省／州"或"民族"）、社区（如"世界""社区""领域"）和人（如"民族""家庭""说话者"）。

词语"*Russian*"（俄语、俄罗斯的）（共出现 808 例）和"*Chinese*"（汉语、中国的）（共出现 1106 例）这两个词与语言几乎没有关联，只有两处与俄语相关，两处与说俄语的人相关（如俄罗斯公民和俄罗斯人口），词语"说"（*spoke**）和"俄语"的搭配有两处（如"说俄语"*spoke in Russian*）；词语"*Chinese*"只有一处是指语言。同样，"*Spanish*"（西班牙语、西班牙的）一词（共出现 565 例）也很少是指语言，只有 5 处指西班牙语，"说"（*speak*/spoke*）和"西班牙语"的搭配有 25 处，其中 22 处与语言相关。

与上述词语相比，"*English*"（英语、英国的）一词被讨论的频率不高（246 例），然而，其中有较大比例（213 例，占 86.6%）涉及语言讨论。如，有 127 个"说英语"的例子，以及其他与语言相关的例子。有 4 个"说"（*speak/speaking*）英语的例子，33 处提到"说英语（*English speaking*）"或"不说英语（*non-English-speaking*）"的情境、人或问题。另外，还有与英文文本、术语和翻译相关的例子（如"英语版本"）。同样，尽管"*Arabic*"（阿拉伯语、阿拉伯的）一词被讨论的频率最低（共有 49 例），但它与语言高度相关（44 例，占 90%）。一般来说，关于阿拉伯语的讨论都是围绕着"说阿拉伯语"和"阿拉伯语本身"来进行的。因此，如表 2 所示，搜索词的原始频率与事实上对语言的实质性讨论内容是不一致的。我们仔细查看索引行后发现，实际上有关英语的讨论远多于有关其他官方语言的讨论，其次是法语、阿拉伯语和西班牙语（按降序排列）。

（三）笔译和口译

鉴于笔译和口译在促进联合国多语制方面的重要作用，我们还搜索了与翻译实践和服务有关的词语。词语"*interpret**"（口译、解读）出现 790 次，但只有 7 次是指对某一语言的口译，2 次是指口译服务。在大多数情况下，该词是指对《联合国宪章》和各种法律、法规和条款的解读（具有主观性，与语言内容无关）。同样，词语"*translate**"（笔译、转变、转换）出现了 1263 次，但其中只有极少数（12 次）涉及语言的翻译行为或语言问题（见表 7）。几乎所有其他例子都与语言问题无关，而是用来比喻将某些抽象的东西转化为某些物质的东西。

表 7 "translation" 一词（与语言问题相关）的索引行

e juridical analysis and	translation from Catalan has been c
n December 1988, and the	translation into eight national lan
o has issued an official	translation of the Charter of the U
ensure the provisions of	translation and interpretation serv
mokratia. which in rough	translation means "rule by the peop
he twentieth century. In	translation, it reads, "Be of one h

因此，本语料库研究的结果表明，尽管我们在此发现了一些具有联想意义的词汇出现频率，但在联合国一般性辩论语料库中，无论是明讲还是暗示，多语制和语言都不是非常热门的话题。大多数关于语言的讨论都是隐喻性的，而不是指具体的某些语言，且单一语言似乎比多语讨论得更多。此外，并非所有官方语言或与之相关的话题都得到了同等程度的讨论，笔译和口译服务也很少被提及。为了进一步探索这些话语模式，在文本下一节中，我们将通过对源文本摘录的分析来进一步地研究上述数据。

六、源文本摘录

我们排除了所有那些不具有语言含义的例子，把关注点仅放在那些明确讨论多语制、官方语言和工作语言的实例上。如前所述，语言问题在联合国一般性辩论中并不凸显。在 46 年的语料库中，共有 81 个国家提请注意各种形式的语言问题，但大多数国家（49 个）只提到过一次与语言有关的问题；提到过两次的国家也只有 15 个。提及语言问题最多的国家是葡萄牙（13 次），其次是危地马拉（8 次）、奥地利、孟加拉国和毛里求斯（6 次）以及西班牙（5 次）。

我们注意到三个与语言有关的强势主题。第一是反复强调国际组织内部共享一种共同语的重要性（这证实了先前讨论过的研究发现，如"共同语"和"同一种语言"词簇）。在文本摘录中，"共同语"的概念被巧妙地用于体现国家和地缘政治的群体身份，从而可以进一步地与联合国关于多边主义的共同话语保持一致，并在互文性方面体现该话语。有时，这种现象可以被看作两个国家之间的一种特殊关系（见摘录 1），也可以被看作众多拥有一种共同语国家之间的正式关系。我们的调查结果表明，1992年（即在联合国第 47 次会议上）萨尔瓦多在提到伊比利亚—美洲国家共同体（尚未建立）时就使用了共同语的概念。1995 年（即在联合国第 50 次会议上）摩洛哥在提到阿拉伯马格里布联盟时也使用了同样的概念。1996 年（即在联合国第 51 次会议上），莫桑比克提到了葡语共同体或葡语国家共同体。此外，如本文摘录 2（见下）所示，安提瓜和百慕大（在 1990 年的第 45 次会议上）提到讲英语的加勒比共同体；在本文摘录 3 中，毛里求斯（在 1993 年第 48 次会议上）讨论了法语国家首脑会议。

摘录 1（阿富汗，在 1991 年的第 46 次会议上）：我们与伊朗伊斯兰共和国有着共同的历史连接。共同的语言、文化、习俗和宗教使我们彼此紧密相连。

摘录 2（安提瓜和百慕大，在 1990 年的第 45 次会议上）：今年 25 岁的加勒比共同体包括加勒比地区每一个讲英语的独立国家和三个非独立的地区。随着加勒比区域一体化运动的快速发展，我们的发展经验证实了加勒比共同体创始人在 1965 年所提出的主张。他们长期以来一直认为，共同体国家内部似乎难以解决的共同问题可通过多边方式得到最好的解决。

摘录 3（毛里求斯，在 1993 年的第 48 次会议上）：毛里求斯将荣幸地主办第五届法语国家首脑会议，并提出法语国家元首或政府首脑将讨论的两个主题：人权与发展，多样性中的统一性。

另外，成员国注重英语作为一种通用语言的作用，使国家在战略上与国际社会保持一致（如摘录 4）。

摘录 4（斐济，在 2016 年的第 71 次会议上）：我们向世界传达的信息很简单：斐济开放商业。斐济有极具吸引力的投资激励措施，在太平洋地区有最友好的公司税和个人税。我们拥有最先进的通信技术和受过良好教育的、会讲英语的员工队伍。

然而，在其他一些情况下，共同语并不具有凝聚力，尽管它应该具有凝聚力。例如，我们的研究表明，北爱尔兰（爱尔兰，在 1973 年的第 28 次会议上）、中东（约旦，在 1985 年的第 40 次会议上）和朝鲜（朝鲜民主主义人民共和国，在 1991 年的第 46 次会议上）都被认为是语言应该具有凝聚力，却没有凝聚力的地方。有的时候，在具有殖民历史的地方其通用语没有凝聚力。例如，刚果（在 1973 年的第 28 次会议上）提出："当我们的兄弟姊妹……仍在葡萄牙殖民主义者的枷锁下苦苦挣扎时，我们不可能高兴得起来。"

第二个强势主题是，积极表述国际组织的多语制。多语制行为往往与民主价值和人权概念密切相连，联合国的这种多语制行为具有历时性和互文性，从而使人想到联合国的创始原则（即促进和平、自由、正义、民主和人权的发展）。例如，安道尔（在 2012 年的第 67 次会议上）解释了法语共同体是如何通过"接纳民主价值和人权观念"来发展其多文化和多语言现状的。在其他情况下，有些成员国根据自己的历史阐明了尊重语言权的必要性（如拉脱维亚，在 1993 年的第 48 次会议上；格鲁吉亚，在 2006 年的第 61 次会议上）。如，爱沙尼亚（在 1991 年的第 46 次会议上）指出：

> 摘录 5（爱沙尼亚，在 1991 年的第 46 次会议上）：在两次世界大战之间，爱沙尼亚对本国少数群体的权利采取了坚定而宽容的态度，这在国际社会中是独一无二的。爱沙尼亚为本国少数民族文化的自治而制定了相关法规，这对一个因仇恨和恐惧而四分五裂的欧洲来说是一个显著的例外。这些法规保证了爱沙尼亚每个民族群体和宗教少数群体都有机会接受自己的母语教育。

联合国的核心价值和原则往往是通过对少数群体的讨论而提出的。例如，奥地利（在 1993 年的第 38 次会议上）提到南蒂罗尔（South Tyrol）的意大利—奥地利自治框架，其中"重要条款"是"使用德语"。同样，以色列（在 1984 年的第 39 次会议上）呼吁苏联政府尊重苏联犹太人的权利，这些犹太人的"唯一愿望是有权学习自己的古代文化和民族语言，并能够以犹太人的身份生活在自己的历史家园中"。德国（在 1998 年的第 43 次会议上）对这一问题几乎没有争论（摘录 6）。

> 摘录 6（德国，在 1998 年的第 43 次会议上）：法治意味着对国际法的绝对尊重。这种尊重是政策的基础，即针对谈判和协定而不是威胁或使用武力。法治意味着保护和尊重少数群体，无论是宗教、民族或族裔少数群体。所有少数群体都有权发展自己的特性，学习自己的语言，按照自己的文化传统生活，行使自己的宗教信仰，同时还享有平等的政治和法律权利。

对印度等其他国家而言，多语制则较好地体现在它们的国家本质上，因为这些国家本身具有这些特点。例如，印度自认为是"民主和包容性"国家（印度，在 2012 年的第 67 次会议上）。有人把多语制看作问题，因为它会影响社会的团结。对此，我们在联合国代表的发言语料库中仅发现一例。伯利兹（在 2012 年的第 67 次会议上）指出，该国是一个人口小国，却是一个"多民族、多信仰、多语言和多文化"的国家，这使得该国的社会状况进一步"恶化"。

第三个强势主题是根据语料库的分析来证实一个发现：联合国官方语言的选择引

人注目。有些摘录例子提到某些成员国对联合国认可和使用某一语言为其官方语言的行为表示感激（如摘录 7）。在多数情况下，这种案例都与阿拉伯语有关（如在"语言政策与规划和超国家组织或国际组织"一节所述，见上文表 1）。

> 摘录 7（巴林，在 1974 年的第 29 次会议上）：在发言前，我想对联合国大会做出将阿拉伯语作为联合国第六官方语言的决定谈谈自己的感想［第 3191（XXVIII）号决议］。这一决定让我们感到非常欣慰。

然而，许多摘录案例都表明，在这些语料库中之所以会出现这一强势主题，是因为不少国家都呼吁联合国要让一些其他语言也享受联合国官方语言的待遇。数据显示，自 1976 年以来，在 12 个不同的例子中，有成员国呼吁将葡萄牙语也作为联合国的官方语言。此外，自 2009 年以来，将孟加拉语作为联合国官方语言的呼声也越来越高（见"附录"）。

在涵盖 46 年的数据中，只有 20 个国家提到了联合国的语言使用或语言政策问题（见附录）。然而，这些国家对联合国语言使用或语言政策的关注点并不一致，而且这些关注点提出的时间也不均匀（尽管要求葡萄牙语成为联合国官方语言或工作语言的呼声在整个语料库中是一致的）。相反，他们的不同关注点集中在特定的时间范围内，这让我们能够确定语言政策与规划问题在组织内变得突出的时间点，并回溯这些问题在多大程度上与联合国政策（见上文表 1）或议程变化相一致。

例如，关于阿拉伯语的讨论主要出现在 20 世纪 70 年代初，因为此时正是阿拉伯语被选为联合国官方语言或工作语言的时候（1973 年，详见上文）。此外，我们还可根据语料库互文性的特点来更好地了解有关多语制决议的讨论（摩纳哥代表对 1995 年通过的该决议进行了发言）以及有关联合国要倡导"世界母语日"的呼吁（详见附录）。

最后，附录中列出的联合国成员国名单可能是最关心联合国语言实践和语言政策的国家。葡萄牙和孟加拉国在 1999 年首次呼吁并帮助联合国设立"世界母语日"，它们的呼声尤其强烈。此外，那些认可联合国语言服务工作的各色成员国也时不时地发表一下自己的观点。西班牙语国家呼吁联合国秘书处要更多地使用西班牙语，而法国和摩纳哥代表则表示联合国内部要保护和维护好多语制。值得注意的是，尽管各成员国的关注点各不相同，但在本文调查所涵盖的时间内，很少有某一语言问题得到大家的持续关注，而且并非所有问题都与联合国的语言政策或联合国秘书处当时所推动的改革议程保持一致。在这些发言中，没有代表明确提到过有关英语占据主导地位的问题，也没有哪个国家（除西班牙外）提到过联合国的语言服务或语言使用存在不平等的问题。

七、结语

我们的研究问题旨在探讨 46 年来联合国成员国在一般性辩论中对语言问题的关注程度，以及这些关注是否与联合国秘书处在这一时期推行的语言政策倡议和变革相一致。此外，我们还试图调查成员国的语言意识形态是否以及如何支持联合国的语言政策。在联合国一般性辩论语料库中，我们描述了 46 年来成员国对语言问题的历时讨论。研究结果表明，成员国以各种方式讨论了语言问题，但除了少数例外现象外（如20 世纪 70 年代初对阿拉伯语的讨论），大多数的讨论都不符合联合国的政策或议程。更重要的是，语言和语言问题根本就不是各国代表共同讨论的焦点，这表明联合国各成员国都没有把语言问题放在需要优先考虑的对象中，至少在联合国大会中是这样。

因此，我们认为，联合国在过去的 46 年中对多语制计划未能表现出足够的活力，这是因为各成员国缺乏元语言的讨论，从而致使各成员国也未能优先考虑语言问题。此外，英语在联合国日益增长的优势（这是有问题的）反映了这样一个事实：英语比任何其他官方语言或工作语言都受到更多的关注。事实上，有些语言（如汉语）几乎从未在大会上被讨论过。最后，如果成员国提出了某一具体的语言问题（如要求葡萄牙语成为官方语言），但联合国的相关政策却没有改变，这主要是由于:（1）成员国的权力、地位较低;（2）这些问题仅由极少数成员国提出。因此，当绝大多数成员国没有优先考虑语言问题时，少数成员国偶尔在讨论中提出语言问题是毫无作用的。

我们的研究表明，为了使国际组织的语言政策生效，我们需要解决国际组织某些特定成员国的语言意识形态问题。我们可以采用国际组织（语言意识形态）的"话语规划"法（Lo Bianco 2005）或"语言管理"法（Nekvapil and Sherman 2015），来解决各方语言行为（或"元语言行为"）之间的复杂关系。在本文中，我们要想成功利用好话语规划法或语言管理法，就要对联合国成员国在过去某一段时期内的（语言意识形态）话语进行研究。如果一项话语规划导致语言意识形态随着时间的推移而发生变化，那么这表明话语规划（之后就是语言政策）正在生效。换言之，我们通过绘制（语言意识形态）话语的历时演变图，并对照语言政策的发展和举措，便可判断语言政策的成功与否。这是语料库语言学作为一种方法对语言政策领域的贡献。

本文通过语料库语言学分析了联合国一般性辩论的语料，我们能够观察到联合国成员国是如何与联合国不断变化的语言政策互动的，进而理解联合国有关政策制定的政治学。语料库分析能够帮我们了解成员国关注点的历史变化。例如，我们看到一些成员国曾呼吁联合国认可阿拉伯语，在阿拉伯语正式成为联合国官方语言之后，这些成员国又感谢联合国对它们提议的支持。然而，本文的研究也遇到困难：我们很难甚至无法判断当数据库中显示某些成员国保持沉默或者数据缺乏时它们对联合国语言意识形态调查所带来的影响（Duguid and Partington 2018）。当语言不是被讨论的主题时，我们即使有可能，但也很难梳理出潜在的语言意识形态，因为我们无法从数据中得知为什么这些内容会缺失（即使我们能够认识到缺失带来的最终负面影响）。就我们的数据而言，它还存在另一个缺陷，即我们无法得出成员国在一般性辩论中使用了哪些语言。联合国一般性辩论语料库只用英语保存数据，这意味着我们无法接触到语言意识形态微妙的一面，如语言选择和语码转换。因此，我们面临着一个难题：我们是通过英语来研究多语问题。我们无法在数据中探索多语实践，这就意味着我们很难在一般性辩论中发现多语使用的微妙之处，也不可能通过多语实践来探索语言政策的能动性（参见 Bonacina Pugh 2012 关于"实践的语言政策"）。

此外，我们还需要进一步调查联合国成员国的语言意识形态，以便充分探索它们在联合国的具体区域性特性。未来的研究可增加对联合国其他部门的相关数据的研究，例如联合国秘书长在大会上的讲话（对联合国年度工作报告的点评），以及联合国大会关于多语制决议的讨论。此外，我们若使用更直接的调查方法（如观察法、问卷法和访谈法），可能就会获得更多有关成员国对联合国当代语言政策态度的数据。

正如本文引言所述，国际组织较少探讨语言问题或语言政策，对这一现象的关注与对语言问题本身的探索是同样重要的。我们的研究表明，联合国成员国的语言意识形态具有如下两个特点：（1）相较于其他国内外事务，各国对语言问题不太重视；（2）各国都仅选用部分语言，而不顾其他语言，这导致联合国多语制的语言政策（自上而下政策）在执行中出现了"自下而上惰性"和"善意忽视"的现象（Wright 2016）。因此，我们建议国际组织语言政策必须在不同层次的成员国之间嵌入同样的语言价值观，以便让其显性语言政策生效。如果国际组织想要改变自己的语言政策，或更积极地实施这些语言政策，那么它们就应该更密切地关注其成员国的语言意识形态以及更深入地了解其成员国对语言问题漠不关心的原因，这一点至关重要。

参考文献

Ajsic, A., & McGroarty, M. (2015). Mapping language ideologies. In F. M. Hult & D. C.

Johnson (Eds.), *Research methods in language policy and planning: A practical guide* (pp. 181–192). Oxford: Wiley.

Ammon, U. (2006). Language conflicts in the European Union: On finding a politically acceptable and practicable solution for EU institutions that satisfies diverging interests. *International Journal of Applied Linguistics*, 16(3), 319–338.

Ammon, U. (2012). Language policy in the European Union (EU). In B. Spolsky (Ed.), *The Cambridge handbook of language policy* (pp. 570–591). Cambridge: Cambridge University Press.

Baker, P. (2006). *Using corpora in discourse analysis*. London: Continuum.

Barbier, J.-C. (2018). The myth of English as a common language in the European Union (EU) and some of its political consequences. In M. Gazzola, T. Templin, & B.-A. Wickström (Eds.), *Language policy and linguistic justice* (pp. 209–229). Cham: Springer.

Blommaert, J. (1999). The debate is open. In J. Blommaert (Ed.), *Language ideological debates* (pp. 1–38). Berlin: De Gruyter.

Bonacina-Pugh, F. (2012). Researching 'practiced language policies': Insights from conversation analysis. *Language Policy*, 11(3), 213–234.

Boudreau, A., & Dubois, L. (2007). Français, acadien, acadjonne: Competing discourses on language preservation along the shores of the Baie Sainte-Marie. In M. Heller & A. Duchêne (Eds.), *Discourses of endangerment: Ideology and interest in the defence of languages* (pp. 99–120). London: Continuum.

Braun, V., Clarke, V., Hayfield, N., & Terry, G. (2019). Thematic analysis. In E. Hinkel (Ed.), *Handbook of research methods in health social sciences* (pp. 843–860). New York: Springer.

Cogo, A., & Jenkins, J. (2010). English as a lingua franca in Europe: A mismatch between policy and practice. *European Journal of Language Policy*, 2(2), 271–294.

Coupland, N., & Jaworski, A. (2004). Sociolinguistic perspectives on metalanguage: Reflexivity, evaluation and ideology. In A. Jaworski, N. Coupland, & D. Galasinski (Eds.), *Metalanguage: Social and ideological perspectives* (pp. 15–51). Berlin: de Gruyter.

Duguid, A., & Partington, A. (2018). Absence. You don't know what you're missing. Or do you? In C. Taylor & A. I. March (Eds.), *Corpus approaches to discourse* (pp. 38–51). London: Routledge.

Fidrmuc, J., & Ginsburgh, V. (2007). Languages in the European Union: The quest for equality and cost. *European Economic Review*, 51, 1351–1369.

Fitzsimmons-Doolan, S. (2014). Using lexical variables to identify language ideologies in a policy corpus. *Corpora*, 9(1), 57–82.

Fitzsimmons-Doolan, S. (2019). Language ideologies of institutional language policy: Exploring variability by language policy register. *Language Policy*, 18(2), 169–189.

Gazzola, M. (2006). Managing multilingualism in the European Union: Language policy evaluation for the European Parliament. *Language Policy*, 5(4), 393–417.

Gazzola, M. (2016). Multilingual communication for whom? *Language policy and fairness in the European Union, European Union Politics*, 17(4), 546–569.

Gazzola, M., Torsten, T., & McEntee-Atalianis, L. J. (2019). Measuring diversity in multilingual communication. *Social Indicators Research*, 147(2), 545–566.

Koskinen, K. (2013). Social media and the institutional illusions of EU communication. *International Journal of Applied Linguistics*, 23(1), 80–92.

Kriszán, A., & Erkkilä, T. (2014). Multilingualism amongst Brussels-based civil servants and lobbyists: perceptions and practices. *Language Policy*, 13(3), 201–219.

Kruse, J., & Ammon, U. (2018). The language planning and policy for the European Union and its failures. In C. S. K. Chua (Ed.), *Unintended language planning in a globalising world: Multiple levels of players at work* (pp. 39–56). Berlin: De Gruyter Open.

Krzyżanowski, M., & Wodak, R. (2010). Hegemonic multilingualism in/of the EU institutions: An insideoutside perspective on European language policies and practices. In C. Hülmbauer, E. Vetter, & H. Böhringer (Eds.), *Mehrsprachigkeit aus der Perspektive zweier EU-Projekte DYLAN meets LINEE* (pp. 115–133). Frankfurt: Peter Lang GmbH.

Lenaerts, G. (2001). A failure to comply with the EU language policy: A study of the Council archives. *Multilingua*, 20(3), 221–244.

Lo Bianco, J. (2005). Including discourse in language planning theory. In P. Bruthiaux, D. Atkinson, W. G. Eggington, W. Grabe, & V. Ramanathan (Eds.), *Directions in applied linguistics* (pp. 255–264). Clevedon: Multilingual Matters.

McEntee-Atalianis, L. J. (2006). 'Geostrategies of interlingualism': Language policy and practice in the international maritime Organisation, London, UK. *Current Issues in Language Planning*, 7(2&3), 341–358.

McEntee-Atalianis, L. J. (2015). Language policy and planning in international organisations. In U. Jessner-Schmid & C. J. Kramsch (Eds.), *The Multilingual Challenge: Cross-Disciplinary Perspectives* (pp. 295–322). Trends in applied linguistics 16. Berlin, Germany: De Gruyter Mouton.

McEntee-Atalianis, L. (2016). A network model of language policy and planning: The United Nations as a case study. *Language Problems and Language Planning*, 40(2), 187–217.

McEntee-Atalianis, L. J. (2022). Chapter 30: International & supranational organisations. In F. Grin, L. Cardinal & K. Heugh (Eds.), *The Routledge handbook of language policy and planning*. Abingdon: Routledge.

Mikhaylov, S. J., Baturo, A., & Dasandi, N. (2017). Understanding state preferences with text as data: introducing the UN General Debate Corpus. *Research and Politics*, 4(2), 1–9.

Nekvapil, J., & Sherman, T. (2015). An introduction: Language management theory in language policy and planning. *International Journal of the Sociology of Language*, 232, 1–12.

Neustupný, J. V. (1994). Problems of English contact discourse and language planning. In T. Kandiah & J. Kwan-Terry (Eds.), *English and language planning* (pp. 50–69). Singapore: Academic Press.

Partington, A. (2004). Corpora and discourse, a most congruous beast. In A. Partington, J.

Morley, & L. Haarman (Eds.), *Corpora and discourse* (pp. 11–20). Bern: Peter Lang.

Partington, A. (2010). Modern diachronic corpus-assisted discourse studies (MD-CADS) on UK newspapers: An overview of the project. *Corpora*, 5(2), 83–108.

Phillipson, R. (2003). *English-only Europe? Challenging language policy*. London: Routledge.

Phillipson, R. (2008). The new linguistic imperial order: English as an EU lingua franca or lingua frankensteinia? *Journal of Irish and Scottish Studies*, 1(2), 189–203.

Piron, C. (1980). Problèmes de communication linguistique au Nations Unies et dans les organiations apparentées. *Language Problems and Language Planning*, 4(3), 224–236.

Quell, C. (1997). Language choice in multilingual institutions: A case study at the European Commission with particular reference to the role of English, French, and German as working languages. *Multilingua*, 16(1), 57–76.

Ricento, T. (2006). Language policy: Theory and practice-An Introduction. In Thomas Ricento (Ed.), *An introduction to language policy: Theory and method* (pp. 3–9). Oxford: Blackwell Publishing.

Rychlý, P. (2008). A lexicographer-friendly association score. In *Proceedings of recent advances in slavonic natural language processing*, RASLAN 6–9.

Silverstein, M. (1979). Language structure and linguistic ideology. In P. R. Clyne, W. F. Hanks, & C. L. Hofbauer (Eds.), *The elements: A Parasession on lingusitic units and levels* (pp. 193–247). Chicago: Chicago Linguistic Society.

Spitulnik, D. (1998). Mediating unity and diversity. The production of language ideologies in Zambian broadcasting. In B. B. Schieffelin, K. A. Woolard, & P. V. Kroskrity (Eds.), *Language ideologies. Practice and theory* (pp. 163–188). Oxford: Oxford University Press.

Spolsky, B. (2004). *Language policy*. Cambridge: Cambridge University Press.

Spolsky, B. (2009). *Language management*. Cambridge: Cambridge University Press.

Spolsky, B. (2019). A modified and enriched theory of language policy (and management). *Language Policy*, 18(3), 323–338.

Stubbs, M. (1996). *Text and corpus analysis: Computer-assisted studies of language and culture*. Oxford: Blackwell Publishers.

Subtirelu, N. C. (2013). 'English… it's part of our blood': Ideologies of language and nation in United States Congressional discourse. *Journal of Sociolinguistics*, 17(1), 37–65.

van Els, T. (2005). Multilingualism in the European Union. *International Journal of Applied Linguistics*, 15(3), 263–281.

van Leeuwen, T. (2004). Metalanguage in social life. In A. Jaworski, N. Coupland, & D. Galasinski (Eds.), *Metalanguage: Social and ideological perspectives* (pp. 107–130). Berlin: Walter de Gruyter.

van Parijs, P. (2013). *Linguistic Justice for Europe and the World*. Oxford: Oxford University Press.

Vessey, R. (2016). *Language and Canadian media: Representations, ideologies, policies*. London: Palgrave.

Watts, R. J. (1999). The ideology of dialect in Switzerland. In J. Blommaert (Ed.), *Language ideological debates* (pp. 67–103). Berlin: de Gruyter.

Woolard, K. A. (1998). Introduction: Language ideology as a field of inquiry. In B. B. Schieffelin, K. A.

Woolard, & P. V. Kroskrity (Eds.), *Language ideologies. Practice and theory* (pp. 3–50). Oxford: Oxford University Press.

Wright, S. (2009). The elephant in the room: Language issues in the European Union. *European Journal of Language Policy*, 1(2), 92–120.

Wright, S. (2016). *Language policy and language planning: From nationalism to globalisation* (2nd ed.). New York: Palgrave Macmillan.

Xabier, A. (2008). *Respecting linguistic diversity in the European Union*. Amsterdam: Benjamins.

附录

年份	主题	语言	成员国
1970	呼吁联合国承认某些语言为官方语言或工作语言	阿拉伯语	阿拉伯叙利亚共和国
1970	对语言服务工作表示感谢	无	冈比亚
1972	对支持阿拉伯语成为联合国语言表示感谢	阿拉伯语	利比亚
1974	对引入和支持阿拉伯语成为联合国语言表示感谢	阿拉伯语	利比亚
1974	对引入和支持阿拉伯语成为联合国语言表示感谢	阿拉伯语	突尼斯
1976	呼吁联合国承认某些语言为官方语言或工作语言	葡萄牙语	葡萄牙
1977	呼吁联合国承认某些语言为官方语言或工作语言	葡萄牙语	葡萄牙
1980	呼吁在秘书处增加西班牙语使用者的地缘政治代表权，以保护西班牙语	西班牙语	厄瓜多尔
1980	呼吁联合国承认某些语言为官方 / 工作语言	葡萄牙语	葡萄牙
1983	对语言服务工作表示感谢	无	塞内加尔
1984	对语言服务工作表示感谢	孟加拉语	孟加拉国
1987	认识到经济上的限制，但需要在联合国内部保护和保留多语制	多语制	法国
1988	呼吁联合国承认某些语言为官方语言或工作语言	葡萄牙语	葡萄牙
1989	赞扬世界人权宣言40周年（被翻译成8种语言），这被认为是重大事件	无	贝宁
1990	呼吁联合国承认某些语为官方语言或作语言	葡萄牙语	葡萄牙
1995	认识到经济上的限制，但需要在联合国内部保护和保留多语制	多语制	摩纳哥
1995	呼吁内罗毕成员使用会议服务	无	肯尼亚

年份	主题	语言	成员国
1996	认识到经济上的限制，但需要在联合国内部保护和保留多语制	多语制	法国
1999	希望以自己的语言（法语）在联合国（主体＋扩展机构）工作	法语	尼日尔
2000	对语言服务工作表示感谢	无	刚果
2001	认识到经济上的限制，但需要在联合国内部保护和保留多语制	多语制	摩纳哥
2002	对语言服务工作表示感谢	无	苏里南
2008	呼吁联合国承认某些语为官方语言或工作语言	葡萄牙语	葡萄牙
2009	呼吁联合国承认某些语为官方语言或工作语言	孟加拉语	孟加拉国
2009	呼吁联合国承认某些语为官方语言或工作语言	葡萄牙语	葡萄牙
2010	呼吁联合国承认某些语为官方语言或工作语言	孟加拉语	孟加拉国
2010	国际母语日	无	孟加拉国
2011	呼吁联合国承认某些语为官方语言或工作语言	孟加拉语	孟加拉国
2011	对语言服务工作表示感谢	无	丹麦
2011	国际母语日	无	孟加拉国
2012	呼吁联合国承认某些语为官方语言或工作语言	孟加拉语	孟加拉国
2012	呼吁联合国承认某些语为官方语言或工作语言	葡萄牙语	葡萄牙
2012	对语言服务工作表示感谢	无	多米尼克
2013	呼吁联合国承认某些语为官方语言或工作语言	孟加拉语	孟加拉国
2013	呼吁联合国承认某些语为官方语言或工作语言	葡萄牙语	佛得角
2013	呼吁联合国承认某些语为官方语言或工作语言	葡萄牙语	葡萄牙
2013	认识到经济上的限制，但需要在联合国内部保护和保留多语制	多语制	西班牙
2013	国际母语日	无	孟加拉国
2014	呼吁在秘书处增加西班牙语使用者的地缘政治代表权，以保护西班牙语	西班牙语	西班牙
2014	呼吁联合国承认某些语为官方语言或工作语言	葡萄牙语	葡萄牙
2014	国际母语日	无	孟加拉国
2015	呼吁联合国承认某些语为官方语言或工作语言	葡萄牙语	葡萄牙

附录 译名表

accommodation theory 语言顺应理论

additive bilingualism 附加性双语；增益性双语

adult language learning 成人语言学习

affective regime 情感机制

affective turn 情感转向

affect 情感

agency 能动性；施为性

Amnesty International 大赦国际

Anglicization 英语化

audit culture 审计文化

autonomy and agency 自主性和主体性

bottom-up language policy 自下而上的语言政策

civil strife 内部纷争

clusters 词簇

collocate 词语搭配

commodification of language education 语言教育商品化

common corporate language 企业通用语

concordance lines 索引行

corporate language 公司语言

corpus linguistics 语料库语言学

Corruption Perception Index 腐败感知指数

corruption 腐败

critical sociolinguistics 批判社会语言学

cultura nullius 无主文化

cultural genocide 种族文化灭绝

decentralized language planning 去中心化语言规划

discourse analysis 话语分析

discretionary power 自由裁量权

divide and rule 分而治之

ecological view 生态观

educational language policy 语言教育政策

empirical sociolinguistic data 社会语言学实证数据

engagement 参与

English language education 英语教育

Englishization 英语化

English-medium instruction 以英语为教学语言

epistemology 认识论

formal language education 正规语言教育

German education system 德国教育体系

Global Education Monitoring Report《全球教育监测报告》（教科文组织）

governmentality 治理

Greenpeace 绿色和平组织

heritage language 祖传语

higher education 高等教育

human agency 能动性

Indian Removal Act《印第安人迁移法》

institutional language policy 机构语言政策

institutions 机构

intergenerational language transmission 代际语言传承

internal communication 内部沟通

international management 国际管理

international organizations 国际组织

internationalism 国际主义

internationalization 国际化

intimacy 亲密感

language advocate 语言倡导者

language belief 语言信仰，语言信念

language census 语言普查

language competition modeling 语言竞争模型

language competition models 语言竞争模式

language ideology 语言意识形态

language in education policy 语言教育政策

language learning 语言学习

language management 语言管理

language measurement 语言测量

language planning 语言规划

language policy 语言政策

language policy evaluation 语言政策评价

language self-management 语言自我管理

language socialization 语言社会化

language standard 语言标准

language statistics 语言统计

language survey 语言调查

leader emergence 领导形象

lingua franca（不同母语间的）通用语

linguicism 语言主义；语言歧视

linguistic capability 语言能力

linguistic entrepreneurship 语言经营管理

linguistic isolation 语言隔离

linguistic imperialism 语言帝国主义

LPP actors 语言规划主体

macro-micro relationships 宏观—微观关系

managerialism 官僚主义

metropolitan language 宗主国语言

micro language planning 微观语言规划

migration 人口迁移

minority language 弱势语言

monolingualism 单语制

multi-dimensional language policy 多维语言政策

multi-layered language policy 多层语言政策

multilingual organizations 多语组织

multilingualism 多语制

natural disasters 自然灾害

NGO 非政府组织

neoliberalism 新自由主义

Oxfam GB 乐施会

policy actors 政策主体

policy appropriation 政策援用

policy challenge 政策挑战

policy evaluation 政策评估

policy goals 政策目标

policy instruments 政策工具

policy interpretation 政策阐释

policy negotiation 政策协商

policy network 政策网络

policy process 政策进程

policy reconstruction 政策重构

policy resistance 政策抵制

policy responsiveness 政策回应

policy scenario 政策情境

policy uncertainty 政策不确定性

polity 政体

pragmatism 实用主义

protectionism 保护主义

public performance 公共表现

Q-methodology Q 方法论

quantitative technologies 量化手段

reactive language policies 回应式语言政策

register 语域

research methods and approaches 研究方法与路径

reverse language shift 扭转语言转用

secular vernacular 世俗语言

self-disclosure 自我披露

shadow structure 影子结构

silencing effect 沉默效应

social actors 社会主体

social space 社会空间

speech repertoire 言语库

stakeholders 利益攸关方

structure and agency 宏观制约与主体能动

structure 客观世界，外在环境

supranational organization 超国家组织

Tearfund 泪水基金会

thematic analysis 主题分析

top-down language policy 自上而下的语言政策

translation policy 翻译政策

United Nations 联合国

unplanned planning 非计划的语言规划